www.spirallo.de

FLORIDA

Falk Verlag

Inhalt

Das Magazin 5

- ✦ Die Welt des Walt Disney
- ✦ Floridas Raumfahrtprogramm
- ✦ Ab zum Strand und in der Sonne braten
- ✦ Floridas Fluss aus Gras ✦ Berühmte Pesönlichkeiten
- ✦ Highlights auf einen Blick ✦ Die Conch Republic
- ✦ Als Rentner in Florida
- ✦ Erstaunliches & Überraschendes
- ✦ Ein Hoch auf das Hollywood des Ostens

Erster Überblick 37

- ✦ Ankunft ✦ Unterwegs in Florida
- ✦ Übernachten ✦ Essen und Trinken
- ✦ Einkaufen ✦ Ausgehen

Orlando 49

Erste Orientierung ✦ In sieben Tagen
Nicht verpassen! ✦ Magic Kingdom® Park ✦ Epcot®
✦ Disney-MGM Studios ✦ Disney's Animal Kingdom® Theme Park ✦ Wasserparks im Walt Disney World® Resort ✦ Universal Orlando ✦ SeaWorld Orlando
Nach Lust und Laune! ✦ Siebzehn weitere Adressen zu Entdecken **Wohin zum ...** ✦ Essen und Trinken?
✦ Übernachten? ✦ Einkaufen? ✦ Ausgehen?

Miami und der Süden 109

Erste Orientierung ✦ In drei Tagen
Nicht verpassen! ✦ South Beach ✦ Coconut Grove
✦ Everglades National Park
Nach Lust und Laune! ✦ Siebzehn weitere Adressen zum Entdecken
Wohin zum ... ✦ Essen und Trinken? ✦ Übernachten?
✦ Einkaufen? ✦ Ausgehen?

Tampa Bay und der Südwesten 149
Erste Orientierung ✦ In drei Tagen
Nicht verpassen! ✦ Busch Gardens ✦ Ybor City ✦ Strände an der Tampa Bay
Nach Lust und Laune! ✦ Neunzehn weitere Adressen zum Entdecken
Wohin zum … ✦ Essen und Trinken? ✦ Übernachten? ✦ Einkaufen? ✦ Ausgehen?

Der Panhandle und Nordflorida 179
Erste Orientierung ✦ In fünf Tagen
Nicht verpassen! ✦ St. Augustine ✦ Tallahassee ✦ Pensacola ✦ Panama City Beach
Nach Lust und Laune! ✦ Neun weitere Adressen zum Entdecken
Wohin zum … ✦ Essen und Trinken? ✦ Übernachten? ✦ Einkaufen? ✦ Ausgehen?

Spaziergänge und Touren 199
✦ 1 Winter Park ✦ 2 Space Coast ✦ 3 Art Deco District und South Beach ✦ 4 Die Florida Keys

Praktisches 213
✦ Reisevorbereitung ✦ Reisezeit ✦ Das Wichtigste vor Ort

Reiseatlas 219

Register 231

Autor: Gary McKechnie, unter Mitarbeit von Nancy Howell
»Wohin zum ...«: Mitchell Davis, Jane Miller, Gary McKechnie
Hotel- und Restaurantauswahl mit freundlicher Genehmigung
von AAA Publishing
Ergänzende Recherchen: Debra Wood

Redaktion: Janet Tabinski
Design: Amanda Chauhan und Mike Preedy
Register: Marie Lorimer
Lektorat: Gary McKechnie

ISBN 3-8279-0186-3

Das Werk einschließlich aller seiner Teile ist urheberrechtlich
geschützt. Jede urheberrechtsrelevante Verwertung ist ohne
Zustimmung des Verlages unzulässig und strafbar.
Dies gilt insbesondere für Vervielfältigungen, Übersetzungen,
Nachahmungen, Mikroverfilmungen und die Einspeicherung
und Verarbeitung in elektronischen Systemen.

Unsere Autoren haben nach bestem Wissen recherchiert.
Trotzdem schleichen sich manchmal Fehler ein,
für die der Verlag keine Haftung übernehmen kann.
Hinweise, Verbesserungsvorschläge und Korrekturen
sind jederzeit willkommen.

Spirallo Reiseführer, Falk Verlag, Postfach 3151,
D-73751 Ostfildern, E-Mail: spirallo@mairs.de

Deutsche Ausgabe: CLP • Carlo Lauer & Partner, Aschheim
Übersetzung: Rosemarie Altmann, Matthias Eickhoff, Dr. Thomas Pago,
Jutta Ressel M.A.
© Falk Verlag, Ostfildern, 1. Auflage 2005

Original 1st English Edition
© Automobile Association Developments Limited
Kartografie S. 180–181, 220–223: © MAIRDUMONT GmbH & Co. KG/
Falk Verlag, Ostfildern
Covergestaltung und Art der Bindung
mit freundlicher Genehmigung von AA Publishing

Herausgegeben von AA Publishing, einem Unternehmen der
Automobile Association Developments Limited, Southwood East,
Apollo Rise, Farnborough, Hampshire, GU14 0JW.
Handelsregister Nr. 1878835.

Farbauszug: Keenes, Andover
technische Koordination und Abwicklung: Impression SP. z o.o./Warschau
Druck und Bindung: Lotos offset printing/Warschau

A02141

Die Welt des *Walt Disney*

Für Floridas Tourismusindustrie kam die Eröffnung des Walt Disney World® Resort am 1. Oktober 1971 dem Urknall gleich: Heute ist der Ferienkomplex für Orlando genauso bedeutend wie der Kreml für Moskau, der Eiffelturm für Paris oder der Buckingham Palace für London. Das erscheint auf den ersten Blick verblüffend, aber übertrieben ist der Vergleich keineswegs. Orlando hat zwar durchaus einiges mehr zu bieten, aber die allermeisten Besucher kämen ohne Disney niemals hierher.

Oben: Mit 64 Nominierungen und 26 gewonnenen Oscars ist Walt Disney Hollywoods Oscar-König

Vorhergehende Seite: Die charakteristische Art-déco-Architektur von Miami Beach

Alles begann im kalifornischen Anaheim. Weil sich Walt Disney dort keine zusätzlichen Immobilien leisten konnte, wurde Disneyland langsam von billigen Hotels und Touristenfallen eingekreist. Sie alle verdienten an seinem Erfolg mit.

Im Mai 1965 erschien ein Artikel in der Zeitung *The Orlando Sentinel*. Darin war zu lesen, dass in den benachbarten Countys Orange und Osceola zwei große Grundstücke im Wert von 5 Millionen US-Dollar verkauft worden seien. Im folgenden Monat wurden mysteriöse Firmen wie die *Latin American Development and Management Corporation* und die *Reedy Creek Ranch Corporation* als Käufer von weiteren Grundstücken eingetragen.

Einige vermuteten, die Regierung sei der Käufer. Andere verdächtigten die Raumfahrt- oder Automobilindustrie. Ende Juni errechnete die Zeitung, dass rund 110 km² Land verkauft worden waren – aber niemand kannte den neuen Eigentümer.

Es vergingen vier lange Monate, bevor das Geheimnis gelüftet wurde: Der Käufer war Walt Disney. Nachdem sein Name in die Öffentlichkeit gelangt war, präsentierten Walt und sein Bruder Roy ihre Pläne, um Regierung und Kommunen auf die Unterstützung einzustimmen,

Das Magazin

die das Disneyteam benötigte, um seine Ziele zu erreichen.

Warum suchte sich Walt Disney gerade Orlando aus? Es war keine einfache Entscheidung gewesen. Er und sein Team hatten vier Jahre lang das ganze Land durchkämmt, um ein Areal zu finden, das ihren Ansprüchen genügte: Zugang zu einem dicht besiedelten Zentrum, gute Straßen, ein konstantes Klima und vor allem billiges Land im Überfluss. Am Ende der Suche blieb Orlando übrig.

was vor, das einem einfachen Freizeitpark weit überlegen war. Obwohl seine Anlage sich auf Themenparks stützte, gehörten auch Hotels, Seen, Pferderennbahnen, Flughäfen, Golfplätze, Nachtclubs, Theater und ein Wohnviertel für seine Angestellten dazu.

Leider erlebte Walt die Verwirklichung seiner Pläne nicht

Rund 110 km² Land waren verkauft worden – aber niemand kannte den neuen Eigentümer.

Oben: Walt Disney World® vor dem Baubeginn

Es galt aber auch, die Regierung einzubinden. Der Bau von Walt Disney World® wäre unmöglich gewesen, wenn Disney sie gegen die Verwaltung hätte durchsetzen müssen. Das Parlament erkannte jedoch die Bedeutung des Projekts und ermöglichte es Disney, auf seinem Land selbstverwaltete Gemeinden einzurichten. Disney war damit unabhängiger von staatlicher Aufsicht. Er konnte seine eigenen Straßen, Brücken, Hotels und Themenparks bauen.

Für sein rund 110 km² großes Gelände schwebte Walt etwas

mehr. 1966 wurde bei ihm Krebs diagnostiziert, und er starb noch im Dezember. Sein Bruder Roy übernahm die Bauleitung, aber auch er starb kurz nach der Eröffnung des Parks. So hatte das Ende der ersten Bauphase von Walt Disney World® einen bitteren Beigeschmack.

Nur ein Jahrzehnt nach der großartigen Eröffnung sah es so aus, als müsse Walt Disneys Traum ebenfalls sterben. Anfang der 1980er-Jahre befand sich das Disney-Management in einem chaotischen Zustand, denn die Baukosten explodier-

Das Magazin 7

ten, und die Besucherzahlen bei Epcot waren niedriger als erwartet. Das führte 1982 und 1983 zu einem Rückgang der Gewinne. Die Startkosten für den Disney-Kanal und eine schlecht laufende Filmabteilung trugen ebenfalls zur Misere bei. Anderseits erwirtschafteten die Parks jährlich eine Milliarde US-Dollar, und der reale Wert der Unternehmensanteile lag weit über dem geschätzten Marktwert von zwei Milliarden Dollar. Dadurch war die Firma zu einem Übernahmekandidaten geworden.

> **Leider erlebte Walt die Verwirklichung seiner Pläne nicht mehr.**

Einer der Ersten, der eine Übernahme versuchte, war Saul Steinberg. Er kaufte im Sommer 1984 fast 10 % von Disneys ausgegebenen Aktien. Disney zahlte einen Aufschlag, um Steinbergs Aktien zurückzukaufen.

Während weitere Kaufangebote eingingen, kam es zu wichtigen Veränderungen im Vorstand von Disney: Walts Schwiegersohn Ron Miller wurde durch Michael Eisner und Frank Wells ersetzt.

Michael Eisner war Präsident von Paramount Pictures gewesen und wurde nun zum neuen Chef. Frank Wells hatte als stellvertretender Vorsitzender bei Warner Brothers Erfolge gehabt und kam als Finanzchef zu Disney. Ihr kreativer Funke sprang auf das Unternehmen über. Die Firma wurde wieder zur Nr. 1 im Bereich der Zeichentrickfilme. Bekannte Beispiele sind *Aladdin*, *Die Schöne und das Biest* oder *Der König der Löwen*. Dazu kam ein neuer Marketingansatz: Jeder Film wurde durch spezielle Paraden in den Themenparks sowie durch filmbezogene Werbeartikel in den Läden unterstützt.

Obwohl Wells 1994 bei einem Hubschrauberunfall ums Leben kam, besaß Disney zu dem Zeitpunkt genug Dynamik, um den Wachstumskurs zu halten. Heute gehören mehrere Verlage, Fernseh- und Radiosender und Filmunternehmen zum Konzern – die Liste ist endlos lang.

Der König der Unterhaltung veränderte die Welt – und erschuf neue

Disneys Wachstum

1982 bestand *Walt Disney World®* aus zwei Themenparks, zwei Hotels und einem Campingplatz. 1988 öffneten zwei neue Attraktionen. Die Disney-MGM Studios hatten 1989 ihre Premiere, zur gleichen Zeit wie *Typhoon Lagoon* und *Pleasure Island*. 1990 entstanden mit dem *Yacht and Beach Club* sowie dem Hotelkomplex *Swan and Dolphin* weitere Ferienanlagen. 1991 folgten *Port Orleans* und *Old Key West*, ein Jahr später *Dixie Landings*.
1996 glänzte *Walt Disney World®* mit einem neuen Heiratspavillon. Im gleichen Jahr wurde das *Disney Institute* eröffnet, während 1997 mit viel Spektakel *Disney's Wide World of Sports™*, *Downtown Disney® West Side* und die *Coronado-Springs*-Anlage hinzukamen. 1998 nahm der vierte Themenpark, *Disney's Animal Kingdom*, seinen Betrieb auf, und die *Disney Cruise Lines* absolvierten ihre Jungfernfahrt. Die Stadt *Celebration* entstand in den 1990er-Jahren.

Man nehme deutsche Raketenspezialisten aus der Hitlerzeit, eine Regierung, die Angst vor kommunistischen Spionen hat, gebe geheime Raketentests und extrem flüchtigen Raketenbrennstoff hinzu – und man erhält ein riesiges Problem: Wo in aller Welt sollen Amerikas neueste Raketen nur getestet werden?

FLORIDAS RAUM-FAHRTPROGRAMM

Die ersten Raketen

In den ersten Jahren nach dem Zweiten Weltkrieg startete das Militär seine Raketen in einer sandigen Küstengegend Floridas, fernab von bewohnten Gebieten.

Es handelte sich um ein unscheinbares Gelände, das zu einem der wichtigsten Schlachtfelder des Kalten Krieges werden sollte. Obwohl Amerikas Raketen schon bald der Erforschung des Weltraums dienen sollten, verschärfte sich der Kalte Krieg, als die Russen im Oktober 1957 den Sputnik-I-Satelliten ins All schossen. Wenn die Sowjetunion Satelliten mit einer Geschwindigkeit von 28 700 km/h um die Erde kreisen lassen konnte, dann war sie sicher auch in der Lage, Raketen auf die Vereinigten Staaten abzuschießen!

Wettlauf im All

Der Wettkampf hatte begonnen. Amerika versuchte mit der UdSSR im Dezember 1957 gleichzuziehen, doch die Vanguard-Rakete hob nur 60 cm ab, bevor sie als riesiger Feuerball zu Boden stürzte. Dieser Fehlschlag sorgte dafür, dass nun der deutsche Raketenwissenschaftler Wernher von Braun die volle Unterstützung von US-Präsident Eisenhower erhielt. Kurze Zeit später gelangen den Amerikanern dann zwei erfolgreiche Starts, und damit war die finan-

Oben: STS-73 startet von Cape Canaveral aus

zielle Unterstützung gesichert. Mit dem National Aeronautics and Space Act wurde am 1. Oktober 1958 die National Aeronautics and Space Administration, kurz NASA, ins Leben gerufen.

Als sich die 1950er-Jahre dem Ende zuneigten, kämpften die Amerikaner und die Sowjets um die Vormachtstellung im Weltraum. Aus den Armeen beider Nationen warb man Männer für den Dienst im All an. Im April 1959 stellte die USA die Auswahl der *Mercury 7* vor: sieben Militärpiloten, die an Bord der stärkeren Mercury-Raketen fliegen sollten.

Die sowjetischen Bemühungen wurden zwar weniger an die große Glocke gehängt, waren dafür aber effektiver, denn am 12. April 1961 startete der Kosmonaut Juri Gagarin ins All. Er flog an Bord einer Wostok-Rakete und umrundete die Erde fünfmal, bevor er sicher landete. Hatte der Sputnik die Amerikaner schon demoralisiert, so waren sie angesichts von Gagarins Leistung schlicht fassungslos. Die NASA antwortete, so schnell es ging. Schon am 5. Mai hob eine Redstone-Rakete von Cape Canaveral ab. Sie schoss Alan Shepard in eine Höhe von rund 190 km, und er landete rund 500 km vom Startpunkt entfernt.

> **Hatte der Sputnik die Amerikaner schon demoralisiert, so waren sie angesichts von Gagarins Leistung schlicht fassungslos.**

John Young aus Orlando bei einem Mondspaziergang 1972

Am 25. Mai 1961 stellte Präsident Kennedy vor dem US-Kongress einen ehrgeizigen Plan vor, der alles in den Schatten stellen sollte, was sich die Sowjetunion je vornehmen konnte. Um die Oberhand im »Weltraumrennen« zurückzugewinnen, würden die USA »einen Menschen auf den Mond schicken und ihn wieder sicher auf die Erde zurückbringen«. Und dies sollte noch vor dem Ende des Jahrzehnts geschehen.

Die Amerikaner hatten bis dahin noch keinen einzigen Astronauten auch nur in eine Umlaufbahn gebracht; dennoch startete das Apollo-Programm, um drei Männer auf den Mond zu schicken. In der Zwischenzeit absolvierte Gus Grissom ähnlich wie Shepard einen suborbitalen Flug. Im Februar 1962 zog John Glenn mit Gagarin gleich, indem er die Erde dreimal im All umkreiste.

Das folgende Gemini-Programm bestand aus Zwei-Mann-Flügen, die von den Astronauten Manöver verlangten, die für eine Mond-Mission von elementarer Bedeutung waren. Sie sollten dabei lernen, sich mit anderen Raumfahrzeugen zu treffen und an sie anzudocken, im All spazieren zu gehen und wochenlang im Weltraum zu leben.

Zwischen Mercury und Gemini vergingen allerdings zwei Jahre, in denen kein einziger Amerikaner im All war. Die Sowjets nutzten das aus, indem sie mit Valentina Tereschkowa die erste Frau in eine Umlaufbahn schickten und eine Woschod-

Rakete mit drei Besatzungsmitgliedern starteten. Es gab sogar zwei weitere bemannte Raketen, und der Kosmonaut Alexeij Leonow unternahm den ersten Raumspaziergang in der Geschichte der Menschheit.

Die Amerikaner lagen nun weit zurück. Sie konterten mit Gemini 3, einem fünfstündigen Flug ins All, um die Manövrierfähigkeit des Raumschiffes zu testen. In den folgenden 20 Monaten bestiegen zehn weitere Teams diese kleinen, vollgestopften Kapseln und unternahmen erfolgreiche Missionen.

Die Apollo-Missionen

Beim Ende des Gemini-Programms standen die Apollo-Raketen zum Test bereit. Am 27. Januar 1967 bestiegen die Astronauten Gus Grissom, Ed White und Roger Chaffee die Rakete, um den für den kommenden Monat geplanten Start zu üben. Um 18.30 Uhr, als die Astronauten in der Kapsel eingeschlossen waren, rief Chaffee: »Wir haben ein Feuer im Cockpit!« Ein anderer Astronaut flehte: »Holt uns hier raus!« Doch es war zu spät, denn der Sauerstoff in der Kapsel heizte das Feuer an. Die drei Männer starben.

Schon vor dem ersten Start musste Apollo deshalb neu konstruiert werden, und der Rückschlag verzögerte das Programm um fast zwei Jahre. Auch in der Sowjetunion gab es drei Monate nach der Apollo-1-Tragödie einen Unfall, bei dem der Kosmonaut Wladimir Komarow starb.

Im Oktober 1968 absolvierte Apollo 7 eine elftägige bemannte Mission. Bestärkt durch diesen Erfolg, hatte die NASA für Apollo 8 große Pläne: Drei Männer sollten den Mond umkreisen. Bis dahin waren die NASA-Raketen nur einige hundert Kilometer ins All hinaus geflogen, der Mond war jedoch 400 000 km entfernt.

Entgegen aller Wahrscheinlichkeiten war die Mission jedoch erfolgreich. Der Blick vom Mond war faszinierend: Zum ersten Mal in ihrer Geschichte sahen die Menschen die Erde nicht als einen riesigen Planeten, sondern als eine kleine, fliegende Oase inmitten der unendlichen Schwärze des Alls. Sieben Monate später startete am 16. Juli 1969 *Apollo 11* von Startrampe 39A in Cape Canaveral und begann die dreitägige Reise zum Mond.

Während Michael Collins den Mond in der Kommandokapsel umrundete, begannen Neil Armstrong und Buzz Aldrin ihren Abstieg zur Mondoberfläche im *Eagle*. Hierbei handelte es sich um eine unscheinbare Konstruktion, die als Mondfähre

An Bord eines Space Shuttles

Gemini-4-Astronaut Ed White unternahm als erster Amerikaner einen Weltraumspaziergang

bekannt wurde. Als Armstrong bemerkte, dass ihr Landeplatz mit Felsbrocken übersät war, schaltete er auf manuelle Kontrolle um.

Das Kontrollzentrum erinnerte ihn gerade daran, dass er nicht einmal mehr für 30 Sekunden Treibstoff zur Verfügung habe, als er schließlich landete. Drei Stunden später verließen Armstrong und Aldrin den *Eagle,* und die ersten Menschen standen auf dem Mond.

Die NASA hatte es geschafft. Trotz aller Todesfälle, Rückschläge und Enttäuschungen hatte sie eine sumpfige Gegend in Florida in einen Raumbahnhof verwandelt und die Sowjets im Rennen zum Mond geschlagen. Präsident Kennedys ehrgeizige Vision war Wirklichkeit geworden.

Und so kam der Shuttle ...

Doch die amerikanische Öffentlichkeit war launisch. Nach dem erfolgreichen Mondflug von *Apollo 12* interessierten sich nur noch wenige für *Apollo 13,* bis ein Sauerstofftank explodierte und das Leben der drei Astronauten an Bord gefährdet war. Als das Apollo-Programm 1972 abgeschlossen wurde, brauchte die NASA ein neues Projekt.

Am 14. Mai 1973 startete die unbemannte Skylab-Raumstation vom Kennedy Space Center. Die Marathonmission von Skylab war in der Öffentlichkeit jedoch weniger populär als erwartet. Die Dauer der insgesamt drei Missionen übertraf mit 28, 59 und 84 Tagen allerdings die Summe aller bisher absolvierten Raumflüge weltweit.

Die NASA war aber immer noch darauf aus, an die glorreichen Tage des Mercury-Programms anzuknüpfen. Für ihr nächstes Projekt kooperierte sie mit der Sowjetunion: Am 17. Juli 1975 führten ein Apollo- und ein Sojus-Raum-

schiff im All ein Andock-Manöver durch.

Wie die meisten NASA-Missionen war der Apollo-Sojus-Flug jedoch vor allem ein PR-Coup. Die NASA verfolgte schon bald ein neues Projekt, das schon seit 1972 auf dem Reißbrett existierte: den Space Shuttle.

Anstelle von Raketen, die nur einmal starten konnten, wollte die NASA nämlich wiederverwendbare Raumschiffe entwickeln. Diese Space Shuttles sollten aus einer bemannten Kabine, zwei Feststoffraketen und einem externen Treibstofftank bestehen. Nach den Entwürfen der NASA sollten bis zu acht Astronauten an Bord Platz haben. Dazu kam eine Ladebucht für Satelliten und wissenschaftliche Experimente. Der Shuttle sollte die Erde mit rund 28 000 km/h umkreisen, nach seiner Mission zur Erde zurück gleiten und wie ein Flugzeug auf einem Rollfeld landen.

Der Jungfernflug fand 1981 statt, und die Missionen wurden zur Routine. Doch am 28. Januar 1986 gab 73 Sekunden nach dem Start eine Dichtung des Treibstofftanks nach. Eine Flamme entzündete den externen Tank, und der Space Shuttle *Challenger* explodierte. Alle sieben Astronauten an Bord kamen dabei ums Leben.

Die NASA benötigte ein neues Projekt, um sich die öffentliche Aufmerksamkeit zu sichern.

Es dauerte zwei Jahre, bevor man sich erneut an einen Shuttleflug wagte, doch von da an funktionierte alles wieder zuverlässig. 17 Jahre später jedoch ereignete sich eine weitere Katastrophe: Am 1. Februar 2003 zerbrach die *Columbia* beim Eintritt in die Erdatmosphäre. Wieder kamen alle sieben Astronauten ums Leben.

Auch wenn weitere Flüge bis zum Jahr 2005 ausgesetzt wurden, forderten nur wenige Kritiker ein völliges Ende der bemannten Raumfahrt. Welche Aufgaben auf künftige Astronauten zukommen, ist aber noch nicht abzusehen.

Der Space Shuttle mit Raketen und Treibstofftank

Ab zum Strand und in der Sonne braten

Falls Sie nach dem perfekten Ort suchen, um Ihre Sonnencreme aufzutragen und sich am Ozean zu entspannen, dann sind Sie in Florida genau richtig. Egal, ob Sie nach Miami, Tampa Bay oder an die Space Coast fahren: Florida bietet seinen Gästen Hunderte von herrlichen Stränden. Die Küste Floridas ist mehr als 1600 km lang, und kein Fleck des Bundesstaates ist weiter als 100 km vom Meer entfernt. Da es hier mehr erstklassige Strände als in jedem anderen Bundesstaat der USA gibt, verwundert es nicht, dass so viele Menschen hier ihren Urlaub verbringen. Warum auch nicht? Floridas Strände sind mit weichem Sand gesegnet, und sie werden von einer subtropischen Sonne gewärmt.

Miami

Man kann schon an den Fotografien der Strandschönheiten Miamis erkennen, dass der Ozean eine spezielle Anziehungskraft auf die Leute in Südflorida ausübt. Seit Jahrzehnten ziehen die Barriere-Inseln, die ruhigen Meeresarme, die County-Parks und der legendäre South Beach Sonnenanbeter aus der ganzen Welt an.

Miami Beach ist vielleicht der bekannteste Strand der Welt und bietet für jeden etwas. Man findet Strandbereiche, die auf unterschiedliche Nationalitäten, Altersgruppen, sexuelle Vorlieben, den Wunsch nach ungestörter Ruhe oder das Bedürfnis nach Zivilisation und Komfort ausgerichtet sind.

Der bekannteste Strandabschnitt Südfloridas reicht von der 1st zur 15th Street am Lummus Park in South Beach im Herzen des Art-déco-Distrikts. Sein Bürgersteig zieht Jogger und Inlineskater magisch an. Im Lummus Park gibt es Volleyballfelder, einen Spielplatz, Toiletten und Restaurants. Direkt östlich dehnt sich der blaue Atlantik aus. Ältere Besucher genießen dies vor allem morgens.

Die Schwulen-Szene hat es sich zwischen der 11th und der 13th Street bequem gemacht. Am gesamten Strand wird »oben

Entspannung pur am Strand

ohne« akzeptiert. Europäer und Franko-Kanadier zieht es zum Strandabschnitt zwischen der 72nd und 96th Street. Selbst als Miami an Attraktivität verloren hatte, blieb dieser Bereich ihr Winterdomizil. Die zwei Blocks zwischen der 73rd und der 75th Street sind ein wenig ruhiger.

Auf halbem Weg nach Key Biscayne trifft man auf das Highlight des Crandon Park: einen 3 km langen lagunenartigen Strand. Hier ist der Sand weich, und es gibt zahlreiche preiswerte Parkmöglichkeiten.

Am südlichen Ende von Key Biscayne bietet die Bill Baggs Cape Florida State Recreation Area Picknickmöglichkeiten, ein Café und Spazierwege, von denen man Miamis beeindruckende Skyline bewundern kann.

Die Strände mit weißem Sand sind aber nicht alles: Man kann Fahrräder und Skates ausleihen, Kanu fahren oder angeln. Daneben gibt es noch den Cape-Florida-Leuchtturm, das älteste Gebäude in Südflorida. Parken ist hier billiger als beim Crandon Park.

Tampa Bay

Der Unterschied zwischen den Stränden am Atlantik und denen am Golf ist sofort zu erkennen: Die atlantische Küste hallt vom Donner der Wellen wider, während der Golf von Mexiko so glatt wie Seide ist.

Die Strände der Tampa Bay können ruhig und entspannend sein. Wenn man jedoch Bewegung liebt, dann sollte man es mit Segeln, Schwimmen, Schnorcheln, Windsurfen, Parasailing, Jetskiing, Motorbootfahrten, Tauchen oder Angeln versuchen.

Am Ende der Halbinsel und des Highway 679 liegt am Eingang der Tampa Bay der Fort DeSoto Park. Hier finden Sie einen der besten Strände Floridas und eine hervorragende Campingmöglichkeit (▶ 167).

Am südlichen Ende des St. Pete Beach liegt das ruhige Wohnviertel Pass-a-Grille mit seinem weniger bekannten Strand. Es gibt einen Kiosk dort, und einige Blocks weiter, an der 8th Avenue und dem Pass-A-Grille-Way, kann man sich zum Wellenreiten ausrüsten, einen Angeltrip buchen oder vom Merry Pier aus zu einem abendlichen Schiffsausflug in den Sonnenuntergang aufbrechen.

Wenn man auf dem Highway 699, dem Gulf Boulevard, nach

Warnung

Wer in einem Sog gefangen wird, sollte auf keinen Fall dagegen ankämpfen, weil man keine Chance hat. Stattdessen sollte man sich von der Strömung tragen lassen und dabei versuchen, möglichst parallel zur Küste zu schwimmen. Wenn die Kraft der Strömung nachlässt, kann man versuchen, an Land zu kommen.

Das Magazin 15

Eine von vielen beliebten Strandvergnügungen

Norden fährt, erreicht man einen der Zugänge zum Strand Treasure Island an der 112th Avenue. An dem breiten Strand gibt es Umkleidemöglichkeiten, Parkuhren, Volleyballfelder, Strandhütten, einen Souvenirshop sowie eine Snack Bar. Diese in den 1960er-Jahren entstandene Touristengegend ist populär und grenzt direkt an Familienhotels, Minigolfplätze sowie zweitklassige Muschel- und Souvenirläden. Aber der Strand ist umwerfend!

Nehmen Sie Handtuch, Strandstühle und Kühltasche und machen Sie es sich an einem von Floridas schönsten Stränden bequem.

Es ist schwer, auf einem Strand in Südflorida allein zu sein

Fährt man weiter nördlich auf dem Highway 699, kommt man an Strandzugängen in ruhigen Wohnvierteln vorbei, z.B. an Redington Shores, Indian Rocks Beach oder Belleair Shores. Alle sind geeignet für einen Tag am Strand, doch der beste von ihnen ist der Clearwater Beach. Der Sand dort zerrinnt wie Puder unter den Füßen. Hotels, Motels und Restaurants versprechen einen schnellen Zugang zu allem Nötigen, und das Wasser ist einfach wunderbar.

Am Ende der State Road 60 liegt Pier 60, ein beliebter Ort zum Angeln, Essen, Einkaufen und Ausruhen.

Nördlich des Clearwater Beach verspricht Caladesi Island mit seinen 5 km Sandstrand echte Ruhe. Autos verkehren dort nicht, es gibt nur eine Fähre. Sie fährt von 10 Uhr an stündlich ab Honeymoon Island State Recreation Area an der State Road 586.

Die Space Coast

Einige der schönsten Strände an der Atlantikküste finden sich zwischen Cape Canaveral und Titusville. Falls man nicht zufällig Astronaut ist, wird es allerdings schwer, dorthin zu kommen. Als Ersatz dafür hat die Regierung an anderer Stelle kilometerlange Strände fürs Schwimmen und Tauchen belassen. Einige der besten befinden sich südlich der Kreuzung von A1A und Highway 520. Hier geht es locker zu, und es wurde in den letzten 30 Jahren nicht viel verändert. Parken Sie also einfach den Wagen, nehmen Sie Handtuch, Strandstühle und Kühltasche und machen Sie es sich an einem von Floridas schönsten Stränden bequem. Obwohl sich der Strand noch rund 65 km nach Süden zieht, liegt der schönste Abschnitt im Umkreis von 3 km von der erwähnten Kreuzung.

Wer belebtere Strände vorzieht, ist am Pier direkt nördlich des Highway 520 genau richtig. Hier treffen sich Surfer, Thekensteher und Angler. Viele Strände bieten einen leichten Zugang zu kleinen Läden und Hotels.

Falls man den Strand lieber ohne Hüllen genießen möchte, sollte man dem Highway 402 folgen. Knapp 1 km nördlich des nördlichsten Parkplatzes befindet sich Playalinda, der einzige FKK-Strand in Florida.

Floridas Fluss aus Gras

Noch vor wenigen Generationen galten die Everglades als eine von Alligatoren verseuchte Wildnis aus wertlosem Sumpfland. Man dachte vor allem an Stadtentwicklung und war überzeugt davon, dass das Wasser dieses Landstrichs am besten kanalisiert und nach Miami umgeleitet werden müsse.

Dies war ein nachvollziehbarer Irrtum: Wer in den 1940er-Jahren auf einer der wenigen Straßen, die das südliche Ende des Staates durchquerten, durch die Everglades unterwegs war, fürchtete ständig, von riesigen Moskitos gestochen oder von Alligatoren aufgefressen zu werden. Die Everglades waren in der Tat kein sehr anheimelnder Ort für Menschen, und allzu viel hat sich daran bis heute nicht geändert.

Aber die Everglades sind auch gar nicht für den Menschen geschaffen worden. Nur wenige erkannten, dass diese sumpfige Marschlandschaft in Wirklichkeit ein sensibles Ökosystem war, das einen fast 80 km breiten Fluss umgab. Er war nicht einmal 30 cm tief, entsprang südlich von Orlando und schlängelte sich langsam zur Südspitze Floridas.

Obwohl die Everglades als ein »nutzloses« Gebiet aus Sumpfgras galten, stellten sie doch das größte natürliche Filtersystem des Landes dar. Zudem lebten in der nur scheinbar toten Landschaft unzählige Tierarten. Jahrhundertelang war die Südspitze Floridas wechselnden Perioden von Flut und Dürre ausgesetzt. Dieser natürliche Zyklus half bei der Entstehung von Garnelenbänken, von Mangrovensümpfen und Korallenriffen. An der Mündung der Everglades begünstigte das Brackwasser einen unabsehbaren Reichtum an Meeresflora und -fauna.

Floridas empfindliche Everglades – sind sie nicht mehr zu retten?

Das Magazin   **17**

Oben: Der Bestand der einst bedrohten Alligatoren scheint gesichert

Rechts: Am besten erkundet man die Everglades mit Propeller-Booten

Alles war hier perfekt – für die Tierwelt wie für die Sportfischer. Aber es war letztlich zu schön, um lange Bestand zu haben. Ein Wasserregulierungs-System wurde in Angriff genommen, um das Wasser in die dichter besiedelten Küstengegenden umzuleiten. Es kam zum Konflikt zwischen verschiedenen Gruppen, die darum stritten, was für Florida am besten sei.

Auf der einen Seite standen die »Fortschrittlichen«, die das Wasser der Everglades zur Auffüllung des Reservoirs von Miami verwenden wollten, damit die wachsende Bevölkerung versorgt werden konnte. Dann waren da die Farmer. Tomaten, Erdbeeren, Orangen, Mangos, Zuckerrohr und andere Pflanzen wuchsen fast ohne jede Pflege, aber natürlich nicht ohne das Wasser der Everglades. Und schließlich gab es noch die Umweltschützer. Sie erkannten die Gefahren, die sich für Floridas Zukunft ergaben, falls die Everglades vollständig geopfert würden.

Die inoffizielle Sprecherin dieser Gruppe war Marjory Stoneman-Douglas. Sie hatte früher als Gesellschaftskolumnistin für den *Miami Herald* gearbeitet und stammte aus Miami. Sie erkannte, dass die Stadtplaner ihre Träume ohnehin nicht mit den begrenzten Ressourcen der Everglades verwirklichen konnten.

1947 veröffentlichte sie das Buch *The Everglades: River of Grass*. Darin erklärte sie zu Recht, dass die Everglades nicht als unbegrenzte Wasserquelle für Entwicklungsprojekte oder die Landwirtschaft zur Verfügung stünden. Den 80 km breiten Gras-Fluss, der von Flüssen gespeist wurde, die Hunderte von Kilometern weiter nördlich entsprangen, beschrieb sie als ein wertvolles nationales Naturerbe, das erhalten und geschützt werden musste.

Schon in den frühen 1920er-Jahren hatten auch Anwohner genau dies erkannt. Bereits 1929 hatte der Kongress eine entsprechende Studie in Auftrag gegeben, und 1947 wurde der Nationalpark eingerichtet. Der Park mit seinen mittlerweile rund 6000 km² ist heute der größte Nationalpark in

Ernest F. Coe Visitor Center

18 km südlich von Homestead an der Route 9336. Die US-1 von Miami Richtung Süden, dann rechts abbiegen an der Ecke SW 344th Street/State Road 9336; den Schildern folgen.

☎ 305/242-7700 🕐 tägl. 8–20 Uhr $

den USA östlich der Rocky Mountains.

Inzwischen sind mehr als 50 Jahre seit der Schaffung des Parks vergangen, doch das Happy End, auf das die Umweltschützer hofften, ist ausgeblieben. Obwohl die Everglades auf dem Papier geschützt sind, führt ein Mangel an Durchsetzungswillen auf Seiten der Staatsregierung dazu, dass die natürliche Schönheit und die Bedeutung der Region weiter schwinden. Kanäle leiten Wasser ins übervölkerte Miami und trocknen die Everglades langsam aus. Mehr als 90 % der Vogelwelt sind seit den 1940er-Jahren verschwunden, und der Florida-Panther ist vom Aussterben bedroht. Ironischerweise ist er das Wappentier Floridas.

Trotz allem gibt es einen gewissen Anlass zur Hoffnung. Die Gesetzgebung gegen Erschließung und Umweltverschmutzung hat eine Reihe von Zielen erreicht. Dazu zählt die Etablierung eines *Everglades Trust Fund*. 1998 veröffentlichte die Clinton-Regierung einen Planungsentwurf, der für eine Wiederherstellung der Everglades 7,8 Milliarden US-Dollar ansetzte. Vorgesehen waren die Auffüllung von Kanälen im Hinterland, die Beseitigung der Flutkontrollen sowie die Wiederherstellung von natürlichen Wasserläufen und Reservoirs.

Dennoch können auch heute noch mächtige Wirtschaftsinteressen dieses Projekt gefährden. Die wichtigen Landesmittel wurden gekürzt, und die Umweltschutzmaßnahmen werden abgeschwächt. 2003 unterstützte der Gouverneur Jeb Bush eine Initiative, die den Staat und bestimmte Unternehmen bis mindestens 2016 von Umweltauflagen befreien soll. Gegenwärtig unterstützt die Politik also vor allem Forderungen aus der Wirtschaft, doch Umweltschützer weisen immer wieder darauf hin, wie schädlich ein ungebremstes Wachstum der Städte für diese Landschaft ist.

Tierwelt der Everglades

Um wild lebende Tiere zu beobachten, eignen sich vor allem der Anhinga Trail bei Royal Palm sowie Eco Pond. Kanus oder Paddelboote kann man bei Snake Bight oder Chokoloskee Bay ausleihen. Eine Tramfahrt führt zum 20 m hohen Aussichtsturm im Shark Valley.

Nur wenige erkannten, dass diese sumpfige Marschlandschaft in Wirklichkeit ein sensibles Ökosystem war, das einen fast 80 km breiten Fluss umgab.

Rote Mangroven – ein fast mystisches Markenzeichen der Everglades-Landschaft

Das Magazin

BERÜHMTE
Persönlichkeiten

Sucht man in Floridas Geschichte nach bekannten Persönlichkeiten, tauchen die unterschiedlichsten Charaktere auf: extravagant oder innovativ, gefährlich oder sogar gewalttätig …

Links unten: Juan Ponce de León kam 1513, um den Brunnen der Jugend zu suchen – oder zumindest Gold

Unten: Die Indianer Floridas trefen zum ersten Mal auf die spanischen Eroberer

Panfilo de Narvaez

Man denke zum Beispiel an den spanischen Entdecker Panfilo de Narvaez, der 1528 mit 400 Soldaten und ihren Kampfhunden in Florida landete. Er beanspruchte das Land rund um Tampa für Spanien. Um seine Stärke zu demonstrieren, schnitt der skrupellose Konquistador die Nase eines Tocabago-Häuptlings ab und ließ dessen protestierende Mutter den Hunden vorwerfen. Da Narvaez entschlossen war, die Reichtümer der Neuen Welt zu entdecken, schickte er seine Schiffe an der Küste entlang nach Norden. Er folgte mit dem Rest der Soldaten auf dem Landweg. Doch die Suche war vergebens. Als die Apalachee-Indianer von den Ausländern genug hatten, griffen sie die Spanier an und trieben sie zum Golf zurück.

Julia Tuttle

Julia Tuttle war die Tochter von Senator E. T. Sturtevant. Sie besuchte Florida erstmals in den 1870er-Jahren. Zwei Jahrzehnte später zog sie nach Süden – eine folgenreiche Entscheidung.

Tuttle erkannte, dass Südfloridas Entwicklungspotenzial von einem zuverlässigen Verkehrswesen abhing. Sie erwarb Grundbesitz am Miami River und führte dort ein komfortables Leben. Nachdem ein frostiger Winter den Rest des Bundes-

Das Magazin

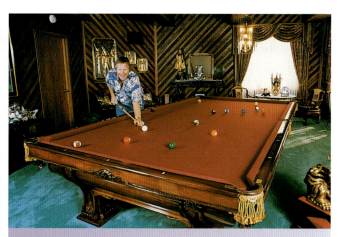

Ron Rice
In den späten 1960er-Jahren arbeitete Ron Rice als Biologielehrer an einer High School in Daytona Beach. In seiner Freizeit mixte er in alten Dosen natürliche Öle, füllte das Ergebnis in Flaschen und verkaufte es als Sonnenschutz an den Pools entlang dem Strand. Trotz dieses wenig verheißungsvollen Anfangs wurde *Rice's Hawaiian Tropic* rasch bei allen Sonnenanbetern beliebt.

staates getroffen hatte, kam Tuttle eine Idee: Sie pflückte ein paar frische Orangenblüten und schickte sie dem Eisenbahnpionier Henry Flagler, der gerade eine Linie entlang der Atlantikküste Floridas baute.

Flagler war beeindruckt von dem Beweis für das frostfreie Klima in Miami und stimmte einem Weiterbau seiner Eisenbahn nach Süden zu. Einzige Bedingung war die Zusage Julias, dass er Land für den Bau eines seiner luxuriösen Hotels erhielt. Julia akzeptierte, und so konnten 300 Bewohner Miamis im Jahre 1896 die Ankunft des ersten Zuges bejubeln.

Hamilton Disston
Andere Grundstücksspekulanten waren weniger erfolgreich. 1881 handelte Hamilton Disston einen Vertrag mit Gouverneur William Bloxham aus: Er konnte über 16 000 km² Land für 62,5 Cent pro Hektar erwerben. Einerseits benötigte der Bundesstaat Florida die eine Million Dollar, um Schulden zu bezahlen, andererseits hoffte Disston, dort Zuckerrohr anbauen zu können. So geschah es, und Disston legte den Grundstock für die Zuckerindustrie Floridas. Anfang des 20. Jahrhunderts produzierte Florida bereits ein Fünftel des amerikanischen Zuckers. Disston selbst verlor jedoch während einer Rezession einen Großteil seines Vermögens und beging Selbstmord.

Benjamin Green
Benjamin Green war ein Apotheker aus Miami. In den 1940er-Jahren begann er mit der Entwicklung von Sonnencremes. Dabei experimentierte er mit verschiedenen Mischungen, die er auf einer leicht verfügbaren Oberfläche ausprobierte: seiner eigenen Glatze. 1944 entdeckte er schließlich eine Mischung, die seinem Kopf eine angenehme Bräune verlieh, und schon 1951 wurde sie unter dem Namen *Coppertone* landesweit verkauft.

Andrew Jackson

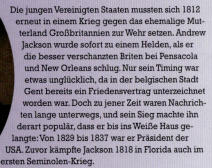

Die jungen Vereinigten Staaten mussten sich 1812 erneut in einem Krieg gegen das ehemalige Mutterland Großbritannien zur Wehr setzen. Andrew Jackson wurde sofort zu einem Helden, als er die besser verschanzten Briten bei Pensacola und New Orleans schlug. Nur sein Timing war etwas unglücklich, da in der belgischen Stadt Gent bereits ein Friedensvertrag unterzeichnet worden war. Doch zu jener Zeit waren Nachrichten lange unterwegs, und sein Sieg machte ihn derart populär, dass er bis ins Weiße Haus gelangte: Von 1829 bis 1837 war er Präsident der USA. Zuvor kämpfte Jackson 1818 in Florida auch im ersten Seminolen-Krieg.

Mary McLeod Bethune

Mary McLeod Bethune wuchs als 15. von 17 Kindern auf und wollte als Kind unbedingt lesen und schreiben lernen. Sie widmete später ihr Leben (1875–1955) ganz der Erziehung und eröffnete in Daytona Beach eine Schule für die schwarzen Kinder der Eisenbahnarbeiter.

Mit nur 1,50 Dollar für den Unterhalt, einer Hütte hinter einem Müllhaufen als Klassenzimmer und mit Beerensaft als Tinte wuchs Bethunes Schule von fünf auf 250 Schüler an. Die Schule existiert immer noch. Mary McLeod Bethune wurde später von Präsident Franklin D. Roosevelt zur Direktorin für die Angelegenheiten der Schwarzen in der *National Youth Administration* berufen.

> **Sonnenschein ist das wichtigste Wirtschaftsgut in Florida**

Ray Charles

Einer der berühmtesten amerikanischen Musiker wuchs in Greenville, Florida, auf. Nach seinem Schulabschluss in der St.-Augustin-Schule für Taube und Blinde trat er zunächst in schmuddeligen Kneipen als Pianist auf. 1949 erkannte Charles, dass seine Karriere an einem toten Punkt angelangt war. Er bat einen Freund, auf einer Karte die größte Stadt zu suchen, die am weitesten von Orlando entfernt lag. Einige Wochen später befand Charles sich auf dem Weg in ein neues Leben. Seine neue, erfolgreiche Laufbahn begann in Seattle, Washington.

Edward Leedskalnin

Als der lettische Einwanderer Leedskalnin nach Amerika kam, begann seine 20-jährige mühevolle Arbeit: Er errichtete eine 1100 t schwere »Korallenburg«. Dabei verwendete er nur einfache Ketten, Seilzüge und recycelte Autoteile. Er arbeitete nachts und allein an seinem neuen Zuhause. Besonderheiten sind eine 2,5 m hohe Wand aus großen Korallen-Gesteinsblöcken sowie ein 2 t schwerer Schaukelstuhl, der so fein ausbalanciert ist, dass er sich mit einem Finger bewegen lässt.

Die zwei Henrys

Im 19. Jahrhundert kurbelten die Eisenbahnlinien, die von Henry Plant und Henry Flagler gebaut wurden, die neu entstehende Tourismusindustrie in Florida an. Gleichzeitig konnten auf diesem Weg Zitrusfrüchte in den Norden transportiert werden. Die beiden Pioniere bauten zudem luxuriöse Hotels für sonnenhungrige Besucher.

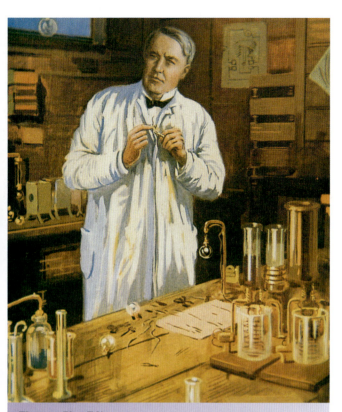

Thomas Alva Edison
In Fort Myers baute sich der Erfinder Thomas Edison einen Wohnsitz für den Winter. Es war eines der ersten Fertighäuser in Florida: Einige Teile seines Hauses hatte er in Neuengland herstellen und nach Fort Myers transportieren lassen, wo die Einzelteile zusammengefügt wurden. Nach einem harten Arbeitstag konnte Edison sich hier sogar in einem Swimmingpool entspannen. Dieser 1910 gebaute Pool war einer der ersten modernen Pools in Florida.

Das 9 t schwere Eingangstor kann von einem Kind geöffnet werden. Wie Leedskalnin es schaffte, 35 t schwere Korallenblöcke ohne Maschinen zu bewegen, bleibt sein Geheimnis. Coral Castle (28655 S. Dixie Highway, Homestead, Miami, Tel. 305/248 63 45) ist täglich von 7 bis 21 Uhr geöffnet.

Lawton Chiles

Chiles war Mitglied des Repräsentantenhauses und des Senates von Florida gewesen, bevor er sich entschied, für den US-Senat zu kandidieren. Im Gegensatz zu anderen US-Politikern stand Chiles offen zu seiner Herkunft aus Florida. Er versprach, von einem Ende des Bundesstaates zum anderen zu laufen, um dabei die Menschen zu treffen. Tatsächlich wanderte er in 91 Tagen rund 1662 km von Pensacola nach Miami. Zwischen 1971 und 1989 wurde »Walkin' Lawton« dreimal zum US-Senator gewählt, 1990 sogar zum Gouverneur von Florida. 1998 starb er während seiner zweiten Amtszeit.

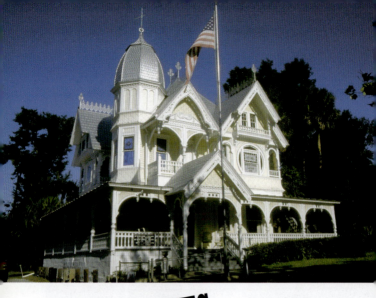

HIGHLIGHTS AUF EINEN BLICK

Florida ist ein großer Bundesstaat mit vielen Zeugnissen einer reichen Kultur. Es gibt im Sunshine State weit mehr zu entdecken, als man bei einem einzigen Besuch je sehen könnte. Deshalb planen Sie am besten gleich einen zweiten Trip! Wenn man von Sonne und Sand genug hat, kann man Old Florida erkunden: das Hinterland mit seinen altmodischen Attraktionen und historischen Dörfern.

St. Augustine

Ohne Zweifel ist St. Augustine (► 184) Floridas schönstes und geschichtlich bedeutendstes Dorf. Es liegt rund 190 km nordöstlich von Orlando an der Atlantikküste. Ponce de León ging hier zwar nicht an Land, aber er ermöglichte weitere Expeditionen. Schon 1565 wurde St. Augustine gegründet und ist damit die älteste permanent bewohnte europäische Siedlung in den USA.

Heute ist die Stadt ein populäres Ausflugs- und Ferienziel für Romantiker und Familien. Mit seinem europäischen Flair ist St. Augustine der ideale Platz für Spaziergänge. Die Stadt ist voller Galerien und Antiquitätenhandlungen, Souvenirläden, Cafés in Innenhöfen, kleinen Brauerei-Pubs und Eiscafés. Beeindruckend ist das Flagler College, einst ein Hotel Henry M. Flaglers. Daneben gibt es in St. Augustine die älteste Schule, das älteste Haus und die älteste Apotheke der USA.

Ein großer, weißer Sandstrand erstreckt sich einige Kilometer südlich an der Bridge of Lions, die sich über die Mantanzas Bay spannt. Von der Brücke sieht man das Fort Castillo de

San Marcos aus dem 17. Jahrhundert. Glücklicherweise fiel diese sehenswerte Stadt nicht dem Fortschritt zum Opfer, und eine geschichtliche Rundfahrt sollte in jedem Fall auf dem Programm stehen.

Amelia Island

Ungefähr eine Stunde nördlich von St. Augustine liegt Amelia Island (➤ 191). Dies ist der einzige Ort Amerikas, über dem schon acht verschiedene Flaggen wehten.

Heutzutage kann man an der Küste reiten, angeln oder in der Innenstadt von Fernandina Beach einkaufen gehen. In der Centre Street haben sich einige schicke Läden mit Antiquitäten, Kunst oder Süßigkeiten sowie einige Cafés angesiedelt. Der wunderbare Palace Saloon soll angeblich Floridas älteste Bar sein und den Angestellten zufolge von Geistern heimgesucht werden. Im Großen und Ganzen ist diese schmucke Stadt eine Ansammlung aus eleganten Häusern und kleinen Inns. Wer Geschichte hautnah erleben möchte, sollte Fort Clinch besuchen. Die Führer schlüpfen hier in die Rolle von Unionssoldaten aus dem Jahre 1864.

Mount Dora

Das malerische Dorf Mount Dora schmiegt sich an einen Hügel rund 50 km nordwestlich von Orlando. Hier steht das 1883 erbaute Lakeside Inn, und man kann sich am Ufer des Lake Dora richtig entspannen. Die Donnelly Street erinnert an die Atmosphäre einer lebendigen Kleinstadt in Neuengland. Es gibt Antiquitätenläden, Souvenirshops, Modeboutiquen, Buchläden, Juweliere, Blumenhändler und Kerzenmacher. Natürlich findet man auch Eiscafés und Café-Bars; zum Übernachten laden gemütliche Bed & Breakfast Inns ein. Am besten bleibt man eine Weile und genießt den Duft der Orangenblüten, geht in ein Konzert oder zu einem Festival im Donnelly Park, spielt Shuffleboard oder Tennis, unternimmt einen Spaziergang auf Palm Island oder füttert die Enten bei Graham Point.

Micanopy

Rund zwei Stunden nördlich von Orlando liegt im Süden von Gainesville das kleine Städtchen Micanopy. In der zweitältesten Stadt Floridas ist noch das alte Pioniergefühl spürbar. Michael J. Fox veranschaulichte dies in seinem Film *Doc Hollywood*. Jedes Wochenende kommen Scharen von Besuchern, um diese ungewöhnliche Atmosphäre zu genießen. Viele verbringen den Tag in den Antiquitätenläden, den Buchhandlungen und anderen Geschäften, die rund um den Marktplatz aufgereiht sind. Micanopy ist wirklich ein gut erhaltenes Städtchen aus dem alten Florida – ideal, um hier einen Nachmittag

Oben links: Donnelly House in Mount Dora

Unten links: Alte Handwerkstechniken werden in Amerikas ältester Stadt, St. Augustine, demonstriert

Unten: Die St. George Street in St. Augustine

Das State Capitol in Tallahassee

zu verbringen, vielleicht auch zu übernachten und einmal richtig auszuspannen (Tel. 352/466 3121).

Tallahassee

Als einzige Hauptstadt der Südstaaten, die im Bürgerkrieg nicht zerstört wurde, ist Tallahassee (► 186) der perfekte, wenn auch etwas abgelegene Ort, um den alten Südstaaten-Zauber in Florida zu entdecken. Im Old Capitol sind einige Räume als Museum eingerichtet, und das neue State Capitol verfügt über eine hervorragende Aussichtsplattform im 22. Stockwerk. Von dort hat man einen großartigen Ausblick auf das Leon County. Man sieht von dort z. B. die Florida State University, die City Hall, das Leon County Courthouse sowie andere markante Gebäude. An einem klaren Tag kann man bis nach Georgia schauen, das rund 25 km nördlich liegt, oder bis zum Golf von Mexiko 50 km weiter südlich. Einige Blocks vom Kapitol entfernt liegt das Museum of Florida History, welches die wichtigsten geologischen und geschichtlichen Entwicklungen auf dem Gebiet des Staates erläutert. Die Ausstellungs-Highlights sind ein Riesengürteltier und die Reste eines riesigen Mastodons.

Der vielleicht schönste Teil Tallahassees befindet sich in den Vororten, wo alte Eichen die so genannten *canopy roads* überdachen. In diesen altmodischen Vierteln gibt es Läden, und man kann sogar angeln. An keiner anderen Stadt Floridas ist die Zeit so spurlos vorübergegangen wie an manchen Vierteln von Tallahassee.

St. Augustine Visitors Information
✉ 10 Castillo Drive, St. Augustine 32084
☎ 904/825-1000; www.oldcity.com

Amelia Island Tourist Development Council
✉ 961687 Gateway Boulevard, Suite 101 G, Fernandina Beach 32034 ☎ 904/261-3248 oder 800/226-3542; www.islandchamber.com

Mount Dora Chamber of Commerce
✉ 341 Alexander Street, Mount Dora 32757
☎ 352/383-2165; www.mountdora.com

Tallahassee Convention Visitors Bureau
✉ 106 E. Jefferson Street, Tallahassee 32301
☎ 850/413-9200; www.seetallahassee.com

DIE CONCH REPUBLIC

Falls Sie im April 1982 keine Nachrichten gesehen haben, ist Ihnen die wohl kürzeste Revolution der Welt entgangen. In jenem Monat errichtete die US-Grenzpolizei in Florida City eine Straßenblockade, um nach geschmuggelten Drogen und illegalen Immigranten zu suchen. Die Polizei hatte vielleicht gar nicht daran gedacht, doch die blockierte Straße war die US 1, die einzige Verbindung zwischen den Keys und dem Festland. Die Konsequenz war, dass alle Bewohner der Keys ihre US-Staatsbürgerschaft nachweisen mussten, um auf das amerikanische Festland gelangen zu können. Für die Einwohner der Keys war dies natürlich eine Provokation.

Der Bürgermeister von Key West, Dennis Wardlow, fuhr zum Bundesgericht nach Miami, um eine Verfügung gegen diese Blockade zu erlangen. Sein Einspruch war vergebens. Wardlow verließ das Gerichtsgebäude und gab vor den Fernsehkameras und Mikrofonen eine Erklärung ab, die man seit dem Ausbruch des Bürgerkriegs nicht mehr vernommen hatte: »Morgen Mittag um 12 Uhr werden die Florida Keys aus der Union austreten!«

Am 23. April 1982 um 12 Uhr versammelten sich die Bürger von Key West auf dem Mallory Square. Die Stimmung war angespannt, als der Bürgermeister den Austritt offiziell verkündete und die Conch Republic

Die Conch Republic hat ihre eigenen Ausweispapiere

Die Große Schlacht um die Conch Republic 1982

Sie wollen eine Revolution? Na, dann ...

Rechts: Revolutionäre spielen die berühmte Schlacht nach

Unten: Teilnehmer beim Ripley's Believe It Or Not! Conch Republic Drag Race

proklamierte (Conch, Muschel, wird »konk« ausgesprochen).

Obwohl die Proklamation natürlich nicht so bedeutend war wie der Beschuss von Fort Sumter, der den Bürgerkrieg auslöste, hatte Wardlows Rebellion doch einige Höhepunkte. Als Symbol für den zivilen Aufstand nahm Wardlow ein altes kubanisches Brot und brach es über dem Kopf eines Mannes in US-Navy-Uniform.

Nun waren sie also frei. Sie hatten der amerikanischen Regierung den Fehdehandschuh hingeworfen und befanden sich im Krieg. Entgegen allen Wahrscheinlichkeiten schaffte es die frisch geborene Conch

Republic, dem Druck der Belagerung 15 ... 30 ... 45, ja sogar 60 lange Sekunden standzuhalten. Als eine ganze Minute verstrichen war, erkannte Wardlow, nunmehr der Premierminister der Conch Republic, plötzlich die Tragweite seiner Tat. Da er sich einer riesigen Übermacht gegenübersah, kapitulierte er vor einem Admiral der US-Navy.

Die Revolution war nicht erfolglos. Genau wie andere Nationen, die vom mächtigen US-Militär besiegt worden waren, fühlte man sich zum Empfang von Kriegsreparationen berechtigt. Premierminister Wardlow verlangte eine Milliarde US-Dollar an ausländischer Hilfe, um seine zerstörte Nation wieder aufzubauen.

In den folgenden Jahren verselbständigte sich die *Conch Republic*. Der PR-Gag wurde von

Die Außenpolitik der Conch Republic

Die Republik hat ihre eigene, knapp formulierte Außenpolitik: »Die Linderung von Spannungen durch die Anwendung von Humor«. *(Nachdruck mit Erlaubnis des Generalsekretärs)*

Das Magazin

Das Bettenrennen ist Teil der jährlichen Conch-Republic-Feierlichkeiten

der US-Regierung komplett ignoriert. Da sie nicht auf den »Austritt« reagierte, half sie unabsichtlich mit, den Souveränitätsanspruch der Conch Republic nach internationalem Recht zu untermauern, das die gegenseitigen Besitzverhältnisse zwischen souveränen Nationen regelt.

In einem Akt, der seinesgleichen suchte, traf sich am 20. April 1994 die Monroe County Commission und stimmte über die Resolution Nr. 124-1994 ab. In der formalen Sprache eines offiziellen Dokuments beschreibt die County Commission die Ereignisse, die zur Sezession führten, von der Blockade durch die US-Polizei im April 1982 über den Schaden, den die Bewohner und die Geschäftswelt der Keys erlitten hatten, bis zur der Weigerung des Bundesgerichts, für Abhilfe zu sorgen. Das Dokument hält auch Wardlows mitreißende Proklamation fest und kommt zu dem Ergebnis, dass er für alle Bewohner der Keys gesprochen habe.

Es war ein unglaublicher Augenblick. Durch diese Entscheidung legitimierte die Resolution Wardlows Rebellion, da sie durch und für die Menschen der Florida Keys geschehen sei.

Die Einwohner der Florida Keys besitzen nunmehr die doppelte Staatsbürgerschaft als Bürger der USA und der Conch Republic.

Jedes Jahr im April feiern die *conchs* ihre Unabhängigkeit in ihrer Hauptstadt Key West mit einem einwöchigen Festival, das mittlerweile weithin bekannt ist. Zu den Veranstaltungen gehören das Hissen der Conch-Flagge über Fort Taylor zu Beginn der Feierlichkeiten sowie eine Darstellung der »Großen Schlacht um die Conch Republic«.

Als Mischung aus Utopien und Woodstock existiert dieses erste und einzige Land der »Fünften Welt« eigentlich nur in der Vorstellung. Staatsziel ist es, mehr Wärme, Humor und Respekt in eine Welt zu bringen, von der die *conchs* glauben, dass sie alles drei dringend benötigt. Im Rückblick war die kleine Rebellion also sehr erfolgreich.

Weitere Informationen über die Conch Republic unter www.conchrepublic.com.

Wenn Sie die Conch Republic besuchen, halten Sie sich an die Bräuche ...

- Trinken Sie ein Bier bei Sloppy Joe's.
- Schauen Sie den Straßenkünstlern während der Sunset Celebration auf dem Mallory Square zu.
- Essen Sie unbedingt ein Stück Key Lime Pie.
- Kaufen Sie eine Kokosnuss, essen Sie das Fleisch und trinken Sie die Milch.

Als Rentner in Florida

Da ist man also aus seinem Urlaub nach Hause zurückgekehrt und hat ein paar Freunde zum Diaabend eingeladen. Um 4 Uhr morgens haben diese sich längst entschuldigt und sind geflohen, doch man selbst sitzt noch da und redet über den Sunshine State, bis auf einmal ein Gedanke kommt ... *Vielleicht sollten wir uns einfach in Florida zur Ruhe setzen?*

Rund 100 000 Rentner ziehen jedes Jahr nach Florida.

Schon seit den 1940er-Jahren ziehen Rentner nach Florida. Sie kaufen Häuser oder mieten Wohnungen und genießen einfach das Leben. Doch seit 1990 muss man viel tiefer in die Tasche greifen: Riesige Rentnerstädte sind aufgetaucht, die besonders wohlhabende Ruheständler mit dem Versprechen eines wahren Seniorenparadieses in den Süden locken.

Dank dieser neuen Seniorenstädte ist die Zahl der Zuwanderer deutlich gestiegen; Florida gehört deshalb heute zu den vier Bundesstaaten mit den höchsten Zuwachsraten. Für ältere Leute gibt es einige sehr gute Gründe für einen Umzug in den Sonnenstaat.

Zunächst gibt es keine Probleme mit harten Wintern, wie sie im Norden der USA üblich sind. In Florida kann man auch die Zeit von November bis März im Freien genießen, ohne jedoch mit Schnee oder extremer Hitze rechnen zu müssen. Außerdem ist man in guter Gesellschaft: Rund 20 % der Bevölkerung sind älter als 65, in manchen Bezirken sind es sogar 35 %. Und schließlich ist das Freizeitangebot hervorragend: Es gibt über 1000 Golfplätze – mehr als in jedem anderen US-Bundesstaat –, und in der Nähe der Seniorenstädte kann man Rad fahren, angeln, Tennis spie-

Ruhestand in Florida – Zeit, das Leben zu genießen

30 *Das Magazin*

Ein Rentner genießt den Strand in der Nähe seiner neuen Wohnung

len und vieles mehr unternehmen. Ein ganz wichtiger Grund für einen Umzug nach Florida sind jedoch auch die finanziellen Vorteile. Im Gegensatz zu den meisten amerikanischen Bundesstaaten gibt es in Florida keine Einkommensteuer (die Einnahmen aus dem Tourismus sind ein hinreichender Ersatz). Lebt man in Florida, bleibt also deutlich mehr von der Rente übrig als anderswo. Einige Wohlhabende gönnen sich sogar einen besonderen Luxus: Die so genannten *snowbirds* verbringen nur den Winter im warmen Florida und kehren im Sommer in ihr Haus im Norden zurück – eine perfekte Möglichkeit, stets das beste Klima zu genießen.

Natürlich profitieren beide Seiten von der Steuervergünstigung: Der Staat garantiert den Neubürgern mehr Geld auf dem Konto, diese geben es dann aber auch in Florida aus. Der Zuzug aus dem Norden nützt also allen Bürgern.

Daten und Fakten

- Senioren in Florida zahlen mehr als eine Milliarde Dollar für die örtlichen Schulen.
- Sie geben 3,6 Milliarden Dollar für karitative Zwecke aus.
- Ihre Kaufkraft beträgt 135 Milliarden Dollar.
- Sie bauen 60 % der neuen Häuser im Bundesstaat.

Das Magazin

Erstaunliches & Überraschendes

Mit den folgenden Informationen gerüstet, können Sie sich leicht als sachkundiger Bewohner von Florida fühlen und bei Freunden mit wenig bekannten Fakten über Geschichte, Geografie und Brauchtum des Staates glänzen. Was zum Beispiel ist der so genannte Miami Circle? Welcher Fluss fließt in die falsche Richtung? Und warum leben Gray-Warane in Zentralflorida?

Deborah Harry

Wer waren die Ersten?

Im Jahr 1565 gründeten die Spanier St. Augustine, heute die älteste kontinuierlich bewohnte Siedlung in den Vereinigten Staaten. Das war 42 Jahre, bevor die Engländer in Jamestown ankamen, und 55 Jahre, bevor die Pilgerväter Plymouth Rock erreichten.

Immer schön cool bleiben

Im Jahr 1845 versuchte John Gorrie, ein Arzt aus Apalachicola, ein Gerät zu konstruieren, mit dessen Hilfe sich die Körpertemperatur von Patienten mit Gelbfieber reduzieren ließ. Er erfand dabei zufällig die erste Eismaschine.

Juan und das Geld

Der spanische Gouverneur von Florida erkannte Key West einst Juan Pablo Salas zu. Der verkaufte es dann 1822 für 2000 Dollar.

Golf verbindet Kontinente

Etwa 6 km vor der Ostküste Floridas verläuft der Golfstrom; diese warme Meeresströmung verbindet den Golf von Mexiko mit Europa.

Unbefriedigender Roomservice

Die Rolling Stones schrieben ihren Hit *I Can't Get No Satisfaction* in einem Hotelzimmer in Clearwater.

In die falsche Richtung

Der St. John's River ist nicht nur der größte Fluss Floridas, sondern einer der wenigen

Berühmtheiten aus Florida

- Deborah Harry von der Band Blondie kommt aus Miami.
- Der Sänger Pat Boone stammt aus Jacksonville.
- Schriftstellerin Zora Neale Hurston kam in Eatonville zur Welt.
- Pee-Wee Herman heißt eigentlich Paul Reubenfeld. Er machte 1976 an der Sarasota High School seinen Abschluss.
- Jim Morrison von den Doors war aus Melbourne.

Das Magazin

Flüsse auf der Nordhalbkugel, die von Süden nach Norden strömen.

Überraschend
Stephen Fosters Lied *Old Folks at Home*, Floridas Staatshymne, trug ursprünglich den Titel *Way Down Upon the PeeDee River*.

Das erste Cyberbaby
Die erste Direktübertragung einer Geburt im Internet fand am 16. Juni 1998 im Krankenhaus von Orlando statt. Über eine Million Zuschauer auf der ganzen Welt verfolgten das Ereignis.

Köstliche Amphibie
Wer einmal Froschschenkel probiert, wird feststellen, dass sie eigentlich wie Hühnchen schmecken.

Eine Idee von kapitaler Bedeutung
Im Jahr 1845 wurde Tallahassee zur Kapitale ernannt, da die Stadt auf halbem Weg zwischen den beiden einstigen spanischen Provinzhauptstädten St. Augustine und Pensacola liegt.

Tricky Dicky und Disney
Richard Nixon, genannt Tricky Dicky, hielt seine berühmte Rede »Ich bin kein Schwindler« 1973 im Walt Disney World's Contemporary Hotel.

Rätselhafter Schatz
Im Jahr 1999 entdeckten Bauarbeiter eine 11,6 m breite Felszeichnung der amerikanischen Ureinwohner am Ufer des Miami River mitten im Stadtgebiet. Historiker glauben, das es sich beim Miami Circle um einen alten Himmelskalender handeln könnte oder auch um die Relikte eines Tequesta-Indianerdorfs.

Latino-Rhythmen
Die Kubanerin Gloria Estefan und die Miami Sound Machine machten in den 1980er-Jahren das Publikum mit lateinamerikanischen Klängen bekannt, was der Karriere der Sängerin sehr von Nutzen war. Wer das Walt Disney World® Resort besucht, sollte einen Abstecher in Bongos Cuban Café einplanen, einem Restaurant und Nachtclub, den Gloria mit ihrem Mann Emilio eröffnete. Die beiden leben in Südflorida.

Rekordhalter
Die Miami Dolphins spielten 1972 in der National Football Leage eine perfekte Saison ohne eine einzige Niederlage.

Gefärbte Federn?

Pinkfarbene Flamingos bekommen ihre rosa Färbung nur, weil sie Shrimps und andere pinkfarbene Schalentiere fressen.

Oben: Ernest Hemingway

Unten: Der Florida-Panther zählt zu den gefährdeten Arten

Der alte Mann und das Meer
Zu den berühmtesten Bürgern von Key West zählt Ernest Hemingway. Er verbrachte zehn Jahre hier und ist vor allem als häufiger Gast der Sloppy Joe's Bar, heute Capt. Tony's Saloon, in Erinnerung geblieben.

Im Überfluss
Über eine Million Alligatoren und 500 bis 700 Krokodile leben in Florida, dem einzigen Staat, in dem beide Arten gleichzeitig heimisch sind.

Ein süßer Staat
Florida produziert mehr als die Hälfte des Zuckers, der in den USA konsumiert wird, und ist auch der zweitgrößte Honighersteller.

Alligatorzähne
Alligatoren haben rund 80 Zähne, die aber nicht mit unseren zu vergleichen sind. Die Tiere kauen ihre Nahrung nämlich nicht, sondern setzen ihre Zähne nur ein, um die Beute festzuhalten – alles Weitere erledigt der Magen.

Wright war hier
In Lakeland gibt es die weltweit größte Zahl von Bauwerken des Architekten Frank Lloyd Wright zu sehen. Wright entwarf das Florida Southern College zwischen 1937 und 1955.

Wilde Warane
Gray-Warane, die normalerweise in Asien, Afrika, Australien und Südamerika zu Hause sind, wurden auch in Zentralflorida entdeckt. Die Behörden vermuten, dass die großen Reptilien ursprünglich als Haustiere gehalten wurden, dann aber zu unheimlich wurden, sodass ihre Besitzer sie an den Seen von Florida aussetzten.

Floridas Wahrzeichen
- Floridas Muschel ist die Pferde- oder Riesenbandmuschel.
- Der wichtigste Baum ist die Sabal-Palme.
- »Staatsblume« ist die Orangenblüte.
- Hauptgetränk ist der Orangensaft.
- Staatsvogel ist die Spottdrossel.
- Populärstes Wassersäugetier ist die Rundschwanzseekuh.
- Beliebtester Meeressäuger ist der Delphin.
- Berühmtester Landsäuger ist der Florida-Panther – es gibt nur noch 30 Stück.

Ein Hoch auf das Hollywood des Ostens

Florida hätte Hollywood durchaus den Ruhm streitig machen können. Wären nur ein paar Filmproduzenten nach Süden und nicht nach Westen gezogen, könnte man sich die Oscar-Preisverleihung vermutlich aus dem schönen Orlando anschauen. Aber es sollte nun einmal nicht sein.

Hollywood, wie die Welt es kennt, liegt in Kalifornien (allerdings gibt es auch die hübsche Stadt Hollywood im Süden von Florida). Auch wenn Florida überaus fotogen ist, hat es doch ein bestimmtes Image: Tarzan, wie er sich durch Silver Springs schwingt, Esther Williams, die in den Cypress Gardens herumplanscht, und Elvis, der seinen Träumen in der Nähe von Ocala nachhängt.

Dennoch ist nicht alles verloren. 1989 wählte der Filmregisseur Ron Howard Orlando zum Schauplatz seines Films *Eine Wahnsinnsfamilie*. 1997 drehte Tom Hanks dann in den Disney-MGM Studios die TV-Serie *From the Earth to the Moon*.

Zwischen diesen beiden Produktionen kamen weitere Filmregisseure nach Orlando und in die Städte in der Umgebung, um *Rosewood*, *My Girl – Meine erste Liebe*, *Passagier 57* und *Matinee* zu drehen. Bevor er sich dem Kassenknüller *Titanic* widmete, war James Cameron in Miami, um bei *Wahre Lügen* mit Arnold Schwarzenegger und Jamie Lee Curtis Regie zu führen. Drüben am Ocean Drive hatten Robin Williams und Nathan Lane in *Birdcage – Ein Paradies für schrille Vögel* die Hauptrollen, und 1998 drehten Cameron Diaz, Matt Dillon und Ben Stiller *Verrückt nach Mary*.

Vor den Kassenschlagern aus Miami filmten Chevy Chase und Bill Murray *Caddyshack – Wahnsinn ohne Handicap* im Broward County, und William Hurt und Kathleen Turner waren in Lake Worth in heißen Szenen im Streifen *Body Heat – Eine heißkalte Frau* zu sehen. 2004 erregte ein weiterer Film aus Florida weltweit Aufsehen: *Monster* mit der Schauspielerin Charlize Theron erhielt einen Academy

Oliver Hardy hat einst Filme in Jacksonville gedreht.

In Florida gedreht:

Oben: Arnold Schwarzenegger und Jamie Lee Curtis in True Lies

Unten links: Bill Murray in Caddyshack

Unten: Jim Carrey in Ace Ventura – Ein tierischer Detektiv

Das Magazin

Key Largo: großer Name, großes Drehbuch, großer Schauplatz. Gedreht in – Kalifornien!

Award für das Porträt der ersten Serienmörderin, Aileen Wournos aus Florida.

Hollywood ist so sehr mit sich selbst beschäftigt, dass es fast schon an ein Wunder grenzt, wenn ein Regisseur einmal Kalifornien verlässt.

Der Grund, weshalb viele Filmemacher schließlich doch nach Florida kommen, ist: Geld. Hier kann man nämlich problemlos Aushilfskräfte ohne Gewerkschaftsausweis anstellen, wenn man einem Film drehen will. Manchmal ist es wirklich einfacher, nach Florida zu fliegen, denn das Produktionsteam ist preiswerter, das Land ebenso schön wie Kalifornien, und die Schauspieler sind nicht minder talentiert. Und die Leute hier wissen die Filmindustrie zu schätzen.

Gerüchteküche

Haben Sie schon gehört, dass Jim Carrey pro Film 20 Millionen Dollar kassiert? Er wäre wohl ohne Miami nie so weit gekommen. Die Stadt gab nämlich die Kulisse für seinen Film *Ace Ventura – Ein tierischer Detektiv* ab, der ihm zum Durchbruch verhalf.

Erster Überblick

Erster Überblick

Ankunft

Jacksonville International Airport
Wer in Jacksonville landet (Tel. 904/741 2000; www.jaxairports.org), findet sich zwischen Daytona Beach und Savannah, Georgia, wieder – direkt am Atlantik. Autoverleihfirmen und öffentliche Verkehrsmittel befinden sich im Terminal.

- Die **State Route 102/Airport Road** verbindet den Terminal-Bereich mit der **I-95** an der Ausfahrt 363. Die I-95 verläuft gen Norden nach Georgia und Richtung Süden durch die Innenstadt von Jacksonville bis nach Miami.
- Nehmen Sie von der I-95 aus den **Highway A1 A/FL 200** in Richtung Osten an der Ausfahrt 373 nach Fernandina Beach und Amelia Island.
- Die **I-295** (Ringstraße) führt an der Ausfahrt 362 auf die **I-95** und dann westlich an Jacksonville vorbei. Die I-295 führt auf die **I-10**.

Tallahassee Regional Airport
Tallahassee ist eine Kleinstadt, im Flughafen (Tel. 850/891-7802) kommt man deshalb gut zurecht. Der TLH liegt etwa 8 km südwestlich der Innenstadt. Autoverleihfirmen und Hinweise auf Verkehrsmittel findet man im Terminal.

- Wenn Sie den Flughafen verlassen, liegen die **I-10** und die **US 90** im Norden des Flughafengebäudes. Biegen Sie links auf den **Capital Circle/FL 263** ab und fahren Sie dann Richtung Norden zur **Route 20, US 90** und **I-10** (Ausfahrt 28; soll in Exit 196 umnummeriert werden). Die I-10 verläuft gen Osten nach Lake City und Jacksonville, gen Westen nach Marianna und Pensacola.
- Biegen Sie am Flughafen rechts auf den Capital Circle ab, dann links auf die Springhill Road, um in die Innenstadt zu gelangen.

Pensacola Regional Airport
Der Flughafen (PNS, Tel. 850/436-5000; www.flypensacola.com) befindet sich 10 km nordöstlich der Innenstadt, in der Nähe der Escambia Bay an der Westküste. Im Hauptterminal gibt es Mietwagen und Zugang zu anderen Verkehrsmitteln.

- Die **I-10**, die nach Tallahassee und Jacksonville führt, verläuft direkt nördlich vom Flughafen. Die **US 98**, die am Golf von Mexiko entlangläuft, liegt im Süden.

Orlando International Airport
Wer das Walt Disney World® Resort in Florida besuchen will, hat es relativ einfach, nach der Landung am Flughafen (OIA, Tel. 407/825 2001; www.orlandoairports.net) zu den entsprechenden Verkehrsmitteln zu gelangen.

- Inlandsflüge kommen alle an den **Gates 1–99** an; eine Ausnahme stellen die **Gates 30–89** dar, die häufig für internationale Flüge reserviert sind.
- Von allen Hallen gelangen Sie zu einem kostenlosen **Elektro-Shuttle**, das Sie auf die dritte Ebene *(level)* des Hauptterminals bringt.
- Nehmen Sie den Lift nach unten, um Ihr **Gepäck abzuholen**.
- Es gibt **fünf Schalter zum Geldwechseln** – einen mitten im Flughafen bei der Information sowie jeweils einen an den Gepäckbändern an den Seiten A und B und dort, wo man in das Shuttle ein- bzw. aussteigt.
- Nehmen Sie einen weiteren Lift nach unten, um zur **Autovermietung**, zu **Taxis** und **Bussen** zu gelangen.
- Wenn Ihr Mietwagen im OIA steht, fahren Sie nun noch eine Ebene nach unten, wo ein Tunnel zu einem mehrstöckigen Parkhaus führt. Ansonsten warten draußen Taxis und Busse, die Sie ins Hotel bringen, oder auch Shuttle-Busse, die Sie zur Zentrale des jeweiligen Autoverleihs fahren.
- Die Busse der Stadt Orlando, das **Lynx-System** (Tel. 407/841 8240), fahren an der Seite A des Terminals auf der Ebene eins ab (ohne Gepäckraum).

Ankunft

- Beim Verlassen des Flughafens halten Sie nach der **Route 528** Ausschau (Beeline Expressway, gebührenpflichtig) und folgen der Beschilderung nach Walt Disney World® und zu den Sehenswürdigkeiten. Die Route 528 führt nach Westen zur **I-4**, wo man zum International Drive, nach Universal Orlando und zur Walt Disney World® gelangt.

Orlando Sanford International Airport

Der Flughafen Orlando Sanford (Tel. 407/585 4000; www.orlandosanfordairport.com) befindet sich etwa 48 km nordöstlich vom OIA und wird von kleineren Chartergesellschaften angeflogen. Er liegt zwischen dem Ozean und Orlando.

- **American Coaching** (Tel. 407/826 9999), schräg gegenüber vom Terminal, übernimmt den Transport der Passagiere, egal wohin sie wollen.
- Wer von Sanford mit dem Auto fährt, nimmt am besten die **Route 417** (Greene Way). Der Highway ist hier allerdings gebührenpflichtig; man benötigt einige Vierteldollarmünzen. Als Alternative bietet sich die **I-4**, etwa 13 km entfernt, an.

Miami International Airport

Der Flughafen von Miami (MIA, Tel. 305/876 7000; www.miami-airport.com) ist noch überlaufener als der OIA, doch findet man sich hier besser zurecht.

- Auf der ersten Ebene befindet sich die Ankunft, auf der zweiten der Abflug und auf der dritten ein **Rollband**, das sich durch das gesamte hufeisenförmige Terminal mit Ausgängen an den Concourses B–H zieht.
- Benutzen Sie das Rollband auf Ebene drei. Begeben Sie sich dann auf die Ebene zwei, wenn Sie einen Shuttle-Bus brauchen oder zum **Main Tourist Information Center** am Concourse E wollen. Auf der Ebene eins können Sie das Gepäck abholen, ein Auto mieten oder ein Taxi nehmen.
- Wenn Sie den MIA verlassen, ist der kürzeste Weg nach South Beach die **Route 836** (Dolphin Expressway); sie führt zum MacArthur Causeway (Osten).
- Ist Ihr Ziel der Norden von South Beach, führt die **Route 112** (Airport Expressway) direkt zum Julia Tuttle Causeway und in die Innenstadt von Miami.
- Wer ein Auto mieten möchte, sollte den Angestellten um eine Straßenkarte bitten und sich die Strecke einzeichnen lassen. Die Stadt hat ein so genanntes **Follow The Sun-System**; die sichersten Routen zu beliebten Zielen sind mit großen Sonnensymbolen auf den Verkehrsschildern vermerkt.
- Der Fahrpreis für ein Taxi vom Flughafen nach South Beach, zum Art Deco District und zu Zielen bis zur 63rd Street im Norden halten sich im Rahmen. Mit einem **Yellow Cab** ist man auf der sicheren Seite.
- **SuperShuttle-Busse** (Tel. 305/871 2000) sind 24 Stunden am Tag im Einsatz. Sie nehmen die Fahrgäste im Erdgeschoss eines jeden Concourse auf.
- Als letzte Alternative bietet sich der preiswerte **Metrobus** (Tel. 305/770 3131) an, der auf der unteren Ebene des MIA Fahrgäste aufnimmt.

Tampa International Airport

Der internationale Flughafen von Tampa (TIA, Tel. 813/870 8700; www.tampaairport.com) ist kleiner, und man kann sich gut orientieren.

- Auch wenn der Flughafen in zwei Seiten (**Rot und Blau**) unterteilt ist, begeben sich alle auf die erste Ebene, um das Gepäck abzuholen.
- Hier gibt es auch Mietwagen, Taxis, Busse und Hotelbusse. Mit **Yellow Cab** gelangen bis zu drei Personen in die rund 15 Minuten entfernte Innenstadt.
- Die Ecken des Flughafens sind mit Eins und Zwei beziffert, und zwar auf der roten wie auch auf der blauen Seite. Hier warten die Shuttle-Busse und Limousinen; das städtische Bussystem **HARTLine** (Tel. 813/254 4278) erreicht man bei der roten Eins. Halten Sie nach der Route 30 Ausschau.
- Auch hier kann man natürlich den Mietwagen fahren. Wenn Sie den TIA verlassen, nehmen Sie die **I-275** nach Norden, um nach Tampa zu kommen, die **I-275** nach Süden, wenn Sie nach St. Petersburg wollen.

Unterwegs in Florida

Orlando

Wenn Sie Ihren gesamten Urlaub in Walt Disney World® verbringen wollen, können Sie einfach deren Transferbusse (► 55) in Anspruch nehmen. Wer selbst fährt, hat vielleicht Probleme mit dem Straßensystem. In der Regel müssen Sie aber nur auf die **I-4** achten.

- Die **I-4** verläuft von Ost nach West und führt in nordöstlicher/südwestlicher Richtung diagonal durch Orlando hindurch. Während der Hauptverkehrszeiten, d.h. **wochentags von 7 bis 10 und von 16 bis 18 Uhr, ist sie stark befahren**, aber dennoch die beste Verbindung vom Walt Disney World® Resort in Florida nach SeaWorld, Universal Orlando, zum International Drive und in die Innenstadt von Orlando.
- Die Entfernung von **Disney bis zur Innenstadt** beträgt etwa 19 km.
- Die **Route 528** (Beeline Expressway) nahe am Flughafen und die **Route 408** sind die beiden wichtigsten Ost-West-Verbindungen um Orlando.
- Die Mautgebühr beider Straßen beträgt zwischen 25 Cent und 1 $. Der **Beeline Expressway** bietet sich an, wenn Sie nach Port Canaveral, zum Kennedy Space Center und nach Cocoa Beach wollen.
- Die **Route 408** führt zum **Highway 50**, der nach Titusville und Cape Canaveral geht – man muss sich allerdings durch den Stadtverkehr kämpfen.

Miami

Am schnellsten erreicht man den äußersten Norden oder den Süden von Miami über die **I-95**. Die **I-75** führt vom Nordwesten her in die Stadt, und die **Route 836** (Dolphin Expressway) bindet den Flughafen an die Innenstadt, Miami Beach und den Art Deco District an. Es empfiehlt sich, eine Straßenkarte zu benutzen.

- Fahrten mit dem **Metrobus** in der Stadt sind preiswert.
- Die **Metrorail**, ein Zug, der von der Innenstadt nach Norden bis Hialeah und über die US 1 nach Süden zur Dadeland Mall fährt, ist ebenfalls preiswert.
- Die Elektro-Tram **Metromover** fährt durch die Innenstadt von Miami.
- **ELECTROWAVE** (Tel. 305/843-9283) heißen elektrische Trolleys, die durch South Beach kurven. Der Fahrpreis liegt bei 25 Cent (Mo–Sa 8–13, So und Feiertage 10–1 Uhr).

Tampa

Hier findet man sich problemlos zurecht. Der größte Teil der Stadt liegt nämlich auf einer Halbinsel mit schachbrettartig angelegten Straßen.

- Um von Süd-Tampa nach St. Petersburg zu fahren, nimmt man den **Highway 92** auf der anderen Seite der Gandy Bridge. Von Nord-Tampa kommend nimmt man die **I-275** und die Howard Frankland Bridge.
- Sobald Sie in St. Petersburg sind, können Sie über die **Central Avenue** direkt westlich von Treasure Island die Strände leicht erreichen. Von hier führt der **Highway 699** nach Norden und Süden am Meer entlang.
- In Tampa (► 39) selbst kann man mit den **HARTLine-Bussen** fahren.

Der Panhandle

Der so genannte Panhandle – der »Pfannenstiel« – von Florida erstreckt sich 580 km von Jacksonville am Atlantik bis Pensacola an der Westgrenze des Staates.

- Die **I-10** ist die schnellste Verbindung zwischen den beiden Städten und wird bei Lake City von der **I-75** gekreuzt, die nach Süden zum Florida Turnpike und schließlich nach Miami führt.
- Die **US 90** war ursprünglich der Ost-West-Highway und ist bis heute eine hübsche Nebenstraße, die durch ländliche Gegenden führt.

Unterwegs in Florida

- Die **US 98** führt am Golf entlang und ist somit bestens geeignet, wenn man Küstenstädte wie Panama City oder Apalachicola erreichen will.
- Die **Route 399** zwischen Pensacola Beach und Navarre Beach führt nach Santa Rosa Island, einem zum Schwimmen und Sonnenbaden beliebten Strand.
- Einige neue, in Nord-Süd-Richtung verlaufende Highways kreuzen den Panhandle zwischen St. Marks und Tallahassee (Route 363), zwischen Panama City und Marianna (US 231) und bei der Route 85, die Fort Walton Beach mit Crestview verbindet.

Mietwagen

Kleinere Autovermietungen in der Nähe der Flughäfen sind vielleicht billiger, doch sollte man auf Zusatzkosten achten. Auch die bekannteren Firmen bieten vernünftige Preise, und man kann im Voraus über sein Reisebüro buchen.

- Touristen benötigen in den USA einen **gültigen nationalen Führerschein** (zusätzlicher internationaler Führerschein empfehlenswert), man muss mindestens 25 Jahre alt sein und eine der gängigen Kreditkarten besitzen.
- Es besteht in den USA **Anschnallpflicht**; bei Regen sind Scheinwerfer zu benutzen; es herrscht ausnahmslos Rechtsverkehr.
- Wer mit Kleinkindern unter drei Jahren reist, muss einen **Kindersitz** benutzen.
- Achten Sie auf **unbegrenzte Meilenzahl**. Einige Tarife gelten ausschließlich für Florida; wer den Staat verlässt, bezahlt ebenso Aufschläge wie bei Überschreitung einer festgelegten Meilenpauschale.

Busse

- **Greyhound Lines** (Tel. 800/231 2222; www.greyhound.com) verbinden die wichtigsten Städte.

Touristeninformationen

Visit Florida ✉ 661 E. Jefferson Street, Suite 300, Tallahassee 32301 ☎ 888/7FLA-USA; www.flausa.com

Orlando Official Visitor Center ✉ 8723 International Drive ☎ 407/363-5872; www.go2orlando.com

Kissimmee/St. Cloud Convention & Visitors Bureau ✉ 1925 E. Irlo Bronson Memorial Highway, Kissimmee 34744 ☎ 407/847-5000 oder 800/327-9159 für einen Urlaubsplaner; www.floridakiss.com

Greater Miami Convention & Visitors Bureau ✉ 701 Brickell Avenue, Suite 2700, Miami 33131 ☎ 305/539-3000; www.miamiandbeaches.com

Key West Visitors Bureau ✉ 402 Wall Street, Key West 33040 ☎ 800/648-6269; www.keywestchamber.org

Tampa/Hillsborough Convention & Visitors Association ✉ 400 N. Tampa Street, Suite 1010, Tampa 33606 ☎ 813/223-2752 oder 800/224-1733; www.gotampa.com

St. Petersburg/Clearwater Area Convention & Visitors Bureau ✉ 14450 46th Street N, Suite 108, Clearwater 33762 ☎ 727/464-7200 oder 800/FLBEACH; www.FloridasBeach.com

Ermäßigungen

In den Einkaufszentren rund um Disney und am International Drive gibt es Kioske, in denen man ermäßigte Eintrittskarten zu Themenparks und anderen Sehenswürdigkeiten erwerben kann. Allerdings müssen Sie dann oft auch kleine Gegenleistungen erbringen.

Eintrittspreise

Eintrittsgebühren zu Sehenswürdigkeiten:
Preiswert: unter 15 $ **Mittel:** 16–30 $
Teuer: 31–50 $ **Sehr teuer:** über 50 $

Übernachten

Hotels und Resorts

Auch wenn so ziemlich jede Unterkunft in Florida einen Pool besitzt, unterscheiden sich Hotels und Resorts (Ferienanlagen) doch allein schon aufgrund ihrer Größe und ihres Angebots an Aktivitäten. Generell bieten Resorts mehr als Hotels, da der Gast das Areal möglichst gar nicht verlassen soll. Golf und Tennis zählen somit praktisch zum Basisangebot; Disney hat diesen Rahmen deutlich erweitert.

- **Zugang zum Strand** ist keine Selbstverständlichkeit. Vergewissern Sie sich, ob das Hotel direkt am Meer liegt oder ob Sie erst dort hinfahren müssen.
- Die **Zimmer** sind in der Regel **groß**, zwei Doppelbetten sind Standard. Suiten mit zwei oder drei Zimmern gibt es immer häufiger; sie sind eine günstige Alternative, wenn mehrere Familien gemeinsam unterwegs sind.
- Je größer das Angebot an Sonderservice, desto wahrscheinlicher ist es auch, dass Ihnen Zusatzleistungen auf die Rechnung geschlagen werden, vor allem die Benutzung des Telefons. Wer **sparen** möchte, sollte daher z.B. die Münz- bzw. Kartentelefone in der Lobby nutzen, selbst bei Ortsgesprächen.
- Parkplätze, das Anschauen von Filmen auf dem Zimmer, Wäsche- und Room-Service und andere Angebote haben oft **exorbitante Preise**. Man sollte sich deshalb informieren, bevor man dergleichen in Anspruch nimmt.

Disney

Disney-Hotels garantieren saubere Zimmer, guten Service, eine Fülle von Freizeitangeboten, einfachen Zugang zum Park und sonstige Annehmlichkeiten.

- Mit Ihrem Gästeausweis erhalten Sie einen Anspruch auf **Gratisleistungen**: Parken bei den Themenparks, Zustellung des Gepäcks, früherer Parkeinlass.
- Obwohl es knapp 25000 Zimmer in rund 20 Anlagen gibt, ist es doch oft schwierig, eine Bleibe zu finden. Man sollte möglichst **früh im Voraus buchen**.
- Wer in einem der Deluxe-Resorts wohnen möchte, z.B. im Disney's Grand Floridian Resort® Spa, Disney's Polynesian und Disney's BoardWalk Inn, muss mit rund 500 $ pro Nacht rechnen. Disney bietet jedoch auch Anlagen mit einem günstigen Preis-Leistungs-Verhältnis, nämlich von 77 bis 124 $ pro Nacht plus Steuer. Die mittlere Preiskategorie liegt zwischen 133 und 219 $ pro Nacht zzgl. Steuer.
- Jedes Resort verfügt über einen Pool, guten Service und kostenlose Transportangebote; das Angebot steigt natürlich mit dem Preis.
- **Reservierungen** nimmt jedes Walt Disney World® Hotel entgegen, Tel. 407/934-7639 oder die Walt Disney Travel Company unter Tel. 800/8280228; www.disneyworld.com.

Motels und Motor Inns

Motels und Motor Inns unterscheiden sich dadurch von Hotels und Resorts, dass sie nur eine kleine oder auch gar keine Lobby aufweisen und direkten Zugang zu den Zimmern bieten. Außerdem können Sie Ihr Auto in der Nähe des Zimmers abstellen. Der einzige Haken ist die Sicherheit – da die Zimmertür ja direkt ins Freie führt, gibt es keinen Puffer, der unliebsame Besucher abhält.

Bed-and-Breakfast

In einigen historischen oder ländlichen Gebieten des Staates besteht die Möglichkeit, in einem so genannten Bed-and-Breakfast (Frühstückspension) zu übernachten. B&Bs und kleine Gasthöfe haben viel Lokalkolorit.

Übernachten

- In der Hochsaison bestehen viele der B&Bs auf einer **Mindestaufenthaltsdauer** und Vorauskasse.

Apartments
Eine hervorragende und preiswerte Möglichkeit ist das Mieten eines Apartments. Da viele Leute aus dem Norden der USA in Florida eine Ferienwohnung haben, gibt es außerhalb der Hochsaison (Januar–März) zahlreiche freie Wohnungen. Eine voll ausgestattete Küche gehört immer dazu. Meist sind auch ein Pool und andere Einrichtungen vorhanden.

Suiten
Viele Besucher wollen sich am liebsten selbst versorgen. Zimmer mit Kochgelegenheit, so genannten *efficiencies*, gibt es in den meisten preiswerten Hotels und Motels sowie in Häusern der Mittelklasse.

Zelten
Da das Wetter in Florida meistens gut ist, stellt das Zelten eine ebenso preiswerte wie vergnügliche Alternative dar. Manche Zeltplätze bieten einen Pool und Geschäfte, andere einfach ein Stück Land.

- Das Mieten eines **Wohnmobils** erweitert den Radius oft beträchtlich. Eine beliebte Agentur finden Sie unter www.cruiseamerica.com.
- Wer **Informationen** benötigt, wo man zelten oder sein Wohnmobil abstellen darf, wendet sich an das Department of Environmental Protection, Parks and Recreation (Tel. 850/488 9872) oder an den National Park Service (www.nps.gov/parks.html). Reserve America (Tel. 877/444 6777; www.reserveusa.com), die zentrale Reservierungsagentur für die ganzen USA, bietet insgesamt 13 000 Plätze auf 2000 staatlichen Zeltplätzen, darunter einige in Florida. Parks des Staates Florida mit Campingplätzen finden Sie unter www.myflorida.com oder www.floridastateparks.org.

Jugendherbergen
In Florida gibt es in so ziemlich jedem Ort brauchbare Jugendherbergen. Wo genau sie sich befinden, erfahren Sie bei Florida Council Hosteling International (Tel. 888/520 0568 oder 301/495 1240; www.hiflorida.org).

Trinkgeld
Die Höhe des Trinkgelds hängt davon ab, in welcher Art Hotel Sie sich aufhalten. In den Luxushotels bekommt das Personal, das für Sie tätig war – Zimmermädchen, Portier, Kofferträger etc. – pro Dienstleistung 1 $ bis 5 $, je nach Service, und in der Regel 1 $ pro Gepäckstück. In einigen Hotels ist ein Aufschlag für den Service pro Tag enthalten. Erkundigen Sie sich an der Rezeption.

Hotelklassifizierung
Inspektoren des amerikanischen Automobilclubs (AAA) beurteilen Unterkünfte hinsichtlich ihrer Qualität und ihres Service. Sie vergeben bei ihrer Klassifizierung »Diamanten« *(Diamond Rating)*, wobei sie die Maßstäbe der Tourismusindustrie und die Erwartungen ihrer Mitglieder berücksichtigen.

Ein ◆ oder zwei ◆◆ Diamanten bedeuten ein sauberes, gepflegtes Haus mit gemütlichen Zimmern; bei zwei Diamanten sind die Möblierung und das Dekor besser. Drei Diamanten ◆◆◆ gewährleisten mehr Komfort und erweiterten Service sowie zusätzliche Einrichtungen. Vier Diamanten ◆◆◆◆ sind ein Garant für einen Service auf hohem Niveau, Gastfreundlichkeit sowie eine Vielzahl an Einrichtungen und gehobene Ausstattung. Mit fünf Diamanten ◆◆◆◆◆ werden Häuser qualifiziert, die wirklich Weltklasse bieten, also absolute Luxusunterkünfte und Privatpersonal für die Gäste.

Essen und Trinken

Klima, Einwanderer und der Tourismus sorgen in Florida für ein breites, buntes und leckeres Angebot an Gaumenfreuden. Einerseits dient dieser Staat deshalb als Testmarkt, um so ziemlich jedes neue Fast-Food-Lokal- und Themen-Restaurant-Konzept zu erproben, andererseits gibt es hier zahlreiche renommierte Restaurants unter der Leitung preisgekrönter Küchenchefs. Zwischen diesen beiden Extremen kommen auch »normale« Köstlichkeiten auf den Tisch.

- In ganz Florida geht es in den Restaurants **legerer** zu als in anderen Städten an der Ostküste, z.B. New York. Auch wenn gehobenere Lokale auf einen Sakko Wert legen, kann man meistens auch mit einem T-Shirt bekleidet essen.
- Die Bedienung ist fast immer **freundlich und nett**, sogar in den Szene-Lokalen von South Beach. Die Ober sind gern bei der Auswahl der Gerichte behilflich und erklären das Preissystem. Vergessen Sie das Trinkgeld nicht!
- Da Florida ein Staat der Autofahrer ist, bieten alle Restaurants **ausreichend Parkplätze**. Schickere Lokalitäten haben einen Parkservice *(Valet Parking)*.

Orlando

In Orlando kann ein Restaurantbesuch zu einem echten Spektakel geraten, bei dem das Essen dann oft fast zweitrangig ist – zu den Hauptattraktionen zählen mittelalterliche Gelage, Autorennen und geheimnisvoll Okkultes. Aber das soll nicht heißen, dass es keine qualitativ guten Lokale gäbe.

- Vermutlich den **gastronomisch größten Wurf** hat das Walt Disney World® Resort in Florida gewagt und seine Lokale damit aufgewertet. Jedes Jahr richtet hier im Oktober Epcot® einen Monat lang ein internationales Gastronomie- und Weinfest aus, bei dem Restaurantbesitzer, Küchenchefs und Weinhändler aus aller Welt die Produkte der Kollegen kosten können.
- Da die Restaurants in und um Orlando vorrangig um das Wohl von Touristen bemüht sind, sind die **Preise generell hoch**. Die Gäste essen früh und schnell und legen eher auf Quantität als auf Qualität wert. Wer sich jedoch abseits der Touristenpfade hält, kommt durchaus in den Genuss von wirklich echter einheimischer Kost.

Miami

Miami bietet die ganze Palette an Lokalen – von feinsten Gourmettempeln bis hin zu schäbigen Kaschemmen. Einige Küchenchefs haben sich auf die so genannte Floribbean (floridianisch-karibisch) New World Cuisine verlegt, eine exotische Mischung aus tropischen Köstlichkeiten und klassischen Zubereitungstechniken.

- Die **Schickimicki-Szene** von South Beach hat einen wahren Restaurant-Boom ausgelöst, und so haben diverse New Yorker Restaurants hier eine Zweigstelle eröffnet. Auch wenn das Ambiente oft ebenso wichtig ist wie die Kochkünste, beeindrucken die Ergebnisse doch.
- In den **Straßen von Little Havana** finden sich zahllose echt kubanische Lokale, in denen man köstliche Hausmannskost für wenig Geld bekommt. Vor allem bei Älteren beliebt ist die Essenszeit zwischen 16.30 und 18 Uhr, da es dann preiswerte Menüs gibt *(early-bird specials)*.

Tampa

Außerhalb von Tampa weist die Route US 19 im Pinellas County die dichteste Konzentration an Restaurants im Land auf. Marketing-Spezialisten vertreten die Auffassung, dass ein Konzept für ein Lokal, das bei dieser Konkurrenz Erfolg hat, sich überall durchsetzen kann. In Tampa selbst gibt es einige wirklich hervorra-

Essen und Trinken

gende Restaurants. Am beliebtesten sind Steakhäuser und italienische Restaurants, und der Wein ist natürlich hervorragend.

Trinkgeld
Am Tresen in einer Bar stehend 1–2 $ pro Getränk, mit Sitzplatz 10–15 %.
In Restaurants 15–20 %. Parkservice 1–2 $.

Zentrum der Zitrusfrüchte
Florida ist weltweit ein Zentrum des Zitrusfrüchteanbaus. Die meisten Orangen werden zu Saft verarbeitet. In Truck Stops, an Obstständen und in Andenkenläden werden sie oft in großen Beuteln verkauft. Die besten Grapefruits kommen aus dem Indian River County. Denken Sie daran, dass Saft-Orangen sich schwer schälen lassen und oft leicht bitter schmecken. Wer hier unterwegs ist, sollte auch Key-Limonen und Japan-Orangen probieren.

Spezialitäten
Fisch und Meeresfrüchte sind eine weitere Spezialität der Region. Auch wenn der Golf von Mexiko überfischt und teilweise verschmutzt ist, bringt er doch einige köstliche Arten hervor. Red Snapper und Pompano sind mit ihrem süßlichen, weißen, flockigen Fleisch wohl am gängigsten. Escolar findet man nicht so leicht, ist aber die Suche wert. Das saftige, feste weiße Fleisch ist so köstlich, dass es mit Gänse- bzw. Entenleberpastete verglichen wird.

Vegetarische Gerichte in Florida
Auch wenn man Florida eher mit Obst als mit Gemüse in Verbindung bringt, finden hier Vegetarier problemlos passende Gerichte. In jedem Lokal gibt es zumindest eine vegetarische Vorspeise, und die etablierten Restaurants bieten komplette vegetarische Menüs an.

Essen und Trinken in Florida
Café con leche: starker, köstlicher kubanischer Kaffee mit heißer Milch.
Cherimoya: Annone ist die tropische Frucht des Flaschenbaums mit sehr süßem, cremigem weißem Fruchtfleisch und schwarzen Samen.
Cuban Sandwich: ein warmes Sandwich mit Schweinebraten, Schinken, Käse und eingelegtem Gemüse.
Dolphin: Es handelt sich um den Fisch, die Goldmakrele, nicht um einen Delphin.
Early-Bird Special: preiswertes Menü am späten Nachmittag bis zum frühen Abend.
Key Limes: Sie haben ihren Namen von den Keys in Florida und sind saftiger und süßer als normale gelb-grüne Limonen; aus ihrem Saft produziert man den beliebtesten Nachtisch, den *Key lime pie* (Key-Limonen-Kuchen).
Mango: Die süße, fleischige Mango ist eine Spezialität von Südflorida.
Stone Crabs: Es werden nur die Scheren dieser Steinkrabben gegessen.

Panasiatische Küche
Viele Küchenchefs kochen panasiatisch: Sie verwenden Zutaten und Techniken der asiatischen Länder, um aufregende Gerichte zu schaffen, die sich asiatisch anhören und auch so schmecken, aber dennoch ganz amerikanisch sind. Das Ergebnis ist oft ganz interessant, aber nicht immer ein Genuss.

Restaurantklassifizierung
Wie bei der Klassifizierung der Hotels (▶ 43) bewerten die AAA-Inspektoren auch bei den Restaurants die Qualität des Essens, Service, Ausstattung und Ambiente – wobei das Hauptgewicht auf den Speisen und dem Ambiente liegt. Die Standards reichen von einem Diamanten ◆, womit ein einfacher Familienbetrieb bezeichnet wird, bis hin zu fünf Diamanten ◆◆◆◆◆; hier kann man mit exquisiter Gastronomie und einem außergewöhnlichen Speiseerlebnis rechnen.

Einkaufen

Wie überall in den USA ist auch in Florida das Einkaufen eine der beliebtesten Freizeitbeschäftigungen. Highschool-Studenten treffen sich in den Einkaufszentren nach dem Unterricht, ältere Herrschaften schlendern durch die Fußgängerzone, um noch ein paar Sonnenstrahlen zu genießen, und Touristen gehen auf die Jagd nach Andenken und Mitbringseln für Zuhause.

Shopping Malls
Wer den Einkauf genießen möchte, ist in einer Shopping Mall genau richtig. In diesen riesigen Einkaufszentren finden sich alle wichtigen Kaufhäuser (wie Saks Fifth Avenue, Neiman Marcus, JC Penney und Sears), kleinere Ladenketten (wie Gap, Pottery Barn, Crate & Barrel, Victoria's Secret und Barnes & Noble Booksellers) und manchmal auch einige Boutiquen mit einem reichen Warenangebot.

Factory Outlets
In einem Factory Outlet einzukaufen gehört heute einfach dazu. Diese Geschäfte befinden sich oft im Besitz der Hersteller und können deshalb besonders günstige Preise bieten (oft mit Waren aus der vergangenen Saison, manchmal 1B-Ware mit Fehlern). Ein Preisunterschied von 50% im Vergleich zum Einzelhandel ist nicht ungewöhnlich. Diese Läden findet man oft an Durchgangsstraßen und Highways.

Superstores
Auch Superstores sind aus Florida nicht mehr wegzudenken. Diese Riesenläden (wie Home Depot, Borders Books & Music, Bed Bath & Beyond) haben sich auf einen Typ von Ware spezialisiert (Eisenwaren, Bücher, Bad- und Küchenzubehör) und bieten ein enormes Angebot zu vernünftigen Preisen.

Lebensmittel
Wer Lebensmittel einkaufen möchte, ist meist in einem großen Supermarkt am besten bedient. Man bekommt natürlich auch bei einem kleinen Bäcker, in einem Delikatessengeschäft oder beim Metzger sehr gute Ware, zahlt aber oft etwas mehr. Supermärkte führen häufig auch andere Artikel, und viele haben 24 Stunden am Tag geöffnet.

Etwas Besonderes kaufen
- Miami ist eine kosmopolitische Großstadt, und so findet man dort in den Geschäften viele großartige Dinge. South Beach ist voll von Avantgarde-Boutiquen, in denen von exquisiten Brillen bis hin zu Kunsthandwerk alles zu haben ist. Derart exklusive Geschäfte gibt es auch in den Nobelvierteln der Stadt – internationale Marken wie Cartier oder Prada sind alle vertreten. Außerhalb von Miami ist es weniger wahrscheinlich, etwas wirklich Besonderes zu finden.
- Orlando ist eine der touristischsten Städte der USA, und deshalb gibt es natürlich überall Souvenirs; vor allem in den Walt Disney World® Resorts sind die Einkaufsmöglichkeiten (► 194) enorm.
- In Tampa sollte man nach Zigarren Ausschau halten; oft kann man sogar dabei zuschauen, wie sie gerollt werden. Außerdem gibt es hier Sportartikel.

Öffnungszeiten
In Wohnlagen haben die Geschäfte in der Regel von 9 oder 10 Uhr bis 18 oder sogar 21 Uhr geöffnet, donnerstags und freitags auch länger. In touristischen Gebieten bleiben die Läden länger offen, damit nach den Besichtigungen noch Zeit zum Einkaufen bleibt.

Einkaufen / Ausgehen

Ausgehen

Florida war schon immer eines der wichtigsten Touristenziele, lange bevor 1971 Walt Disney World® eröffnet wurde. Hier kommt wirklich jeder auf seine Kosten, ob nun mit der Familie in den Disney-Themenparks oder beim prickelnden Nachtleben von Miami.

Da die Menschen in Florida großen Wert auf Kultur legen, gibt es hier viele hochkarätige Veranstaltungen, von Opern bis hin zu ausländischen Filmen. Der Zuzug vieler Amerikaner aus dem Norden hat zu einer größeren Nachfrage nach Sportveranstaltungen geführt, die früher in Florida wenig verbreitet waren: Hockey und Basketball sind mittlerweile enorm beliebt.

Nachfolgend finden Sie einen Kalender mit jährlich abgehaltenen Festivals, Umzügen, Partys und anderen Veranstaltungen in den bedeutenderen Städten von Florida. Wer genauere Informationen benötigt, wendet sich an das Visitor Center oder ans Tourism Bureau der jeweiligen Stadt und gibt an, wann genau er sich dort aufhält. Von Oktober bis März ist in Florida Hochsaison.

Januar
Orange Bowl: Am 1. Januar findet in der Regel der Orange Bowl statt, eine College-Meisterschaft im American Football. In Miamis Pro-Player-Stadion treten die beiden bestplatzierten Mannschaften gegeneinander an. Einer langen Tradition folgend läutet am Tag zuvor die King Orange Jamboree Parade die Festlichkeiten ein. Das Pro Player Stadium liegt 24 km nördlich der Innenstadt von Miami, wo der Umzug stattfindet. Tickets unter Tel. 305/371 4600; www.orangebowl.com.
Florida Citrus Bowl: Diese Spiele der College-Mannschaften finden in der Florida Citrus Bowl von Orlando statt – samt einer Parade und einer Silvesterfeier im großen Stil. Informationen unter Tel. 407/423 2476; www.fcsports.com.
Outback Bowl: Eine Woche mit Partys, Paraden, Frühstücksgelagen und Feuerwerken kündet den Outback Bowl von Tampa an. Zwei starke College-Mannschaften treten im Raymond James Stadium von Tampa gegeneinander an. Eintrittskarten und Veranstaltungshinweise unter Tel. 813/874 2695; www.outbackbowl.com.

Februar
Silver Spurs Rodeo: Seit 1944 wird das Silver Spurs Rodeo an den Wochenenden Ende Februar und Oktober in Kissimmee abgehalten. Rodeo-Fans haben hier Gelegenheit, beim Zureiten von Pferden *(Bronco Riding)* und Bullenreiten, Lassowerfen etc. zuzusehen. Informationen unter Tel. 407/67 RODEO; www.silverspursrodeo.com.
Gasparilla Festival: Der Name des alljährlich in Tampa abgehaltenen Festivals leitet sich von dem legendären Piraten José Gaspar ab, der Tampa und Umgebung vor 200 Jahren in Angst und Schrecken versetzte. Seit 1904 inszeniert Ye Mystic Krewe of Gasparilla einen fingierten Überfall auf die Stadt, und in den letzten Jahren hat sich das Ereignis zu einer Reihe von Attraktionen ausgewachsen – Paraden, Rennen, Feuerwerke, Kunstausstellungen etc. Höhepunkt ist nach wie vor der Piratenangriff, meist im Februar. Informationen bei Ye Mystic Krewe of Gasparilla unter Tel. 813/251 4500; www.gasparillapiratefest.com.
Miami Film Festival: Das bedeutendste Filmfest in Florida wurde 1984 ins Leben gerufen; viele Filmemacher aus Spanien und Lateinamerika wurden hier erstmals in den USA bekannt gemacht. Neben den 10 Tagen mit Filmvorführungen gibt es noch Partys und Seminare, auf denen man Schauspieler und Filmemacher hautnah kennen lernt. Informationen bei der Film Society of Miami unter Tel. 305/237 3456; www.miamifilmfestival.com.

Erster Überblick

März
Bay Hill Invitational: Das von der PGA anerkannte Golfturnier im Bay Hill Club (9000 Bay Hill Boulevard, Orlando) wird von Arnold Palmer ausgerichtet. Die Zuschauer dieser einwöchigen Veranstaltung bekommen die Möglichkeit, viele der Top-Golfspieler des Landes in Aktion zu sehen. Informationen und Eintrittskarten unter Tel. 407/876 888; www.bayhill.com.

April/Mai
Fringe Festival: Dieses Festival bietet eine bunte Mischung an Theateraufführungen in Sälen und im Freien und dauert 10 Tage; Ende April geht es los. Zu sehen gibt es alles – von Shakespeare bis zu Zirkusnummern. Die Preise variieren. Informationen unter Tel. 407/648 0077; www.orlandofringe.com.

Juni
Coconut Grove Goombay Festival: Florida feiert sein karibisches Erbe bei einer eintägigen Party im Coconut Grove von Miami. Die Veranstaltung ist kostenlos, und es strömen Tausende herbei, um das Essen zu kosten und die Live-Musik zu hören.

Juli
Hemingway Days Festival, Key West: Diese mehrtägige Veranstaltung erinnert an den Schriftsteller Ernest Hemingway und seinen Aufenthalt in Key West. Bekannt ist die Wahl eines Hemingway-Doppelgängers, außerdem gibt es einen Wettbewerb im Armdrücken und natürlich eine Würdigung der literarischen Werke.

Oktober
Fantasy Fest: Die wildeste Veranstaltung des Jahres wird in Key West abgehalten, der umtriebigsten Stadt Floridas. Bei einer Art Faschingsdienstagsfeier präsentieren sich – homosexuelle – Drag Queens, auf FKK-Partys geht die Post ab, es finden Bälle im Stil der Karibik statt, man kann Tätowierungen bewundern – und alle sind betrunken. Informationen unter Tel. 305/296 1817; www.fantasyfest.net.

Halloween Horror Nights: An den letzten beiden Wochenenden im Oktober verwandelt sich Universal Orlando in eine Schrecken erregende Party, die die Teilnehmer das Fürchten lehren soll. Es gibt überall im Park Monster, böse Geister und Zombies, zudem verwunschene Häuser und Live-Musik (für kleinere Kinder nicht geeignet). Eintrittskarten unter Tel. 407/363 8000; www.universalorlando.com.

St. John's Pass Grouper Festival, Madeira Beach: Das größte Meeresfrüchte-Festival Floridas lockt alljährlich über 100 000 Besucher an, die den leckeren Fisch (z. B. *grouper*, also Barsch), Shrimps, Krebse und andere Spezialitäten aus dem Meer probieren wollen. Informationen unter Tel. 727/391 7373.

November
International Film Festival: Independent-Produktionen fernab kostspieliger Hollywood-Streifen werden bei diesem Festival in Fort Lauderdale uraufgeführt. Informationen unter Tel. 954/760 9898; www.fliff.com.

Dezember
Mickey's Very Merry Christmas Party: Einer der Höhepunkte der Weihnachtsfeiern von Disney ist die Party, die jedes Jahr im Magic Kingdom stattfindet. In Walt Disney World® werden im Dezember viele weitere Veranstaltungen wie Konzerte und Feuerwerke geboten. Informationen unter Tel. 407/824 4321; www.waltdisneyworld.com.

Natürlich gibt es jedes Jahr noch Tausende weiterer Festivals in ganz Florida. Weitere Informationen unter www.flausa.com, www.myflorida.com oder bei den Touristeninformationen vor Ort. Tipps zu Orlando, Miami, Tampa, St. Petersburg und dem Panhandle finden Sie jeweils im entsprechenden Kapitel.

Orlando

Erste Orientierung 50
In sieben Tagen 52
Erster Überblick 54
Nicht verpassen! 56
Nach Lust und Laune! 89
Wohin zum ... 98

Orlando

Erste Orientierung

Bis zum 1. Oktober 1971 war Orlando ein verschlafenes Städtchen inmitten von Orangenhainen, Viehfarmen und ein paar Militärstützpunkten. Dann brachte Walt Disney eine völlig neue Welt hierher. In den 1980er-Jahren wurde den Orangenplantagen der Garaus gemacht, und der Tourismus fasste Fuß. Es entstand ein Universum neuer Welten: Flea World, Hub Cap World, Liquor World, Lobster World, Speed World …

Schauen Sie in einem Themenpark vorbei, und Sie fühlen sich auf der Stelle an alle möglichen Orte auf der Welt versetzt.

Doch nicht nur die Vielfalt der Themenparks macht Orlando zu einem der beliebtesten Touristenziele der Welt. Die Stadt ist sauber, die Leute sind wirklich freundlich, und das Klima garantiert den idealen Urlaub für Familien, Paare in den Flitterwochen, Senioren und Einzelreisende. Ein weiterer Pluspunkt ist die strategisch günstige Lage von Orlando: Raketen werden in einer Entfernung von nicht einmal einer Stunde ins All geschossen; die Strände des Atlantiks liegen 80 km östlich, der Golf von Mexiko erstreckt sich nur knapp 100 km im Westen; es gibt wirklich alte Dörfer und Süßwasserquellen, die ideal für ein Picknick, zum Schnorcheln oder für Kanufahrten ins vergessene Florida geeignet sind.

Auch wenn es absolut nicht den Eindruck macht, hat Orlando samt den Städten in seiner Umgebung sehr wohl eine Geschichte. Wer sich die Zeit nimmt, um sich umzusehen, entdeckt historische Museen, alte Viertel und Orte, die mit den Themenparks und den Dollars der Touristen nicht das Geringste zu tun haben.

Vorhergehende Seite:
SeaWorld Orlando

★ **Nicht verpassen!**
- Magic Kingdom® Park ➤ 56
- Epcot® ➤ 62
- Disney-MGM Studios ➤ 66
- Disney's Animal Kingdom® Theme Park ➤ 71

Erste Orientierung 51

- **1** Wasserparks im Walt Disney World® Resort ➤ 76
- **3** Universal Orlando ➤ 77
- **2** SeaWorld Orlando ➤ 86

Nach Lust und Laune!

- **4** Loch Haven Cultural Center ➤ 89
- **5** Einkaufen in der Antique Row ➤ 89
- **6** Harry P. Leu Gardens ➤ 90
- **7** Orange Avenue ➤ 90
- **8** Orange County Regional History Center ➤ 90
- **9** Lake Eola Park ➤ 90
- **10** Thornton Park ➤ 91
- **11** Hard Rock Vault ➤ 91
- **12** International Drive ➤ 92
- **13** Gatorland ➤ 93
- **14** Flying Tigers Warbird Restoration Museum ➤ 94

Etwas weiter weg

- **15** Mount Dora ➤ 94
- **16** Central Florida Zoological Park ➤ 95
- **17** Wekiwa Springs State Park ➤ 95
- **18** Cypress Gardens Adventure Park ➤ 95
- **19** Bok Tower Gardens ➤ 95
- **20** Kennedy Space Center ➤ 96

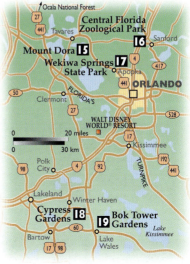

Ein Wochenplan für den Fall, dass Sie sich mindestens einen ganzen Tag in jedem der großen Themenparks aufhalten wollen.

Orlando in sieben Tagen

Erster Tag

Besuchen Sie zuerst den ❶ **Magic Kingdom® Park** (▶ 56ff), egal ob Sie Kinder haben oder nicht (rechts Cinderella Castle). Dieser Park war der erste im Walt Disney World® Resort, und hier kommen Sie mit Sicherheit in Themenpark-Laune. Steht ein Feuerwerk auf dem Programm, bleiben Sie länger, wenn nicht, essen Sie in Downtown Disney zu Abend.

© Disney

Zweiter Tag

Frühmorgens: Stehen Sie sehr zeitig auf, um einen halben Tag im ❶ **Disney's Animal Kingdom® Theme Park** (▶ 71ff) zu verbringen, denn die Tiere ziehen sich bereits gegen Mittag in den kühlen Schatten zurück.

Nachmittags: Verbringen Sie einen entspannenden Nachmittag in einem der Wasserparks des ❶ **Walt Disney World® Resort** (▶ 76).

Abends: Kehren Sie ins **Disney's Animal Kingdom®** zurück oder besuchen Sie – falls Sie einen Park-Hopper-Ausweis besitzen – ❶ **Epcot®** (▶ 62ff), um in einem der internationalen Restaurants zu Abend zu essen. Das italienische und das französische Restaurant sind am beliebtesten, doch haben alle etwas Besonderes zu bieten. Bleiben Sie, bis geschlossen wird – es gibt ein Feuerwerk.

Dritter Tag

Legen Sie eine Pause im ❷ **SeaWorld Orlando** (links; ▶ 86ff) ein. Dieser gigantische Themenpark lässt sich leichter erschließen als Disney mit seinem wahren Dauerbeschuss der Sinne. Makahiki Luau ist eine amüsante Dinnershow und eine schöne Art, um den Tag zu beschließen.

In sieben Tagen

Vierter Tag

Widmen Sie diesen Tag den **Disney-MGM Studios** (➤ 66ff). Bleiben Sie bis zur Parade am frühen Abend und gönnen Sie sich ein Essen im Hollywood Brown Derby (➤ 70). Nach einer kleinen Ruhepause in Ihrem Hotel besuchen Sie Pleasure Island (➤ 106f), um sich in den diversen Clubs die Nacht um die Ohren zu schlagen.

Fünfter Tag

Universal Orlando (➤ 77ff) ist Sitz der Universal Studios (Film-Themenpark; rechts) und der Islands of Adventure, mehrerer Inseln mit unterschiedlichen Schwerpunkten. Beide sind ein Riesenspaß, und für beide brauchen Sie eigentlich einen ganzen Tag. Essen Sie im größten Hard Rock Café der Welt zu Abend, und bei guter Kondition feiern Sie die ganze Nacht am CityWalk (➤ 108) mit seinen zahlreichen Clubs.

Sechster Tag

Falls Ihre Energien mittlerweile nachlassen, bietet sich dieser Tag bestens an, um **Epcot®** (➤ 62ff) zu besuchen, da es hier nicht so viele Attraktionen gibt, die man einfach nicht verpassen darf.

Siebter Tag

Nutzen Sie diesen Tag, um all den Disney-Highlights einen erneuten Besuch abzustatten, die Ihnen besonders gefallen haben, oder gehen Sie in den Universal Park, den Sie bislang noch nicht gesehen haben. Oder lassen Sie die Themenparks einfach ganz beiseite und unternehmen Sie einen Kanuausflug den **Wekiwa River** (➤ 95) hinunter; lohnend ist auch ein Besuch des **Kennedy Space Center** (links; ➤ 96f). Als Alternative können Sie den Tag auch am Atlantik oder am Strand der Golfküste (➤ 14ff) verbringen.

Erster Überblick im Walt Disney World® Resort in Florida

Walt Disney World® Resort ist kein Vergnügungspark, sondern ein Areal von 120 km² mit allem, was eine echte Großstadt ausmacht. Es ist weitläufig, aufregend, überlaufen, friedlich, laut, still, verwirrend und übersichtlich zugleich. Achten Sie nicht zu sehr auf die Überfülle an Angeboten und finden Sie selbst heraus, was Ihnen wirklich wichtig ist.

Ankunft

Eintrittskarten sollten Sie im Hotel kaufen, denn am Eingang der Parks stehen lange Schlangen, und oft herrscht ein Durcheinander. Sie können die Eintrittskarten aber auch telefonisch im Voraus bestellen (Tel. 407/824 4321), über das Internet (www.disneyworld.com) oder per Post (Walt Disney World, Ticket Mail Order, Box 10140, Lake Buena Vista, FL 32830-0030), wobei stets eine Gebühr erhoben wird und es einige Wochen dauert, bis die Tickets zugestellt sind. Es ist möglich, bis zu neun Eintrittskarten online zu ordern und auf diese Weise 7 $ bis 12 $ pro Ticket zu sparen. Über ein Dutzend unterschiedliche Arten von Eintrittskarten werden angeboten, und so kann die richtige Entscheidung wirklich schwer fallen. Treffen Sie Ihre Wahl anhand der Länge Ihres Aufenthalts. Beachten Sie aber auch, dass Preise und Modalitäten der Eintrittskarten sich verändern können, deshalb sollten Sie sich vorher noch einmal erkundigen (Tel. 407/824 4321 oder 407/939 6244).

Welche Eintrittskarte?
- Ein **One-Day Ticket** (Tageskarte) ist nur einen Tag lang für einen Park gültig (z.B. Magic Kingdom® Park, Epcot®, Disney-MGM Studios oder Disney's Animal Kingdom® Theme Park). Es kostet für Erwachsene rund 55 $, für Kinder von drei bis neun Jahren 44 $.
- Ein **Hopper Pass** gilt für jeden Park zu jeder Tageszeit. Einige schließen den Besuch eines Wasserparks mit ein, den von Pleasure Island oder einen Abend im Wild World of Sports. Kinder über neun Jahre zahlen voll.
- Sie haben die Wahl zwischen einem **Four-Day Hopper Pass** (vier Tage; Erwachsene etwa 219 $, Kinder 176 $), einem **Five-Day Hopper Pass** mit zwei Wahlmöglichkeiten (fünf Tage; Erwachsene etwa 249 $, Kinder 200 $), einem **Six-Day Hopper Pass** mit drei Wahlmöglichkeiten (sechs Tage; Erwachsene etwa 312 $, Kinder 250 $) und einem **Seven-Day Hopper Pass** mit vier Wahlmöglichkeiten (sieben Tage; Erwachsene etwa 342 $, Kinder 274 $).
- Gäste des Disney Resort können den **Ultimate Park Hopper** (auch Unlimited Magic genannt) erwerben. Sie haben dann unbegrenzten Zutritt zu den Themenparks, Wasserparks, Naturparks, dem Sportkomplex und Pleasure Island (Erwachsene etwa 129 $, Kinder 104 $ für zwei Tage und eine Nacht; Erwachsene 446 $, Kinder 357 $ für zehn Tage und neun Nächte; bei zehn Nächten zuzüglich einem Besuch von DisneyQuest).

Erster Überblick 55

Unterwegs im World® Resort

Für Resort-Gäste ist es am einfachsten, das Auto auf dem Parkplatz abzustellen und die Verkehrsmittel von Walt Disney World® zu benutzen.

- Gängigstes Transportmittel sind **Busse**, die etwa eine Stunde vor Öffnung der Parks bis eine halbe Stunde nach Schließung in Betrieb sind und etwa alle 15 Minuten verkehren. Man kann von jedem Hotel aus zusteigen.
- Es ist natürlich angenehm, sich fahren zu lassen, aber nehmen Sie besser Ihr eigenes Auto, wenn Sie in Eile sind.
- Wenn Sie mit dem eigenen Auto unterwegs sind oder von außerhalb kommen, erkundigen Sie sich in Ihrem Hotel nach dem Weg. Viel befahrene Straßen sind gut ausgeschildert, und einige Straßen sind zudem farblich gekennzeichnet, damit Sie schnell ans Ziel finden. Das **Parken** bereitet keine Probleme. Gäste des Walt Disney World® Resort zahlen keine Gebühr.
- Sie können auch die **Monorail** beim Transportation und Ticket Center (TTC) benutzen; es befindet sich vom Magic Kingdom aus auf der anderen Seite der Seven Seas Lagoon. Die Bahn macht zwei Schleifen: Die eine geht vom TTC zu Polynesian Resort, Grand Floridian, Magic Kingdom und Contemporary Resort, die andere nach Epcot und zurück.
- Heißer Tipp: Fragen Sie den Fahrer der Monorail, ob Sie sich vorne zu ihm setzen können. Es lohnt sich, dafür auf den nächsten Zug zu warten.

Top-Tipps

- **Guest Relations**: Wenn Sie irgendeine Art von Hilfe brauchen, bekommen Sie hier die optimale Unterstützung. Sie finden einen Infoschalter am Eingang eines jeden Parks. Hier können Sie Nachrichten hinterlassen, einen Lageplan des Geländes mitnehmen, Geld wechseln, Reservierungen vornehmen, und Sie erhalten Informationen über Führungen hinter die Kulissen.
- Informieren Sie sich über den **FASTPASS**, das großartige virtuelle System zum Anstellen, das sich für Sie in die Warteschlange begibt.
- Im Frühjahr ist es heiß, im Sommer sogar sehr heiß mit Temperaturen um die 35° C. Nehmen Sie einen **Sonnenhut** und eine **Sonnenbrille** mit und vielleicht auch eine Flasche mit Wasser.
- Wenn Sie mit Kindern unterwegs sind, können Sie in den Themenparks und Resorts an einem *character breakfast*, d.h. einem Frühstück mit Disney-Figuren teilnehmen (Tel. 407/939 3463).
- Wenn Sie einen der Parks verlassen und wieder betreten wollen, brauchen Sie einen **Stempel auf die Hand** sowie Ihre **Eintrittskarte**.
- Die Designer der Anlagen haben in den Parks abstrakte Darstellungen von Mickey-Mouse-Köpfen verstreut. Diese **Hidden Mickeys** zu finden ist für einige Disney-Fans zu einer wahren Obsession geworden. Schauen Sie sich überall um, auch oben und unten. Hinweise, wie man diese Hidden Mickeys findet, gibt es auch auf den folgenden Seiten. Die umfassendste Liste finden Sie unter www.hiddenmickeys.org.

Öffnungszeiten

Die Öffnungszeiten wechseln je nach Jahreszeit, generell gilt jedoch: **Magic Kingdom** 9–19 Uhr, **Epcot** 9–21 Uhr (Future World ab 9 und World Showcase ab 11 Uhr), **Disney-MGM Studios** 9 Uhr bis etwa eine Stunde nach Einbruch der Dunkelheit und **Disney's Animal Kingdom** 7 oder 8 Uhr bis eine Stunde nach Einbruch der Dunkelheit.
Informationen zu allen Parks ☎ 407/824 4321 oder 407/824 4500; www.disneyworld.com.

Magic Kingdom® Park

Es gibt keinen besseren Ort, um mit der Erkundung der vielgestaltigen Walt-Disney-Welt zu beginnen, als den eigentlichen Grundstein des gesamten Komplexes – das Magic Kingdom. Dieser Park ist der populärste, amüsanteste und malerischste von allen Themenparks des Walt Disney World® Resort. Wenn Sie keine Zeit haben, Epcot, die Disney-MGM Studios oder Disney's Animal Kingdom® zu besuchen, finden Sie hier zumindest Elemente von allen dreien.

Magic Kingdom® Park

HIDDEN MICKEYS
Die Schatten der Lampen in der Main Street, U.S.A., ergeben Hidden Mickeys, versteckte Mickey-Mouse-Köpfe.

Den einzig »richtigen« Weg für die Besichtigung des Magic Kingdom gibt es nicht, mit ein wenig Hintergrundwissen können Sie Ihren Besuch jedoch den eigenen Interessen anpassen. Bedenken Sie, dass sich die folgenden Vorschläge auf Attraktionen beziehen, die für einen Erwachsenen ein absolutes Muss sind. Sind Sie mit Kindern unterwegs, widmen Sie sich auch Fantasyland und Mickey's Toontown Fair (▶ 61).

Vormittags

Wenn Sie aus der Monorail, aus dem Boot oder dem Bus ausgestiegen sind, gehen Sie durch die Drehkreuze; rechter Hand kann man Kinderwagen und Rollstühle mieten. Vor Ihnen liegen die Torbögen der Main Street Train Station, des Bahnhofs. Innen finden Sie Schließfächer; das Pfand für den Schlüssel (preiswert) wird am Ende erstattet. Den Schlüssel erhält man am Kiosk in der Mitte des Bahnhofs.

Jetzt fängt der Spaß an. Sie gehen auf den **Town Square** hinaus – und werden begeistert sein. Diese Straße vermittelt ein nostalgisches Idealbild von Amerika, das in dieser Form nie wirklich existiert hat, in dem sich die Menschen aber dennoch wiedererkennen. Der Duft von Popcorn liegt in der Luft, die Blumen wuchern in den Töpfen, auf der Straße paradieren Orchester, und von Pferden gezogene Straßenbahnen warten auf ihre Gäste.

Sie müssen sich nicht beeilen. Begeben Sie sich in die Mitte des Platzes, machen Sie eine Pause und orientieren Sie sich zunächst einmal. Links befinden sich die City Hall (Reservierung des Mittagessens, Information, Hinweise auf Veranstaltungen und Uhrzeiten, Touren), ein Geldautomat, Toiletten und eine Feuerwache (Andenkenladen). Wer sich wirklich etwas Gutes tun will, bestellt jetzt einen Tisch im Cinderella's Royal Table vor, um als Abschluss des Tages ein wahrhaft königliches Mahl zu genießen.

Am Ende der Main Street, U.S.A., ragt das **Cinderella Castle** (Aschenputtels Schloss) in den Himmel. Es ist vom Schloss Neuschwanstein inspiriert und so verspielt, dass man sich nicht satt sehen kann. Auf dem Weg dorthin kommen Sie an Konditoreien und Bäckereien vorbei sowie an einer ganzen Reihe neuer Geschäfte, die aus der Main Street – leider – eine Art Einkaufszentrum gemacht haben. **Main Street, U.S.A.** ist abwechslungsreich, es herrscht viel Betrieb, doch man sollte lieber am Abend herkommen, denn dann sind weniger Leute unterwegs und die Lichter strahlen umso schöner.

Auf der linken Seite sehen Sie nun die Main Street Gazette, eine Informationstafel, auf der die Anfangszeiten der Shows, die Wartezeiten für die Achterbahnfahrten und die Öffnungszeiten des Parks verzeichnet sind. In der Regel ist auch Personal da, das Ihre Fragen beantwortet. Nun müssen Sie sich entscheiden: Manche Besucher gehen durch das Schloss direkt zum **Fantasyland**, die meisten halten sich jedoch links und besichtigen den Park im Uhrzeigersinn. Das Gedränge lässt sich am besten umgehen, wenn man rechts ins **Tomorrowland** einbiegt, dann können Sie nämlich gleich zwei Superattraktionen in Angriff nehmen, bevor der Andrang beginnt.

Auf der linken Seite kommt als Erstes **Stitch's Great Escape**. Es beruht auf den Abenteuern der enorm beliebten Figur eines wilden, aber sympathischen Außerirdischen und bietet erstklassige computerisierte Trickfilmtechnik sowie Abenteuer, bei denen Sie mithelfen müssen, für zusätzliche Sicherheit zu sorgen, wenn die Galaktische Föderation vom Aufenthaltsort des Stitch erfährt.

Cinderella Castle – Fixpunkt im Magic Kingdom Park

Gut festhalten! Big Thunder Mountain Railroad

Hinter dem Ausgang lohnt **Buzz Lightyear's Space Ranger Spin** einen kurzen Zwischenstopp, wenn Sie Kinder haben, und **Astro Orbiters** ist sehr vergnüglich, wenn die Wartezeit nicht zu lang ist – was aber meistens der Fall ist. Dann gehen Sie lieber direkt zum **Space Mountain**. Hier gibt es keine Außerirdischen, bloß eine Achterbahnfahrt im Dunkeln bei einem Irrsinnstempo. Sie dauert fast drei Minuten bei einer Geschwindigkeit von 45 km/h, zählt zu den beliebtesten Disney-Attraktionen und ist mit

Magic Kingdom® Park 59

OPFER DER MODE
Was sie anziehen sollen, ist für Mickey und Minnie Mouse nie ein Thema. Sie können unter rund 400 Kleidungsstücken das Passende auswählen.

einer der Gründe, weshalb man mit Tomorrowland anfangen sollte. Wenn die Schlange nicht zu lang ist, sollten Sie gleich noch einmal einsteigen!

Sie können Tomorrowland Speedway auslassen und auch einen Großteil von **Mickey's Toontown Fair** und **Fantasyland**, außer Sie haben Kinder. Vielleicht macht es Ihnen ja Spaß, sich in einer gigantischen Teetasse von **Mad Tea Party** herumwirbeln zu lassen, allerdings brauchen Sie dazu einen robusten Magen. Als Nächstes folgt **Mickey's Philharmagic**. Von den Besuchern wird es als eine der besten Attraktionen aller vier Disney-Themenparks bewertet. Der 3-D-Film läuft auf einer Leinwand von 46 m Breite. Donald Duck versucht, Mickeys Dirigentenstab zu benutzen, um ein außer Rand und Band geratenes Orchester zu dirigieren, das ihn – und Sie – durch Szenen mit Aladin, Ariel (*Die kleine Meerjungfrau*) und Simba (*König der Löwen*) führt. Neben den 3-D-Effekten gibt es reale »4-D-Effekte« wie Wasser, Windböen und angenehme Düfte.

KLEINE PAUSE
Es geht nun langsam auf Mittag zu, und es ist praktisch schon Halbzeit für Sie. Am Zugang zum Liberty Square können Sie im recht guten **Columbia Harbour House** schnell etwas zu Mittag essen oder bis 14 Uhr noch weitere Attraktionen in Angriff nehmen – während alle anderen beim Essen sind. Wer nur kurz Energie tanken will, findet in allen »Ländern« Dutzende von Essensständen und Kiosken mit dem gängigen Angebot.

Mittags

WO SIND SIE?
Um zu erfahren, wo die Disney-Figuren wann sind, gehen Sie in die City Hall auf der linken Seite des Town Square und nehmen sich eine Karte mit.

Wenn Sie noch durchhalten können, schauen Sie schnell im wunderschönen **Haunted Mansion** vorbei, einer Art Geisterbahn. Nachdem Sie ein leichenhafter Gastgeber willkommen geheißen hat, werden Sie in die Porträtgalerie geführt (schauen Sie nach oben, wenn das Licht ausgeht), und dann steigen Sie in den »Doom Buggy« ein, um mit diesem Gefährt durch die düsteren Gänge, vorbei am gespenstischen Tanzsaal, auf den Dachboden und über den Friedhof zu fahren – Sie werden begeistert sein.

Die folgende **Hall of Presidents** können Sie überspringen. Nach einem patriotischen Film wird dort jeder Präsident vorgestellt, und dann hält Abraham Lincoln eine Rede.

Nun geht es vermutlich auf 13.30 Uhr zu, und Sie befinden sich im Pulk all der anderen Besucher. Da noch zwei Länder vor Ihnen liegen, sollten Sie sich auf drei beliebte Attraktionen beschränken – Country Bear Jamboree, Splash Mountain und die Big Thunder Mountain Railroad.

Das **Country Bear Jamboree** zeigt eine Gruppe von Hillbilly-Bären. Diese talentierten Musiker unterhalten Sie virtuos mit Jug, Banjo, Gitarre und Waschbrett-Bass – einfach skurril.

HIDDEN MICKEYS
Wenn Sie im Big Thunder Mountain Railroad durch die Fledermaushöhle kommen, achten Sie auf eine Fledermaus mit Mickey-Mouse-Ohren.

Gehen Sie nun in die Richtung weiter, aus der das Gekreische der Besucher schallt, dann sind Sie bald am **Splash Mountain**. Machen Sie sich keine Gedanken wegen der dargestellten Szenen (Disney-Film *Onkel Remus' Wunderland*), lassen Sie sich einfach auf einem Baumstamm-Boot in die Tiefe reißen und so richtig durchnässen.

Gleich in der Nähe schießt die **Big Thunder Mountain Railroad** durch enge Kurven und hohe Berge. Die Attraktion ist nicht ganz so amüsant wie Splash Mountain, lohnt aber, wenn die Warteschlange nicht zu lang ist.

Orlando

Nachmittags

Jeden Nachmittag beginnt um 15 Uhr auf der Main Street, U.S.A., Disneys Share a Dream Come True Parade. An diesem Umzug nehmen alle Figuren, die Sie kennen, teil, und Sie werden sogar aufgefordert, selbst mitzumachen. Nach diesem 15 Minuten langen Spektakel kommt es oft zu einem kleineren Exodus, da viele Gäste der Resort-Hotels nun aufbrechen, um sich den Rest des Tages auszuruhen. Das können Sie natürlich auch tun – oder aber Sie setzen Ihre Besichtigungstour fort und betreten das **Adventureland** mit den **Pirates of the Caribbean**. Nachdem Sie eine dunkle Höhle betreten haben, gehen Sie an Bord eines Schiffes und nehmen an den Abenteuern der Piraten teil, die fröhlich ein Dorf überfallen, Frauen meistbietend versteigern, sich Rum hinter die Binde kippen und sich gegenseitig ins Jenseits befördern. Die Kanonenschüsse, die realistischen Szenen und das oft wiederholte Lied (»Yo Ho, A Pirate's Life for Me«) machen die zehn Minuten lange Tour zu einer der beliebtesten Attraktionen von Magic Kingdom.

Eine andere populäre Attraktion befindet sich gleich nebenan, die **Jungle Cruise**. Die zehnminütige Fahrt die geheimnisvollen Flüsse dieser Welt hinunter wird von einem Komiker und Schiffer kommentiert. Die Fahrt bietet Spannendes (Nilpferde greifen das Boot an) und schöne Szenen (den heiligen Badeplatz der indischen Elefanten), doch vor allem ist sie lustig. Auch wenn Sie im Magic Kingdom an sonst keiner Fahrt teilnehmen wollen, sollten Sie diese unbedingt mitmachen.

Allmählich müsste jetzt die Sonne untergehen. Sie haben mittlerweile allen wichtigen Attraktionen des Parks einen Besuch abgestattet, und es bleiben Ihnen vielleicht noch ein paar Stunden, um sich all das anzusehen, was Sie verpasst haben, um zu den Attraktionen zurückzukehren, die Ihnen besonders gefallen haben, um im Cinderella's Royal Table (vorher reserviert) gut zu essen oder in der Main Street, U.S.A., noch einen Einkaufsbummel zu machen. Der größte Andenkenladen im Magic Kingdom ist das **Emporium** an der Ecke Town Square/Main Street, U.S.A.; hier bekommt man jeden Disney-Artikel, den man sich nur vorstellen kann. Und klar, es gibt Micky-Mouse-Ohren in allen Größen.

HIDDEN MICKEYS
Ein Stapel mit Kanonenkugeln an Deck der *Jolly Roger* in Peter Pan's Flight wirft einen Schatten, der ein perfektes Mickey-Mouse-Symbol abgibt.

Auf in den Kampf im Pirates of the Caribbean

© Disney

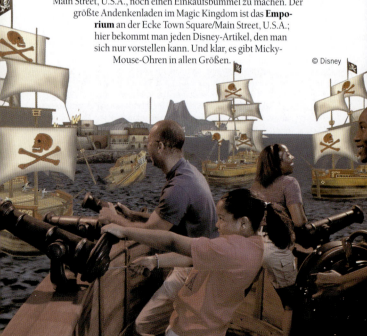

Magic Kingdom® Park

SCHNAPP-SCHÜSSE
Man schätzt, dass die Urlaubsfotos, die im Walt Disney World® Resort oder in Disneyland geschossen werden, vier Prozent aller Amateurfotos in den USA ausmachen.

Kinderfreundliche Attraktionen

In **Fantasyland** bietet **Peter Pan's Flight** einen Flug über London bei Nacht und vorbei am Schiff von Kapitän Hook. **Dumbo the Flying Elephant** versetzt Kinder stundenlang in Begeisterung. Gegenüber an **Ariel's Grotto** warten Eltern geduldig, damit sich ihre Kinder mit der Meerjungfrau fotografieren lassen können. **Snow White's Adventures** sind eine Reise durch den Film *Schneewittchen* zu den Bergwerken; im Mittelpunkt steht ein Besuch der bösen Königin (für kleinere Kinder manchmal etwas bedrohlich). Eine Fahrt, an der Sie wohl Ihren Spaß haben werden, ist **Cinderella's Golden Carrousel** in einer wunderschön restaurierten Version aus dem Jahr 1917 mit eingängigen Disney-Liedern. Wegen der Beliebtheit des Bären Pooh wurde Mr. Toad's Wild Ride durch **The Many Adventures of Winnie the Pooh** ersetzt. Hier fährt man durch Szenen mit Pooh, Tigger, Eeyore, Kanga und Roo. Machen Sie sich auf eine lange Warteschlange gefasst, denn Eltern wie Kinder wollen einen Blick auf die fantastischen und fast schon übertrieben süßen Trickfiguren werfen. Nicht verpassen sollte man **Mickey's Philharmagic** (► 59) und gegenüber **It's a Small World**, eine Fahrt mit dem Boot vorbei an Puppen aus verschiedenen Ländern und einem Themensong, der zum wahren Ohrwurm wird. Dazu ein Tipp: Unternehmen Sie diese Fahrten am Spätnachmittag oder am frühen Abend, dann sind die Warteschlangen nicht so lang.

Mit Fantasyland verbunden ist **Mickey's Toontown Fair**, ein kleineres Areal voller exzentrischer Bauwerke und einer Achterbahn für Kinder (**The Barnstormer**).

🕂 229 A3   ☎ 407/824-4321   🕘 tägl. 9–19 Uhr, jahreszeitenabhängig

---

MAGIC KINGDOM: INSIDER-NFO

Top-Tipps: Wenn Sie Gast im Walt Disney Resort® sind, heben Sie sich das **Magic Kingdom für Sonntag oder Donnerstag** auf, dann haben Sie nämlich eine Stunde früher als die anderen Zutritt.

• Die beste Stelle, um ein **Foto** von sich und dem Cinderella Castle zu machen, ist der **Gehsteig beim Eingang von Tomorrowland.**

• Je nach Jahreszeit taucht **SpectroMagic** ein- oder zweimal am Abend das Magic Kingdom in ein wahres Leuchtfeuer. Dazu gehören 600 000 Minilichter, ein Sound von 72 000 Watt, holografische Effekte, Elektrolumineszenz-Technik, Lichtplastiken, Rauch, Flüssigstickstoff und traditionelle Beleuchtung.

• Fantasy in the Sky wurde durch das Superspektakel **Wishes** ersetzt, das jedes andere Feuerwerk in den Schatten stellt. Am besten sieht man es von Main Street, U.S.A., mit dem Cinderella Castle als Kulisse. Bei der zwölf Minuten langen Show zündet Jimmy Cricket über 650 Feuerwerkskörper.

• Einen Blick **hinter die Kulissen und »unter die Erde«** des Magic Kingdom kann man für 58 $ werfen. Auf der so genannten »Keys to the Kingdom Tour« von 4½ Stunden zeigen Ihnen Führer alle Geheimnisse (Tel. 407/939 8687 für diese und andere Besichtigungstouren). Wer sich seine Illusionen bewahren will, sollte von solch einer Führung allerdings lieber Abstand nehmen.

Muss nicht sein! Wer keinen zweiten Tag hier verbringt, kann das *Liberty Belle Riverboat* durch die Flüsse von Amerika und die **Floßfahrt zum Tom Sawyer Island** getrost vergessen. Man vertut mehr Zeit, als der Spaß wert ist.

Epcot®

Epcot, nicht das Magic Kingdom®, war eigentlich Walt Disneys größter Traum. Seiner Vorstellung nach sollten in Epcot® – Experimental Prototype Community of Tomorrow – Lösungen für alle Übel der Welt erarbeitet werden. Aber ganz so, wie Disney es sich ausgemalt hatte, klappte es dann doch nicht.

Das Konzept ist einfach: Sie betreten Future World und besichtigen die Pavillons, in denen große Firmen ihre neuesten Produkte präsentieren. Als Nächstes folgt World Showcase. Hier stellen elf Nationen ihr Land vor. Aber Achtung, auch wenn Epcot ein paar weitere Achterbahnfahrten bietet, ist es doch eher eine Mischung aus Wissenschaftsmesse, Videoarkade und Länderinformationen.

Future World

Wie immer sollten Sie möglichst früh anfangen. Sie kommen mit dem Auto, Bus oder mit der Monorail an und werden dann zur Entrance Plaza dirigiert. Auf der rechten Seite kurz vor den Drehkreuzen gibt es Toiletten und eine Wechselstube. Sie befinden sich jetzt in **Future World** und nähern sich ihrem Herzstück, dem **Spaceship Earth** – es sieht wie ein riesiger Golfball aus. Man kann innen an einer Fahrt in einer Art Schwebebahn teilnehmen, die Sie aber momentan getrost auslassen können – und später auch.

Da das World Showcase meist nicht vor 11 Uhr öffnet, müssen Sie nicht hetzen. Spazieren Sie am Spaceship Earth vorbei sowie an den beiden halbrunden Gebäuden links und rechts (**Innoventions East** und **Innoventions West**) und biegen Sie dann links ab zum **Test Track**. Nachdem Sie gesehen haben, wie neue Autos in abschüssigen Kurven bei Hochgeschwindigkeit mit und ohne Spezialbremsen, bei Crash-Tests und auf holprigen Straßen getestet werden, gehen Sie an Bord eines Sechs-Personen-Fahrzeugs (ohne Steuerrad und Bremsen), um am eigenen Leibe zu erleben, was Sie gerade beobachten konnten. Es gibt Fahrten geradeaus bei 105 km/h sowie Haarnadelkurven, und Sie entgehen einem Zusammenstoß oft nur um Haaresbreite.

Als Nächstes gelangen Sie zu **Honey, I Shrunk the Audience**. Diese 25-Minuten-Präsentation befindet sich in der **Journey into Imagination**. Nach einem kurzen Vorprogramm gehen Sie hinein, um dabei zuzusehen, wie Professor Wayne Szalinski aus *Liebling, ich habe die Kinder geschrumpft* seine neuesten Erfindungen demonstriert. Es gibt hier schöne 3-D-Spezialeffekte.

Da man bei Disney den Eindruck hatte, dass die Attraktionen von Epcot® schon fast langweilig wirkten, kamen Fahrgeschäfte hinzu, bei denen der Adrenalinspiegel in die Höhe schnellt. Eines soll 2005 in Betrieb gehen, das **Soarin**. Dort sitzen Sie dann unter den Flügeln eines Hängegleiters, werden in einer gigantischen Projektionskuppel 12 m nach oben befördert, um dann in Kalifornien umherzugleiten,.

HIDDEN MICKEYS
Am Eingang zu Spaceship Earth zeigt eine Wandmalerei auf der linken Seite Wolkenformationen. Sie ergeben bei genauem Hinsehen den Kopf und die Ohren eines Hidden Mickey.

Ein gigantischer Golfball: Spaceship Earth und die Monorail

✚ 229 B2 ☎ 407/824 4321 ⊙ tägl. 9–21 Uhr (Future World ab 9, World Showcase ab 11 Uhr geöffnet), saisonabhängig

Orlando

Mission: **Space** ist eine Hightech-Attraktion mit enormem Nervenkitzel. Aber seien Sie vorsichtig, es wird einem schnell übel.

Die noch verbleibenden Attraktionen in Future World haben nicht so viel zu bieten. Ein Grenzfall ist wohl **The Living Seas**. Das Programm beginnt mit einem kurzen Film, dann fährt man mit der Tram kurz an einem künstlichen Riff vorbei und in die Sea Base Alpha.

Das **World Showcase** öffnet um 11 Uhr; wer den Massen entgehen will, geht nebenan in **The Land**. Dieser Pavillon bietet **Living With the Land**, eine Bootsfahrt vorbei an Experimentiergärten.

Test Track – eine Mischung aus Achterbahn und Simulator

World Showcase

Spazieren Sie nach dem Mittagessen zur **World Showcase Lagoon**, dem Ausgangs- und Endpunkt eines 2 km langen Rundwegs. Diese Hälfte des Parks ist wesentlich einladender, es gibt heimische Blumen und Bäume, Entertainer, Handwerkskünstler und Gourmet-

Epcot 65

Restaurants in fast jedem Pavillon. Die optimale Route lässt sich nicht empfehlen, besuchen Sie einfach die Pavillons, die Sie interessieren. Wenn Sie gegen den Uhrzeigersinn beginnen, besuchen Sie zunächst den Pavillon von **Kanada** mit einer sehr schönen Reproduktion vom Chateau Laurier in Ottawa. Die Attraktion hier ist »O Canada!«, ein 18 Minuten langer 360-Grad-Panoramafilm, bei dem Sie sich mitten in der Prärie von Kanada, in Städten und in der Wildnis samt Flüssen wiederfinden. Als Nächstes kommt **Großbritannien**: Gezeigt werden ein improvisiertes Straßentheater einer Komödiantentruppe sowie eine Band, die wie die Beatles klingt. Die meisten Besucher ziehen ein Bier im Pub Rose and Crown vor.

Gleich hinter dem International Gateway ist **Frankreich** erreicht – mit einem einfach wunderschönen Film (»Eindrücke von Frankreich«), vorzüglichem Gebäck und dem edelsten Gourmet-Restaurant (Chefs de France) von Epcot.

Nun sind Sie in **Marokko** angekommen, das sich auf Handwerkskünstler, Straßenkünstler, ein Restaurant und mehrere Geschäfte beschränkt. Nebenan folgt **Japan** dem Beispiel Marokkos und fügt noch einige Teiche, Steingärten, eine Pagode, eine kleine Kulturgalerie und einen Andenkenladen hinzu.

Mit **The American Adventure** hat man die Hälfte bereits gesehen. Geboten wird hier die wohl beste Show im World Showcase. Mark Twain und Benjamin Franklin als computergesteuerte Figuren präsentieren Höhepunkte der amerikanischen Geschichte in einer unterhaltsamen, patriotischen Show.

Es gibt ein gut besuchtes Selbstbedienungsrestaurant nebenan, aber wer nicht völlig ausgehungert ist, sollte sich vielleicht einfach einen Imbiss an einem der vielen Essensstände holen.

Sie kommen nun nach **Italien**; auch hier gibt es nur weitere Läden, Straßenmusikanten und ein Restaurant. **Deutschland** hält es ähnlich; dazu gibt es einen Biergarten mit Blasmusikkapellen, Jodlern und Tanzvorführungen, die man sich beim Essen ansehen kann.

Auch wenn **Afrika** keinen ganzen Pavillon zur Verfügung hat, ist es zumindest durch Straßenkünstler und ein Geschäft vertreten. **China** erkennt man gleich am hoch aufragenden Himmelstempel, in dem ein 360-Grad-Panoramakino untergebracht ist. Der Film dort wurde von einem westlichen Kamerateam gedreht, dem Zugang zu bisher verschlossenen Stätten gewährt wurde. Außerdem gibt es auch hier einen Laden und ein Restaurant. **Norwegen** kann mit einer Kopie der Burg Akershus aus dem 14. Jahrhundert aufwarten, mit einem Andenkenladen voller Trolle, einem Restaurant und dem Maelstrom, einer gruseligen Fahrt durch einen Wald mit Trollen und die tosende Nordsee. Der letzte Pavillon, **Mexiko**, bietet Geschäfte, zwei Restaurants und eine Fahrt mit dem Boot – El Río del Tiempo; sie ähnelt dem Maelstrom von Norwegen, ist aber nicht ganz so aufregend.

Falls der Park nun gleich geschlossen wird, sollten Sie noch ein wenig warten. Das große Finale ist nämlich das surreale, fantastische Spektakel **Illuminations: Reflections of Earth**, eine 13 Minuten lange Symphonie aus Feuerwerk und Lasereffekten. Das große Spektakel beginnt kurz vor Schließung des Parks.

EPCOT: INSIDER-INFO

Top-Tipps: Sind Sie Gast im Walt Disney World® Resort, **heben Sie sich Epcot® für einen Mittwoch auf**, denn dann wird Ihnen eine Stunde früher Einlass gewährt als den übrigen Besuchern.

- Sie können es kaum mehr abwarten, sich Ihre Schnappschüsse anzusehen? Das **Camera Center** in der Nähe der Entrance Plaza und World Travel in der International Gateway entwickeln Ihre Filme in nur zwei Stunden.
- Ein **Guest-Relations**-Schalter (Information) befindet sich neben dem Spaceship Earth. Hier können Sie direkt einen Tisch fürs Abendessen reservieren (oder aber unter Tel. 407/939 3463 anrufen).

Disney-MGM Studios

Mit den Disney-MGM Studios ist es Walt Disney gelungen, den Geist des Goldenen Zeitalters in Hollywood einzufangen, der heute zum Mythos gewordenen Ära der 1930er- und 1940er-Jahre also. Dank der Art-déco-Architektur, der bunten, vergnüglichen Disney-Filme und der Nachschöpfungen von legendären Hollywood-Schauplätzen können Sie einen Tag lang in diese glücklichen Zeiten eintauchen.

Es wurde ja schon mehrfach gesagt, und auch hier gilt: Kommen Sie gleich früh am Morgen! Die Öffnungszeiten sind je nach Saison unterschiedlich, rufen Sie deshalb am besten vorher an. Wer spät eintrifft, verbringt die Hälfte der Zeit mit Schlangestehen.

Egal ob Sie mit dem Auto, dem Bus oder Boot kommen, Sie werden auf jeden Fall zum Eingang am Hollywood Boulevard dirigiert. Vor den Drehkreuzen befinden sich die Toiletten und die Guest Relations (Besucherinformation) links den Gehsteig hinunter.

Hinter den Drehkreuzen gibt es rechts Schließfächer, außerdem Kinderwagen und Rollstühle in Oscar's Super Service, einer fingierten Tankstelle.

Das Personal verteilt Parkführer, zu denen auch eine Karte und eine Übersicht über die Anfangszeiten der Shows gehören. Wenn nicht, bitten Sie einfach um diese Informationen. Wie immer sollten Sie sich die Hauptattraktionen zuerst ansehen und dann alles Übrige, wenn die Warteschlangen nicht so lang sind.

HIDDEN MICKEYS
Im Star Tours sieht man zu Anfang ein Video mit Gästen, die gerade in einen Star Speeder einsteigen. Es steigen drei Ewoks ein – der zweite hält eine Mickey-Mouse-Figur in der Hand.

Disney-MGM Studios 67

Vormittags

Beginnen Sie am **Hollywood Boulevard**. Spazieren Sie an den Palmen, den Fotogeschäften, Andenkenläden und Imbissständen vorbei und biegen Sie dann in die erste Querstraße rechts, den Sunset Boulevard, ein.

Es liegt an Attraktionen wie **The Twilight Zone™ Tower of Terror**, dass ein Besuch bei Disney solchen Spaß macht. Nachdem Sie die Lobby des verlassenen Hotels betreten haben, werden Sie in eine Bibliothek geführt, wo Sie in die Geschichte eingeführt werden: Das Hotel wurde 1939 vom Blitz getroffen, und ein ganzer Flügel – außerdem fünf Hotelgäste, die in einem Aufzug festsaßen – verschwand vom Erdboden. Es öffnet sich eine Geheimtür, Sie betreten das Casino und schlängeln sich durch die Wartenden, bis Sie schließlich in einem Aufzug sitzen. Sie werden nun zu einem Gang

Catastrophe Canyon, der Höhepunkt der Backlot Tour

© Disney

hinaufgefahren, in dem die dem Untergang geweihten Gäste auftauchen; Ihre Kabine fährt durch eine geheimnisvolle Dimension, eine Tür öffnet sich, und Sie sehen 46 m unter sich den Park. Dann schließen sich die Türen. Was jetzt passiert, ist jeden Cent wert, den Sie investiert haben, um herzukommen. Das Kabel reißt, Ihre Kabine stürzt den Aufzugschacht hinunter, hält an, fährt wieder hinauf, um erneut den Schacht hinunterzustürzen. Man bekommt es wirklich mit der Angst zu tun. Und Sie kriegen nicht genug davon! Erinnern Sie sich, dass Sie im Fallen einen gleißenden Blitz gesehen haben? Am Ausgang können Sie ein Foto von sich mit schreckverzerrtem Gesicht kaufen. Am Sunset Boulevard nicht weit von The Twilight Zone™ Tower of Terror befindet sich Disneys supermoderner **Rock 'n' Roller Coaster Starring Aerosmith**, eine Achterbahn mit Rockmusik. Hier besteigen die Gäste einen so ge-

🚩 229 A2 ☎ 407/824-4321 🕐 tägl. 9 Uhr bis etwa eine Stunde nach Einbruch der Dunkelheit, jedoch jahreszeitenabhängig

Orlando

nannten Limotrain und werden in 2,8 Sekunden von 0 auf 96 km/h beschleunigt (das entspricht der Beschleunigung in einem F-14-Abfangjäger). In wahrhaft atemberaubendem Tempo geht es dann durch die Kurven, Loopings, Steigungen und Abfahrten. Ein spezieller Titel der Band Aerosmith wird dazu über insgesamt 900 Lautsprecher und mit 32 000 Watt übertragen. Um die nächste Attraktion zu erreichen, gehen Sie nun zur Hollywood Plaza zurück, wo Sie den legendären **Sorceror Mickey Hat** finden.

Hinter diesem Zauberhut lockt **Mann's Chinese Theatre**, in dem sich der **Great Movie Ride** befindet. Man steigt in ein großes Fahrzeug ein, um dann Szenen aus berühmten Filmen zu betreten (*Singin' in the Rain, Casablanca, Mary Poppins*). Innerhalb weniger Augenblicke werden Sie von Gangstern angepöbelt, Sie dringen in ein von Außerirdischen infiltriertes Raumschiff ein, fahren nach Munchkinland und werden Zeuge, wenn eine böse Hexe eintrifft. Die Fahrt ist nicht für alle Kinder geeignet, aber für Erwachsene, die ein Faible für diese Filme haben, ist sie das reinste Vergnügen.

Die vierte Hauptattraktion heißt **Star Tours**; Sie überqueren dazu die Plaza und gehen in Richtung auf ein kleines Boot bzw. einen kleinen Eisstand am winzigen Echo Lake. Rechts sehen Sie das **Sounds Dangerous Starring Drew Carey**, eine auf Sound-Effekten beruhende Attraktion, Sie gehen jedoch geradeaus weiter.

Da George Lucas' *Star Wars* um die Vorgeschichte erweitert wurde, hat man die Fahrt verändert und Effekte aus diesem Film mit einbezogen. Sie werden die Droiden R2D2 und C-3PO wiedererkennen, die gerade an einem Raumschiff arbeiten. Dann klettern Sie an Bord Ihres eigenen Starspeeders, um zum Mond von Endor zu reisen. Festgezurrt und eingesperrt in dem Vehikel, einem Bewegungssimulator, fängt Ihre Reise nun ganz harmlos an, doch dann geht natürlich alles schief. Für Zartbesaitete ist das jedenfalls nichts. Unterwegs wird man nämlich kräftig durchgeschüttelt, man fliegt haarscharf an gigantischen Eiskristallen vorbei und entkommt feindlichen Lasern. Sie brauchen eine gute Kondition, einen starken Rücken, ein gesundes Herz und einen Magen aus Stahl.

KLEINE PAUSE

Es ist jetzt kurz nach 11 Uhr, und Sie haben die vier Hauptattraktionen bereits absolviert. Nun können Sie es etwas langsamer angehen lassen. Das nächste Highlight ist das **Indiana Jones™ Epic Stunt Spectacular**. Schauen Sie nach, wann die nächste Vorstellung beginnt. Vielleicht haben Sie ja Lust, gleich in der Nähe im **Soundstage** ein frühes Mittagessen einzunehmen; hier treffen sich tagsüber die Figuren der Disney-Filme. Eine Alternative stellt das **Prime Time Café** im Stil der 1950er-Jahre dar, gleich hinter dem Stunt-Stadion. Hier bekommen Sie deftige Kost, zum Beispiel Hackbraten, Brathähnchen und Schmorbraten. Wenn Sie sich eine ausgiebige Mahlzeit für später aufheben wollen, bestellen Sie sich einfach ein paar Pommes frittes, eine Cola oder einen Milchshake.

Dann aber weiter zum **Indiana Jones™ Epic Stunt Spectacular** – sicher die spannendste Live-Vorführung im ganzen Park. Warum sollte man nach Kalifornien fahren, um ein Erdbeben, eine Explosion, einen Erdrutsch oder Kampfszenen zu erleben, wenn man sich hier die »Raiders of the Lost Ark« anschauen kann? Dieses atemberaubende Spektakel macht viel Spaß, zumal man ein paar von den Tricks verraten bekommt.

Ach je, wo ist mein Auto? Vor dem Rock 'n' Roller Coaster Starring Aerosmith

ZIMMER-ANGEBOT
Sie bräuchten 61 Jahre, wenn Sie nur eine Nacht in jedem der derzeit zur Verfügung stehenden Hotelzimmer in Walt Disney World® verbringen wollten.

Disney-MGM Studios 69

Nachmittags
Den restlichen Park können Sie sich nun ganz nach Lust und Laune anschauen. Am frühen Nachmittag werden die Warteschlangen immer kürzer, denn dann gehen viele der Besucher zum Mittagessen. Es bietet sich nun ein Rundgang im Uhrzeigersinn durch den Park an:

Jim Hensons **Muppet*Vision 3-D** präsentiert fast alle Muppet-Figuren in einer überschwänglichen, alle Sinne ansprechenden Vorstellung, die Kindern wie Erwachsenen Freude macht – vor allem wegen des Knalleffekts am Schluss.

Sie befinden sich jetzt auf den Straßen von New York und haben die Möglichkeit, die überdimensionale Welt von **»Honey, I Shrunk the Kids« Movie Set Adventure** zu besuchen. Wenn Sie New York verlassen, stehen Sie in der Mickey Avenue und gelangen zur **Studios Backlot Tour**. Hier lernen Sie ein Studio, das wirklich in Betrieb ist, kennen, Sie sehen die Kostüme und Requisiten und besuchen anschließend den **Catastrophe Canyon**, wo Ihnen Spezialeffekte vorgeführt werden. Alles wirkt

Orlando

erstaunlich echt – vor allem, wenn sich der Boden unter der Straßenbahn hebt.

Nun sind noch zwei Arten von Attraktionen übrig: solche, die demonstrieren, wie Filme tatsächlich gemacht werden, und andere, die Disney-Kinohits zum Thema haben. Am Ende der Studioführung befinden Sie sich auf der Mickey Avenue; dort bietet **Who Wants To be a Millionaire – Play It!** eine exakte Kopie der Kulisse aus *Wer wird Millionär*. Als Nächstes folgt **Walt Disney – One Man's Dream**, ein Überblick über das Leben dieses Mannes mit Geschichten aus seiner Kindheit und echten Erinnerungsstücken, darunter seine alte Trickfilmkamera. Bevor Sie zum letzten Abschnitt kommen, dem **Animation Courtyard**, haben Sie vielleicht das Glück, eine Vorführung des neuesten Disney-Films oder eine Fernsehshow zu sehen.

Voyage of the Little Mermaid ist eine kinderfreundliche Bühnenshow mit Liedern und Figuren aus den Trickfilmen. Nehmen Sie weiter hinten Platz, dann können die Kinder die Bühne besser sehen.

Bei der Führung **The Magic of Disney Animation** können Sie dabei zuschauen, wie Künstler vor Ort neue Trickfilme schaffen. Hier gewinnt man interessante Einblicke, und die Besucher können auch Fragen stellen.

Nun geht es vermutlich auf 18 Uhr zu. Vom strategisch günstig gelegenen Animation Courtyard können Sie problemlos ins **Hollywood Brown Derby** hinübergehen und (nach vorheriger Reservierung) ein gemütliches Abendessen genießen. Das legendäre Lokal aus Kalifornien wurde hier komplett nachgebaut.

Beenden Sie Ihr Essen rechtzeitig, um den Abend noch mit zwei Shows abzurunden. **»Beauty and the Beast« – Live on Stage** ist eine Vorführung, die in 20 Minuten etwas vom Wesen des Trickfilms vermittelt.

Das wirklich grandioseste Finale bietet nebenan das **Fantasmic!**. Wie nicht anders zu erwarten, ist auch diese Show voll von Lasereffekten, Lichtern, Feuerwerken und Disney-Figuren. Einlass ist eine Stunde vor Vorstellungsbeginn. Das Theater bietet Sitzplätze für 6900 Zuschauer, außerdem noch 3000 Stehplätze, man muss sich also nicht beeilen. Wer hinten Platz nimmt, hat einen besseren Überblick, wenn Mickey Mouse die bösen Mächte bekämpft.

> **HIDDEN MICKEYS**
> Es gibt am Eingang zu den Disney-MGM Studios jede Menge Mickey-Mouse-Köpfe am Zaun.

DISNEY-MGM STUDIOS: INSIDER-INFO

Top-Tipps: Sind Sie Gast im Walt Disney World® Resort, **heben Sie sich diesen Park für Donnerstag oder Samstag auf**, weil Ihnen dann eine Stunde vor der regulären Öffnung Zutritt zu den Disney-MGM Studios gewährt wird.

- Wenn es hier, wie in den anderen Disney-Parks auch, am Nachmittag zu voll wird, kehren Sie in Ihr Hotel zurück. **In der Hauptsaison haben die Parks länger geöffnet,** Sie können dann ja noch einmal zurückkommen. Sie müssen sich allerdings einen Stempel auf die Hand geben lassen und Ihre Eintrittskarte aufheben.
- Die **Hollywood Boulevard Parade**, ein bunter Umzug, orientiert sich thematisch meistens am neuesten Disney-Film. Beginn ist um 15 Uhr, Sie sollten sich jedoch mindestens eine halbe Stunde früher Ihren Platz am Bürgersteig sichern.
- Falls Sie es vorziehen, sich die Höhepunkte für den Schluss aufzuheben, können Sie in der Regel alle wichtigen Attraktionen in den letzten 90 Minuten ohne Wartezeiten absolvieren.

Disney's Animal Kingdom® Theme Park

Animal Kingdom® war der vierte Themenpark des Walt Disney World® Resort, doch was seinen Unterhaltungswert angeht, übertrifft er Epcot® und die Disney-MGM Studios bei weitem.

Trotz der themenbezogenen Architektur, der Shows, Geschichten und spannenden Fahrmöglichkeiten handelt es sich im Grunde um einen Safaripark. Sie müssen Ihr Besichtigungstempo den Tieren anpassen. Der größte Fehler ist es, spät zu kommen und dann gleich zur Hauptattraktion zu stürzen, Kilimanjaro Safaris. Ab dem späteren Vormittag sind die Warteschlangen schon fast absurd lang, und die Tiere suchen Schutz vor der Hitze.

Da Disney's Animal Kingdom® bereits vor den anderen Parks öffnet (manchmal schon um 7 Uhr oder eher), sollten Sie Ihre Safa-

Höhepunkt des Parks: Auf einer Safari kann man die Tiere aus nächster Nähe betrachten

© Disney

229 A2 407/824 4321 tägl. 9 Uhr bis etwa 1 Stunde nach Einbruch der Dunkelheit, jahreszeitenabhängig

Orlando

ri gleich in der Frühe oder sehr viel später am Tag einplanen und die Zeit über Mittag mit Shows, Fahrvergnügen und sonstigen Attraktionen füllen. Haben Sie keine Sorge, dass Ihnen etwas entgehen könnte, wenn Sie nicht von einem Ort zum anderen hasten. Wie in den anderen Parks auch können Sie langsamer vorangehen, sobald Sie die zentralen Highlights gesehen haben.

Um die Orientierung zu erleichtern, hat man den Park in zwei Hauptbereiche geteilt: Asien rechts und Afrika links; zu den anderen »Ländern« zählen: **The Oasis**, **Safari Village**, **DinoLand U.S.A.** und **Camp Minnie-Mickey**.

Von der Bushaltestelle oder dem Parkplatz gelangen Sie zu den Eintrittskartenschaltern an der Entrance Plaza.

Vormittags

Jenseits der Drehkreuze fühlen Sie sich vielleicht irritiert: Sie befinden sich in **The Oasis**, einem Areal mit Bäumen und Wasserfällen, das dem natürlichen Wunsch entgegensteht, schnell zu den ersten Attraktionen zu hasten. Ein dezenter Hinweis darauf, dass Sie die Hektik vergessen sollen!

Nachdem Sie diese Oase kennen gelernt haben, überqueren Sie eine Brücke zum **Safari Village**. Rechts erblicken Sie das beste Geschäft des Parks, **Disney Outfitters**; hier sollten Sie aber lieber Halt machen, bevor Sie den Park verlassen, nicht jetzt. Vor Ihnen liegt das Herzstück der Anlage, der **Tree of Life** (Lebensbaum), ein Baobab-Baum, der hoch in den Himmel ragt; in seinen Stamm sind über 325 Tierbilder geritzt. Eine der tollsten Shows der Welt findet in diesem Baum statt (**»It's Tough To Be a Bug!«**), aber die sollten Sie sich für später aufheben.

Sind Sie an einem kühlen bis angenehm warmen Tag da, gehen Sie nun links vom Baum in Richtung **Afrika**. Gleich hinter der Brücke erreichen Sie **Harambe Village**. Es ist noch zu früh für eine komplette Mahlzeit im Tusker House Restaurant, gönnen Sie sich also nur einen Imbiss oder etwas Süßes an einem der Obst-und-Getränke-Stände auf der Plaza.

Sie sind nun unterwegs zu **Kilimanjaro Safaris**, der Top-Attraktion von Afrika. Die Warteschlange müsste noch relativ kurz sein (d.h. nicht bis zum Gehsteig reichen), und während Sie darauf warten, in Ihr Safarifahrzeug einsteigen zu dürfen, können Sie sich ein Video über gefährdete Tierarten ansehen. Die Safari ähnelt dann dem Film: Sie fahren durch das gut bestückte Reservat, halten nach Wilderern Ausschau und können schwarze Nashörner, Löwen, Gnus, Giraffen, Krokodile, Nilpferde und andere Tiere fotografieren. Sie brauchen jedoch ein scharfes Auge: Der Fahrer kann nicht für ein Foto anhalten.

Um die Hauptattraktion von **Asien** anzusehen, müssen Sie an den Rand des Afrika-Bereichs zurückgehen und vor der Brücke links abbiegen. Falls Ihnen unterwegs Leute mit nasser Kleidung entgegenkommen, sind Sie auf dem richtigen Weg zu den **Kali River Rapids**. Die meisten sparen sich diese Fahrt durch Stromschnellen für die heißeste Tageszeit auf – und bekommen dann einen Sonnenbrand, wenn Sie 30 Minuten anstehen müssen. Liegen Sie noch in Ihrem Zeitplan, ist es jetzt mitten am Vormittag, und so müssten Sie schnell an Bord gehen können.

Es gibt hier keine Schließfächer, verstauen Sie Ihre Wertsachen also in einem allerdings nicht ganz wasserdichten Behälter in der Mitte des Floßes. Nun werden Sie bald auf einen Hügel hinauf-

HIDDEN MICKEYS

Im Harambe Village hängt ein Sack mit Grapefruits am Fenster über den Toiletten. Drei der Früchte zur Straße hin sind so angeordnet, dass sie eine perfekte Mickey Mouse ergeben.

Disney's Animal Kingdom® Theme Park 73

Hautnahe Begegnung mit einem Ungeheuer im DINOSAUR!

© Disney

fahren, um dann zu einer rasanten, überaus feuchten Wildwasserfahrt durch einen Regenwald aufzubrechen. Wenn Sie nach ein paar Superfällen noch nicht nass sind, sorgen die anderen Gäste dafür, die Sie von einer Brücke aus anspritzen.

Noch ein solches Fahrvergnügen, dann ist es Mittag. Wenn Sie Asien verlassen, halten Sie sich links und folgen der Beschilderung zum **DinoLand U.S.A**. Am aufregendsten ist es, mit **DINOSAUR!** zu fahren, wobei einem längst nicht so übel wird wie in einem reinen Bewegungssimulator. Sie steigen in ein jeepartiges Vehikel ein, um eine Zeitreise in die Vergangenheit zu unternehmen, auf der Sie für einen Wissenschaftler einen Dinosaurier besorgen sollen. Einschlagende Meteoriten und ein überaus gereizter Dinosaurier machen diese Kombination aus Achterbahn und Bewegungssimulator zu einem echten Nervenkitzel.

Damit haben Sie jetzt die Höhepunkte von Afrika, Asien und im DinoLand U.S.A. erlebt. Es gibt natürlich noch viel mehr, doch die Zeit ist günstig, um eine Mittagspause einzulegen.

74 Orlando

KLEINE PAUSE

Auf der rechten Seite außerhalb von DinoLand U.S.A. kann das wunderschöne **Indonesian Flame Tree Barbecue** sicher mit dem reizendsten Ambiente von allen Restaurants des Walt Disney World® Resort aufwarten. Das Gartenlokal geht auf einen See hinaus, die farbenfrohen Laternen geben eine entspannende Kulisse für ein gemütliches Mittagessen mit Salat, geräuchertem Huhn, Rippchen, Schweine- oder Rindfleisch ab.

Nachmittags

Nach dem Mittagessen gehen Sie – geradeaus – zum Tree of Live zurück und halten dann nach links, aber nicht nach Afrika, sondern scharf links zum **Camp Minnie-Mickey**. Es ist hauptsächlich für Kinder gedacht, aber das **Festival of the King Lion** gefällt eigentlich jedem. Dieses »Fest des Königs der Löwen« ist die bunteste und unterhaltsamste Bühnenshow des Parks. Im riesigen Freilichttheater findet ein multikultureller Karneval statt.

HIDDEN MICKEYS
In einem umzäunten Lagerareal im Mammoth Dig in The Boneyard ergeben ein Ventilator und zwei Schutzhelme einen Hidden Mickey.

»It's Tough To Be a Bug!«

Nach der Show finden Sie leicht in den Bereich, in dem man die Disney-Figuren begrüßen kann. Um auch noch das letzte Highlight des Parks kennen zu lernen, gehen Sie noch einmal zum Tree of Life zurück und halten dort nach dem langen, gewundenen Eingang zu »**It's Tough To Be a Bug!**« Ausschau. Der sehr lustige 3-D-Film bietet zusätzliche Effekte für die Sinne. Sie spüren also direkt, wie Termiten ihre Säure verspritzen, erleben Kakerlaken, eine Wespe, eine Tarantel und schließlich noch eine übel stinkende Baumwanze. Selbst wenn Sie sich das Ganze ein Dutzend Mal ansehen, werden Sie nicht genug davon bekommen können. Ein Tipp: Setzen Sie sich nach hinten, damit Sie in den Genuss des vollen Effekts kommen.

Jetzt ist es schon mitten am Nachmittag. Sie haben den Park einmal umrundet, haben zu Mittag gegessen und alle Hauptattraktionen besichtigt. Vergewissern Sie sich nun hinsichtlich der Anfangszeiten der Shows und Paraden. Ansonsten befinden Sie sich ja nun am Ausgang des Kinos und somit schon am Eingang zu DinoLand U.S.A., wo Sie gegen den Uhrzeigersinn den Park erkunden und sich noch einige andere Dinge ansehen können.

In **DinoLand U.S.A.** verbirgt ein riesiges Zelt **Dinosaur Jubilee**, eine Sammlung von echten Dinosaurierskeletten, einschließlich einer gewaltigen prähistorischen Schildkröte und einem Tyrannosaurus Rex. **The Boneyard** ist ein Spielplatz für Kinder; sie können dort Fossilien ausgraben und herumklettern, bis sie müde sind.

In **Asien** verbirgt sich der **Maharajah Jungle Trek** zwischen den Ruinen eines alten Schreins. Innen befindet sich ein wunderschöner – und manchmal sehr voller – Rundweg; großartig präsentiert werden riesige Fledermäuse, Tiger, Tapire, Komodo-Warane und exotische Vögel.

Kehren Sie nach **Afrika** zurück, ist das dortige Gegenstück zum Jungle Trek der **Pangani Forest Exploration Trail**. Stars sind hier Maulwurfsratten, Vögel und Gorillas. Als Nächstes kommt die **Conservation Station**; man gelangt mit dem Eastern Star Railway Wildlife Express dorthin.

Vielleicht haben Sie jetzt noch Zeit für eine weitere Safari, für einen Tarantelangriff, einen Blick auf die Tiger oder ein anderes Vergnügen. Auf dem Weg nach draußen halten Sie sich rechts und gönnen sich ein Abendessen im **Rainforest Café** (Tisch bei den Guest Relations vorbestellen). Kinder sind von den sprechenden

Disney's Animal Kingdom® Theme Park

Trick-Elefanten begeistert, von den Gorillas und Tigern, die im ganzen Lokal verstreut sind, und den Erwachsenen sagt die Küche zu, die mit ihrem kreativen Ethno-Touch besticht. Niemandem gefallen allerdings die Preise, doch das Essen und der kühle Regenwald eignen sich perfekt, um einen ausgelassenen Tag zu beschließen.

DISNEY'S ANIMAL KINGDOM: INSIDER-INFO

Top-Tipps: Gäste des Wald Disney World® Resort haben am **Montag und Freitag** eine Stunde vor den anderen Besuchern Zugang zum Animal Kingdom.
• Wenn Sie den Park erkunden, achten Sie auf die **versteckten Hinweise**, für die Disney berühmt ist: Abdrücke von Blättern im Zement, Details, die im Tree of Life verborgen sind, Silber- und Messingglocken in den heiligen Bäumen Asiens und Tausende von kleinen Geheimnissen.

© Disney

Wasserparks im Walt Disney World® Resort

Warum sollten Sie einen der Wasserparks des Walt Disney World® Resort besuchen, wenn doch auf der Ostseite Floridas der Atlantik lockt und auf der Westseite der Golf von Mexiko?

Es gibt zwei Gründe: Sie liegen trotzdem näher, es ist dort frischer, und an einem heißen Tag haben Sie einen Riesenspaß. Vielleicht haben Sie ja nicht die Zeit, um einen ganzen Tag im Wasser herumzuplanschen und zu tauchen, und im Winter vermag selbst die strahlende Sonne Floridas das Meer nicht zu erwärmen, aber die Wasserparks sind einfach ideal, um sich ein paar Stunden lang so richtig zu entspannen.

Im Grunde sind Typhoon Lagoon und Blizzard Beach einigermaßen identisch. Beide haben ein Thema, und es gibt Wasserrutschen, Schließfächer, einen Strand, eine Lagune in der Mitte, Planschbecken für Kinder, Getränke- und Imbissstände. Bedenken Sie, dass das viele Schwimmen, Tauchen und Umherlaufen die Kinder ziemlich anstrengt – auch wenn sie das nicht unbedingt zugeben. Sie sollten also nach einem langen Tag im Wasser ein paar Stunden zur Erholung einplanen. Wenn Sie vorhaben, sich einen ganzen Tag dort aufzuhalten, sollten Sie außerdem ein paar Sachen mitnehmen – Spielzeug, Getränke, Handtücher, Sonnencreme und eine Kleinigkeit zum Essen.

Blizzard Beach: Rasant geht es den Summit Plummet hinunter

© Disney

Typhoon Lagoon

Man fühlt sich hier wie am Ozean, denn es gibt einen weißen Sandstrand, und alle paar Minuten branden recht hohe Wellen heran. Im Castaway Creek kann man die entspannendsten 45 Minuten seines Lebens verbringen, wenn man sich auf einem Schwimmreifen zwischen dunstigen Regenwäldern und durch Höhlen und Grotten hindurchtreiben lässt. Die vielleicht erschreckendsten Sekunden erleben Sie dann auf dem Humunga Kowabunga. Bei einer Geschwindigkeit von knapp 50 km/h stürzen Sie diese unendlich lange Wasserrutsche innen im Mount Mayday fast senkrecht hinunter.

✚ 229 B2 ☎ 407/560 4141

Blizzard Beach

Blizzard Beach ist nach dem gleichen Prinzip konzipiert. Geboten werden ein großer Pool mit Wellen, eine gemächliche Fahrt auf einem Fluss und Bereiche für Kinder. Zu den Höhepunkten zählen der Summit Plummet, eine Hochgeschwindigkeits-Wasserrutsche (96 km/h!). Teamboat Springs funktioniert etwas anders, denn hier nehmen Sie in einem Floß für fünf Personen Platz, das dann mehrmals in die Tiefe rast.

✚ 229 A1 ☎ 407/560-3400

3 Universal Orlando

Universal Orlando ist ein umfassendes Ferienziel, zu dem der ursprüngliche Kino-Themenpark, die Universal Studios, der Fantasy-Themenpark, die Islands of Adventure und das Nachtclub-/Restaurant-Areal des CityWalk gehören. Drei Luxushotels – Portofino Bay, Royal Pacific und Hard Rock Hotel – haben in Sachen Quantität wie Qualität hohe Maßstäbe gesetzt.

Immer noch Zweifel, wo genau Sie hinwollen? Wenn Sie aus Zeitgründen nur eines der Filmstudios mit seinen Themenparks (Universal Studios oder Disney-MGM Studios) besuchen können, sollten Sie die Universal Studios wählen – da ist mehr los, und die Attraktionen sind einfallsreicher und amüsanter als in den anderen Parks. Auch wenn es einige Startschwierigkeiten gab, hat man inzwischen die größten Hürden überwunden, sodass die Fahrten mit den verschiedenen Achterbahnen heute die Besucher gleichermaßen in Aufregung, Schrecken und Hochstimmung versetzen und für alle ein königlicher Spaß sind. Hier nun ein Vorschlag für einen interessanten Besuchstag.

Überraschung in den Universal Studios

Universal Studios

Es gibt hier keine Bahn, sondern lediglich zwei gigantisch große Parkplätze auf mehreren Ebenen (unbedingt Nummer aufschreiben!) und ein Fließband, das einen zum CityWalk bringt. Von hier aus können Sie geradeaus weiter zu Fuß zu den Islands of Adventure (▶ 82) gehen oder rechts zur Eintrittskasse der Universal Studios abbiegen. Gehen Sie durch die Gasse rechts von Ihnen über eine Brücke, durch ein Tor hindurch und – nach dem Kauf der Karten – durch die Drehkreuze in den Park.

Auf der linken Seite befinden sich die Toiletten und Schließfächer – eine der ruhigsten Ecken des Parks. Der Besucherdienst (*guest service*) befindet sich rechter Hand und hilft Ihnen mit der Reservierung eines Mittagessens in einem der Restaurants, mit Lageplänen, einem Fundbüro und Räumlichkeiten, in denen man sich um verloren gegangene Kinder kümmert. Falls die **Nickelodeon Studios** auch auf Ihrem Besuchsprogramm stehen, dann sollten Sie wissen, dass es keine Live-Mitschnitte mehr gibt, diese werden nur noch für Touristen gemacht.

78 Orlando

Lassen Sie sich am besten spontan treiben – von einer beliebten Attraktion zur nächsten. Viele Besucher drehen zwei Runden durch den Park: Beim ersten Mal konzentriert man sich auf die Hauptattraktionen, beim zweiten Durchgang besucht man die restlichen Fahrgeschäfte – oder die Highlights zum zweiten Mal.

In aller Frühe

Wenn Sie früh am Morgen kommen, wird Ihnen auffallen, dass manche Besucher gleich nach links zum Twister gehen. Wider-

Terminator 2: 3-D-Effekte sorgen für atemberaubende Spannung

stehen Sie dieser Versuchung und spazieren Sie bis zur nächsten Ecke weiter, biegen Sie rechts ab und gehen Sie zunächst zum **Terminator 2:3-D Battle Across Time**. Diese Attraktion beruht auf Filmen mit Arnold Schwarzenegger in der Hauptrolle und verschafft Ihnen einen Senkrechtstart in den Tag: Ein Roboterangriff geht schief und löst bei 160km/h eine unglaubliche zwölf Minuten lange Kettenreaktion von 3-D-Spezialeffekten, Filmszenen und Live-Action aus, die mit einem lauten Finale endet. Sie werden garantiert den ganzen Tag unter Strom stehen.

Falls Sie beim Herauskommen Hunger haben, biegen Sie links ab und schnappen sich in der Beverly Hills Boulangerie schnell ein Gebäck, oder Sie halten sich rechts und holen sich im Schwab's Pharmacy ein Eis, ein alkoholfreies Getränk oder ein

Universal Orlando

Sandwich. Herumtrödeln sollten Sie besser nicht, Sie können den Imbiss ja ans andere Ende des Parks zu **Back to the Future: The Ride** mitnehmen. In ein paar Stunden sind hier die Warteschlangen so lang wie die Chinesische Mauer. Fahrten durch die virtuelle Realität werden hier allenthalben angeboten. Genießen Sie die Zeitreise in einem achtsitzigen DeLorean in die Vergangenheit, Gegenwart und Zukunft. Der 21,5 m breite Bildschirm entledigt Sie jeglichen Raumgefühls, und so werden Sie – je nachdem, wie stark Ihre Magennerven sind – die Fahrt mit der Zeitmaschine eher spannend oder zum Erbrechen finden.

Ein wirkliches Muss ist **Men in Black: Alien Attack**, eine interaktive Fahrt durch die dunklen Straßen einer Stadt. Sie schießen mit einem Lasergewehr auf Außerirdische, die unerwartet auftauchen.

Vormittags

Es müsste jetzt etwa 10.30 Uhr sein, und wenn Sie sich die nächste Attraktion angesehen haben – ebenfalls ein Muss! –, dann haben Sie bereits die Hälfte des Parks geschafft. **Jaws** basiert auf dem gleichnamigen Film (*Der weiße Hai*) und fängt mit einer netten Bootsfahrt in den Gewässern von Amityville an – zumindest bis der erste Hai auftaucht. Auch wenn Sie wissen, dass das Tier eine Attrappe ist und die Explosionen fingiert sind, werden Sie die Überraschungsangriffe dieses Monsters doch zu Tode erschrecken.

Beim Ausgang des Fahrgeschäfts biegen Sie rechts ab und umgehen die verschiedenen Spiele, die zumindest die Kinder magnetisch anlocken. Ihr Ziel ist **Earthquake – The Big One**: Eine Vorschau erklärt, wie die Spezialeffekte für den Katastrophenfilm gemacht wurden. Anschließend steigen Sie in eine U-Bahn, die in eine dunkle Station einfährt. Kein Wunder, wenn es plötzlich anfängt zu wackeln, wanken und rattern, aber warten Sie erst einmal den Adrenalinstoß ab, wenn alles um Sie herum zu Bruch geht. Jedenfalls sollten Sie sich dieses fingierte Erdbeben selbst bei langen Warteschlangen nicht entgehen lassen.

In Shrek 4-D können Besucher am Schicksal von Shrek und Prinzessin Fiona teilhaben

Ein paar Blocks weiter kommt **The Revenge of the Mummy**. Sie betreten ein ägyptisches Grab, gehen an Hieroglyphen vorbei und setzen sich dann in eine Achterbahn, die Sie tief ins Reich der Toten bringt. Was nun kommt, ist eine Reise ins Dunkel, bei der Sie hin und her geschleudert werden und sich Käfern, Flammen, Rauch und Nebel ausgesetzt sehen.

Und weiter geht es. Sicher haben Sie Ihren Spaß beim **Twister ... Ride It Out** – der Attraktion, zu der alle anderen gleich in der Frühe gegangen sind. Nach der Vorschau finden Sie sich in einer bukolischen Landschaft wieder. Der Horror nimmt seinen Lauf,

Orlando

wenn eine nichts Gutes bedeutende Kumuluswolke am Horizont aufzieht und ein Tornado eine Kakophonie der Katastrophen in Gang setzt mit fliegenden Kühen, Blitzschlag und dem Gekreische der Kinder, denen das alles echt erscheint.

KLEINE PAUSE

Inzwischen ist es gegen Mittag, und Sie haben bereits die erste Runde durch den Park gedreht – und dabei die Mehrzahl der wichtigen Attraktionen besucht. Vermutlich werden Sie jetzt etwas essen wollen: Gegenüber vom Twister verkauft das **Classic Monster Café** Pizza, Pasta und Salate. Schöner ist es natürlich, sich in ein Restaurant zu setzen.

Gehen Sie zwei Blocks zurück und biegen Sie links in die Delancey Street ein, um ins **Finnegan's Bar & Grill** zu gehen. Irish Stew, Würstchen, Kartoffelbrei und Fleischpastete gibt es schon für 10 $, ein nettes kleines Pub gehört ebenfalls dazu. Gegenüber vom Earthquake serviert das **Lombard's Landing** Steaks, Meeresfrüchte, Pasta und Sandwiches, bei schönem Wetter wird auch draußen gedeckt. Wem später keine Zeit für den CityWalk bleibt, der sollte alternativ lieber im **Hard Rock Café** essen. Dazu müssen Sie die Studios verlassen (Achtung: Sie brauchen einen Stempel auf die Hand für den Wiedereintritt) und dann rechts abbiegen. Die Wartezeiten sind kurz, der Service ist gut, die typischen Gerichte sind preislich in Ordnung.

Früher Nachmittag

Der Park ist jetzt sehr voll, doch bleiben Sie gelassen und nutzen Sie die restliche Zeit zum Besuch der noch verbliebenen Attraktionen.

Vom Eingang geradeaus die Straße hinunter finden sich zwei neue Fahrgeschäfte: Das erste ist **Jimmy Neutron's Nicktoon Blast**, eine virtuelle Fahrt, bei der sich viele Nickelodeon-Figuren zu dem genialen Jungen gesellen, darunter SpongeBob SquarePants und die Rugrats. Unterwegs vermitteln Ihnen Computergrafik und sich bewegende Hightech-Sitze das Gefühl, durch ein Cartoon-Universum mit vielerlei Charakteren zu flitzen. Auf der rechten Seite bietet **Shrek 4-D** eine Zeichentrickgeschichte. Als Shrek und Prinzessin Fiona in die Flitterwochen fahren, funkt ihnen der Geist von Lord Farquaad dazwischen – Sie finden sich nun mitten in einem dramatischen Luftkampf von Feuer speienden Drachen wieder, auch einen Wasserfall von 300 m stürzen Sie hinunter. Achtung: Wer einen schwachen Magen hat, sollte derartige Bewegungssimulatoren wohl am besten meiden. Am Ausgang gehen Sie in Richtung der vielen Imbissstände am **Twister** und **The Boneyard**,

Universal Orlando 81

Das allerneueste Abenteuer: Die Rache der Mumie

Links: Jimmy Neutron rettet die Welt

einer Sammlung alter Kulissen unbedeutender Filme, vorbei. Werfen Sie noch einmal einen Blick auf den Lageplan und überprüfen Sie die Anfangszeiten der Shows auf dieser Seite des Parks, die Sie besuchen wollen. Die Blues Brothers, zwei Schauspieler, die den Filmfiguren verblüffend ähnlich sehen, treten vor dem Finnegan's auf. **Beetlejuice's Graveyard Review** in einem Amphitheater bei den Straßen von New York ist eine beliebte, jedoch eigenwillige Show, bei der klassische Monster gängige Motown-Songs singen.

Fast auf der entgegengesetzten Seite des Parks, gleich hinter dem Back to the Future, liegt **Animal Planet Live!**, das auf den beliebten Programmen des Senders aufbaut. Die Stars sind hier unglaublich schlaue Tiere, die jeder gleich ins Herz schließt.

Wenn Sie aus Animal Planet Live! herauskommen, wird Ihnen auffallen, dass es die Kinder nach links zieht. Es warten **E.T. Adventure, Fievel's Playland, A Day in the Park with Barney** und **Curious George Goes to Town** auf sie. Wer keine Kinder hat, muss sich hier nicht aufhalten, ansonsten bleibt wohl keine Wahl, denn E.T. ist eine beliebte Fantasy-Reise zum Heimatplaneten des Außerirdischen, auf der die Kinder zum Schluss noch persönlich begrüßt werden. An einem heißen Tag bringt Curious George, eine Wasserattraktion, bei der man klitschnass wird, die gewünschte Abkühlung. Fievel's ist ein bunter, immer gut besuchter Spielplatz, der Ihnen Gelegenheit zu einer Verschnaufpause bietet – die Kinder können derweil schon mal für eine Karriere beim Militär trainieren.

Kombitickets

- **Four-Park Orlando Flex Ticket:** Mit diesem Kombiticket haben Sie an bis zu 14 aufeinander folgenden Tagen unbegrenzten Eintritt zu SeaWorld Orlando, Universal Studios Florida, Universal Studios Islands of Adventure und Wet'n Wild Water Park. Erwachsene: 179,95 $, Kinder (3–9 Jahre) 145,95 $.
- **Five-Park Orlando Flex Ticket:** Zusätzlich mit Busch Gardens. Erwachsene: 214,95 $, Kinder (3–9 Jahre): 179,95 $.
- **Orlando Value Ticket** beinhaltet jeweils einen eintägigen Aufenthalt in den Bush Gardens Tampa Bay bzw. SeaWorld Orlando. Erwachsene: 85,95 $, Kinder (3–9 Jahre): 72,95 $.

82 Orlando

Spätnachmittag

Da es nun langsam dunkel wird, ist der beste Zeitpunkt für die letzte Attraktion gekommen, **The Universal Horror Make-Up Show**. Für Fans von Horrorfilmen ist sie das Nonplusultra, doch gefällt die Mischung aus Komödie und grausigen Spezialeffekten fast allen Besuchern.

Jetzt haben Sie alles geschafft – und hatten hoffentlich auch noch ein bisschen Zeit für die Andenkenläden, Imbissstände, spontanen Präsentationen und die Seitengassen gefunden. Nachdem Sie nun mehrere Kilometer zu Fuß zurückgelegt haben, ist ein erfrischendes Eis an der Lagune vielleicht eine gute Alternative zu einem Haiangriff.

Nervenkitzel pur im Incredible Hulk Coaster

Islands of Adventure

Vielleicht war es ja hilfreich, dass Steven Spielberg bei der Konzeption als Kreativ-Consultant mitgewirkt hat: Die Fahrgeschäfte, der Einfallsreichtum und die Präsentation haben die Islands of Adventure Disney zu wahren Dauerbrennern werden lassen.

Die fünf einzelnen »Inseln« des zweiten Themenparks von Universal Orlando widmen sich unterschiedlichen Themenschwerpunkten – Ihr Besuchsprogramm hängt deshalb vom Interesse Ihrer Gruppe ab.

Im Gegensatz zu den Universal Studios ist dieser Themenpark sehr übersichtlich gestaltet. Der Eingang ist der exotischste und farbenfrohste aller Themenparks – eine Kombination aus Architektur, Landschaftsgestaltung und Musik aus Asien, Afrika, Indien und Europa, die Sie von Florida mitten ins Abenteuer hinein katapultieren. Die Plaza ist nach dem gleichen Prinzip wie der ganze Park konzipiert: Sie sind ein Abenteurer, der sich zuerst einmal seinen Proviant kauft, bevor es auf die Reise geht.

Hinter der Plaza fällt der Blick zunächst auf **Seuss Landing** (▶ 85), eine Hommage an den Kinderbuchautor und Arzt Dr. Seuss und ein Meisterwerk des Designs, das Sie sich allerdings bis zum Ende Ihres Besuchs aufheben sollten. Biegen Sie stattdessen links ab zum **Marvel Super Hero Island**, wo Sie in ein Comicbuch versetzt werden.

Spazieren Sie anschließend unter einem Ausläufer des **Incredible Hulk Coaster** hindurch; im Gegensatz zu Achterbahnen mit langsamer Beschleunigung werden Sie hier in einer 45,5 m langen fluoreszierenden Röhre in nicht einmal zwei Sekunden von 0 auf 65 km/h katapultiert. Nachdem der Zug losgeschossen wurde, gleitet er über Wasser und wirbelt durch fünf Schleifen – nach zwei Minuten steigen Sie total geschafft wieder aus.

Die Gebäude sind allesamt Comics gewidmet. Halten Sie links nach **Doctor Doom's Fearfall** Ausschau; flott werden Sie 61 m in die Höhe gehievt, um dann abzustürzen. Beim Weitergehen werden Sie feststellen, dass jede Attraktion die anderen noch zu übertreffen versucht. Unter den spektakulären Fahrten sind **Amazing Adventures of Spiderman** wohl der absolute Höhepunkt. Selbst wenn es im übrigen Park schon ruhiger geworden ist, ist die Schlange hier noch ewig lang – und das mit gutem Grund: Es gibt auf der Welt nichts Vergleichbares! Pyrotechnik wird hier mit der Filmtechnik von *Terminator* und *Back to the Future* zu etwas bisher nicht Gekanntem kombiniert.

Über eine Brücke geht es nun zur **Toon Lagoon**. **Popeye and Bluto's Bilge-Rat Barges** ist eine Wildwasserfloßfahrt, auf der

Universal Orlando

mit allen möglichen Widrigkeiten gerechnet werden muss – Tintenfische oder Kinder, die von Popeyes Boot aus mit Wasserpistolen auf die Passagiere schießen. Ein Stück weiter links warten **Dudley Do-Right's Ripsaw Falls**: Hierbei handelt es sich um eine Fahrt auf einem Baumstamm, bei der man 23 m unter die Wasseroberfläche ins TNT-Lager hineinstürzt, während Canadian Mountie versucht, seine geliebte Nell zu retten. **Camp Jurassic** ist die nächste Themeninsel – die Hälfte des Parkrundgangs ist damit geschafft.

Pteranodon Flyers ist eine einem Skilift vergleichbare Fahrt durch die Luft mit Blick auf das Camp Jurassic. Bei der Hauptattraktion dieser Insel, dem **Jurassic Park River Adventure**, geht es zunächst an friedlichen Dinosauriern vorbei, bis Sie dann zwangsläufig falsch abbiegen und sich aggressiven, spuckenden Giganten und einem *Tyrannosaurus Rex* gegenübersehen – der einzige Fluchtweg ist nun ein Sprung aus 26 m Höhe. Um die Ecke wartet das **Jurassic Park Discovery Center**, ein interaktiver Bereich hilft Kindern und Jugendlichen, auch noch die kleinste Information über die Dinosaurier zu erhalten.

Von hier geht es über eine Brücke zu **The Lost Continent**, einer beeindruckenden Mischung aus Mythen und Legenden. Musik aus dem guten alten England, arabische Zelte und die Alchemy Bar bilden die entsprechende Kulisse, und wenn Sie in der supercoolen Enchanted Oak Tavern – untergebracht in einer massiven Eiche – essen, meinen Sie, im Sherwood Forest zu speisen.

Zwei Attraktionen sollten Sie hier nicht versäumen: **Duelling Dragons** ist eine Doppelachterbahn mit einem Feuerdrachen (rot) und einem Eisdrachen (blau). Die beiden kämpfen um die Macht, dabei rasen die beiden Züge mit ei-

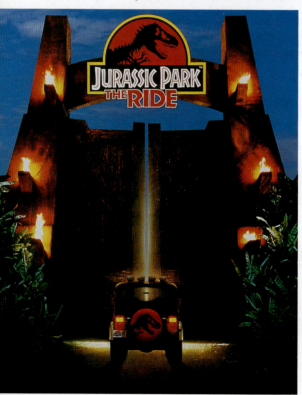

Aus Filmen werden Erlebnisfahrten – das Erfolgsgeheimnis der Islands of Adventure

ner Geschwindigkeit von 96 km/h aufeinander zu, wobei man sich bis auf wenige Zentimeter den Fahrgästen des anderen Zuges nähert. Damit auch wirklich möglichst nah herangefahren wird, wiegt ein Computer die Züge, die sich nur haarscharf verpassen. Bei der Stuntshow **The Eighth Voyage of Sindbad** in einem Theater mit 1700 Plätzen geht der legendäre Seefahrer an Bord und stürzt

Universal Orlando

sich brennend ins Wasser; zum Spektakel gehören auch Wasserexplosionen, Schiffswracks und pyrotechnische Effekte. Bevor Sie den Lost Continent verlassen, achten Sie auf die Füße des Kolosses von Rhodos, wo die Show **Poseidon's Fury** einen Besuch lohnt: Sie beginnt mit einem Wasserstrudel und endet mit einer eindrucksvollen Schlacht zwischen Zeus und Poseidon.

Die letzte Insel, **Seuss Landing**, ist optisch die reizvollste. Nichts ist linear, jedes Bild, das Sie aus den Büchern kennen, wird hier dreidimensional präsentiert, um Sie mitten in einige der populärsten englischsprachigen Kinderbücher zu katapultieren. Von Hop on Pop Ice Cream Shop über Green Eggs bis hin zum Ham Café und dem Caro-Seuss-el ist die ganze Darbietung eine einzige perfekte Hommage an das Kinderbuch.

Bei **One Fish Two Fish Red Fish Blue Fish** können Kinder ihren Fisch im Seuss-Stil hinauf- oder hinuntersteuern – das hängt von den erklärenden Worten ab, denen sie folgen müssen; wenn sie einen Fehler machen, werden sie von einem fliegenden Fisch angespritzt. **A Hat Full of Fun** ist eine Reise durch den Klassiker *A Cat in the Hat* mit 130 Spezialeffekten und 30 Zeichentrickfiguren.

UNIVERSAL ORLANDO: INSIDER-INFO

Top-Tipps: Die **Orlando Magicard** ist gratis und spart Ihnen viel Geld für Unterkünfte, Mietwagen etc. Sie bekommen diese kostenlose Karte im Orlando Visitors Center (8723 International Drive im Gala Shopping Center). Das Fremdenverkehrsamt von Orlando kann Ihnen auch vorab zumailen, wenn Sie unter Tel. 407/363 5872 oder 800/897 5439 darum bitten. Das Besucherzentrum ist täglich von 8 bis 19 Uhr geöffnet, der Verkauf endet um 18 Uhr.

• Wenn Sie es sich leisten können, übernachten Sie in einem der Resort Hotels von Orlando (Portofino Bay und Hard Rock Hotel). Sie sparen sich viele Stunden Anstehzeit, da Sie in den Genuss von **Sonderprivilegien** kommen, darunter früherer Einlass in die Parks, VIP-Zugang zu den Kassen, schnellere Platzzuteilung in den Restaurants und die Möglichkeit, eine Karte mit unbegrenztem Zutritt zu erwerben.

• Nutzen Sie das **Universal Express System**: Lassen Sie sich an einem der Kioske einen Gratispass geben, mit dem Sie sich in der Schlange einen Platz reservieren können, um unterdessen andere Attraktionen zu besuchen.

• Eine **Zeitersparnis** ist es auch, wenn Sie der Ausschilderung »Valet« folgen und für rund 12 $ Ihren Wagen direkt neben der Kasse parken. Ihr Auto ist hier nicht nur sicherer, Sie sind auch rascher wieder dort, falls Sie etwas aus dem Auto brauchen.

• Für viele der Fahrten ist eine **Mindestgröße von 1 m** vorgeschrieben. Wenn Sie schwanger sind, ein schwaches Herz haben oder Ihr Gesundheitszustand instabil ist, sollten Sie keine der Achterbahnen oder Bewegungssimulatoren benutzen.

• Alle Fahrgeschäfte haben einen »**Baby exchange**«-Bereich, wo Eltern sich gegenseitig bei der Versorgung der Babys und Kleinkinder ablösen können. Während ein Elternteil fährt, kann der andere das Kind beaufsichtigen – anschließend wird ohne erneutes Anstehen getauscht.

Anfahrt zu den Universal Studios

Um Universal Orlando von Disney aus zu erreichen, fahren Sie nach der Ausfahrt International Drive auf der I-4 weitere 1,6 km. Nehmen Sie rechts die Ausfahrt 74B und biegen Sie an der Ampel links ab. Von Orlando kommend, fahren Sie auf der I-4 bis zur Ausfahrt 74B und folgen dort rechts der Ausschilderung.

🏨 228 C4 ☎ 407/363 8000; www.usf.com oder www.universalorlando.com 🕐 Universal Studios tägl. 9–20 Uhr, Islands of Adventure tägl. 9–22 Uhr; im Sommer, in den Ferien und am Wochenende längere Öffnungszeiten 💲 teuer; Parken mittel

2 SeaWorld Orlando

Der Dritte im Bunde der Themenparks von Orlando thematisiert das Meer, seine Bewohner sowie die Beziehung der Menschen zum Meer. Auch wenn es keine Donner und Blitze im Stil von Disney und Universal gibt, ist dieser Themenpark dennoch mindestens einen ganztägigen Besuch wert. Und der erstaunliche Nebeneffekt: Sie lernen viel, ohne dass Sie sich dessen bewusst werden, und haben dabei viel Spaß.

Besorgen Sie sich am besten an der Information einen Lageplan und eine Übersicht über die angebotenen Shows. Das Areal ist so konzipiert, dass man öfters zurückgehen muss. Die Shows – die Hauptattraktionen im Park – enden in der Regel so, dass Sie 10 bis 15 Minuten Zeit haben, um ohne Eile zur nächsten Vorführung zu gehen. Am günstigsten ist es, im Uhrzeigersinn zu laufen. Fangen Sie mit Key West an, dort treffen Sie interessante Straßenkünstler und ein Becken, in dem Sie Stachelrochen und Delphine streicheln dürfen.

Manatees: The Last Generation? ist eine ruhige Präsentation, die sich für diejenigen lohnt, die schon immer mal eine Seekuh, eine im Meer lebende entfernte Verwandte des Elefanten, sehen wollten. Imponierender ist die Show im

SeaWorld Orlando

Key West Dolphin Stadium (30 Min.): Das zugrunde liegende Thema wechselt in gewissen Abständen, aber die Kunststücke – Sprünge, Tauchen, Spritzen – werden immer vorgeführt.

Journey to Atlantis ist eine Wasserachterbahn, die die Schlacht zwischen Hermes und Allura thematisiert. Unternehmen Sie eine Fahrt, wenn die Schlange nicht zu lang ist, seien Sie sich aber bewusst, dass Sie dabei klitschnass werden – entweder durch die Fahrt selbst oder durch die Gäste, die mit Wasserkanonen auf Sie schießen.

Die zweite Achterbahn von SeaWorld, **Kraken**, ist nach dem Kraken benannt, den der griechische Gott Poseidon in einen Käfig sperrte. Die Achterbahn ist mit 105 km/h die schnellste, mit 46 m die höchste und mit 1273 m auch noch die längste in Orlando. Sie durchlaufen sieben Rotationen – darunter eine Umdrehung ohne Schwerkraft und mehrere vertikale Loopings und Flat Spins.

KLEINE PAUSE

Zu den besten Restaurants im Park gehören beide zwar nicht, aber das **Buccaneer Smokehouse** und **Mama Stella's Italian Kitchen** liegen in Fußnähe und bringen typische Gerichte des Parks auf den Tisch. Aber vielleicht haben Sie ja auch Lust, im **The Waterfront** einen Happen zu essen. Das Ambiente am See mit mehreren Geschäften, Kiosken und Cafés ist genau richtig, um eine Gourmet-Pizza im Freien zu genießen und sich dabei von den Straßenkünstlern unterhalten zu lassen.

Nachdem Sie sich gestärkt haben, bummeln Sie am **Penguin Encounter** und **Pacific Point Preserve** (Pinguine und Robben) vorbei. Die Show im **Sea Lion and Otter Stadium** ist amüsant – kommen Sie rechtzeitig, um auch das hervorragende Vorprogramm vor der eigentlichen Show zu erleben.

Mittlerweile haben Sie etwa die Hälfte des Parks besichtigt. Falls die Zeit knapp wird, lassen Sie **Terrors of the Deep** weg und entscheiden sich besser für ein Mittagessen im **Sharks Underwater Grill** mit karibischer und Florida-Küche. Das höhlen-

> ### Eintrittskarten
> Erwachsene (ab 10 Jahre): 53,95 $ zzgl. Steuer, Kinder (3–9 Jahre): 44,95 $ zzgl. Steuer. Lassen Sie sich Ihre Eintrittskarte vor Verlassen des Parks verlängern, dann haben Sie **beim zweiten Mal freien Eintritt**. Mit einem **FlexTicket** sind Sie am besten dran, wenn Sie die Parks außerhalb des Walt Disney World® Resort besuchen wollen, siehe Universal Orlando (▶ 81) mit Erläuterungen zu Kombitickets.

Oben: Shows mit Meeresbewohnern stehen im Mittelpunkt von SeaWorld

Delphine wissen eine Belohnung zu schätzen

artige Restaurant mit seiner Unterwassergrotte erinnert an das Versteck eines James-Bond-Schurken. Auf drei Ebenen gibt es Nischen und Tische an fünf Panoramafenstern mit Blick auf das Aquarium. Recht beeindruckend – und teuer.

Im Anheuser-Busch Hospitality Center können Sie ein oder zwei Gratisbiere trinken, um dann zu **Arcade** (Spiele), **Shamu's Splash Attack** und **Shamu's Happy Harbor** weiter zu bummeln. Wenn Sie Kinder haben, werden Sie an diesem Labyrinth aus Netzen, Tunnels und Seilen sicher Halt machen müssen. Besuchen Sie anschließend das **Shamu Stadium**, wo Sie den Besuch der ersten Show noch schaffen sollten, und verpassen Sie nicht »**Shamu Rocks America**« als Abschluss des Tages. Besucher in den ersten 14 Reihen werden von Shamu mit seinen großen Flossen literweise mit Wasser übergossen.

Ein Schwertwal präsentiert seine imponierende Größe

SEAWORLD ORLANDO: INSIDER-INFO

Top-Tipps: Eine der besten Möglichkeiten, den Tag zu beschließen, ist ein unterhaltsamer Abend im **Makahiki Luau** (Tel. 800/327 2420). Der Abend beginnt mit einem Begrüßungsgetränk, einem kurzen Hula-Kurs und der Ankunft des Grand Kahuma. Bei der familienfreundlichen Bühnenshow kann man mitsingen, zu den Höhepunkten des Abends zählen die Fackelwerfer.

• **Discovery Cove** (neben Orlando SeaWorld) ist ein von Menschenhand geschaffenes buntes Korallenriff, in dem Tausende von Tropenfischen schwimmen, dazu kommen unterirdische Ruinen, tropische Flüsse und ein gleißend weißer Sand. Der eigentliche Reiz besteht in der Möglichkeit, hier mit großen Tümmlern zu schwimmen und zu spielen (Reservierungen: Tel. 877/434 7268; www.discoverycove.com).

• Wer mit Kindern reist und Splash Attack besuchen will, sollte **Badesachen und ein Handtuch** mitbringen.

• Ziehen Sie keine Schuhe mit hohen Absätzen oder Sandalen an – sonst kriegen Sie bei den Fahrten nasse Füße. Am bequemsten und sichersten sind **Turnschuhe**.

Anfahrt zu SeaWorld Orlando

Von Walt Disney World® fahren Sie 10 Minuten auf der I-4 Richtung Osten, nehmen dann die Ausfahrt 71 und folgen der Beschilderung. Aus der Innenstadt kommend, fahren Sie 15 Minuten auf der I-4 nach Westen bis zum Beeline Expressway (Exit 72), und nehmen Sie dann die erste Ausfahrt rechts (Beschilderung folgen).

🗺 229 C3 ☎ 407/351 3600 oder 800/423 3688; www.seaworld.com 🕐 tägl. 9–19 Uhr; im Sommer, an Feiertagen und Wochenenden auch längere Öffnungszeiten

Nach Lust und Laune!

🄰 Loch Haven Cultural Center

Ein paar Blocks östlich der Antique Row befinden sich ein Museum und ein Wissenschaftszentrum, in denen Sie sich – je nach Interesse – einige Stunden oder länger aufhalten können.

Orlando Museum of Art

Das 1860 m² große Kunstmuseum von Orlando präsentiert Werke national und international bekannter Künstler und bisweilen auch Sonderausstellungen, Führungen und Seminare.

Die Dauerausstellung zeigt eine beeindruckende Sammlung von Werken vorrangig amerikanischer Künstler – amerikanische Impressionisten des 19. bis frühen 20. Jahrhunderts, eine Galerie mit Porträt- und Landschaftsmalerei aus drei Jahrhunderten, die Volkskunst des Alten Amerika sowie zeitgenössische Kunst.

Gelegentlich zeigt das Museum auch Wechselausstellungen.

- 228 D5
- 2416 N. Mills Avenue, I-4 bis Ausfahrt 85, dann Richtung Osten
- 407/896 4231; www.omart.org
- Di–Sa 10–17, So 12–17 Uhr, Feiertage geschl.
- preiswert, Parkplatz gratis

Orlando Science Center

Die Präsentationen hier sind lehrreich und unterhaltsam. Höhepunkt der vielen interaktiven Exponate und Experimente ist wohl ein Flaschenzug, mit dessen Hilfe ein Kind mit einer Hand einen Volkswagen hochheben kann. Möchten Sie einen Ausflug in den menschlichen Körper unternehmen, betreten Sie die **BodyZoneSM** durch einen gigantischen Mund – den Ausgang müssen Sie dann selber finden. **TechWorks** bietet die Möglichkeit, mit Hilfe von Modellen und Computersimulationen Phantasielandschaften zu schaffen, während **ShowBiz Science** Sie in Filme hineinkatapultiert, in denen Sie sich dann aus einem Gebäude herausbaumeln lassen oder Blitze losschicken

Experimente zum Selbsterleben machen das Orlando Science Center so beliebt

können und alles über besondere Make-up-Effekte erfahren. Wer unter 1,20 m groß ist, hat seinen Spaß in **Kids Town**SM, einem riesigen, wissenschaftliche Themen aufgreifenden Spielplatz. Das **Crosby Observatory** hat das größte keplersche Fernrohr.

- 228 D5
- 777 E. Princeton Street, I-4 bis Ausfahrt 85, dann Richtung Osten
- 407/514 2000 oder 888/OSC 4FUN; www.osc.org
- Mo–Do 9–17, Fr/Sa 9–21, So 12–17 Uhr; während des Schuljahres Mo geschl.
- preiswert, Parkplatz preiswert

🄱 Einkaufen in der Antique Row

Im North Orange Avenue Antique District finden sich einige lohnende Antiquitätengeschäfte, Boutiquen mit Kleidung aus Großmutters Zeiten, Kunstgalerien, Cafés mit Terrassen im Freien und schicke Bars. Mehrere Blocks südlich der Princeton Avenue ist das Warenangebot vielfältiger, sodass hier Sammler sicherlich ein paar Stunden verbringen werden.

Orlando

Ein Muss ist Rock 'n' Roll Heaven (1814 N. Orange Avenue, Tel. 407/896 1952), ein beeindruckender Plattenladen mit altehrwürdigen Vinyl-Scheiben und Sammlerobjekten.

✚ 228 D5
✉ Orange Avenue, zwischen Princeton und Magnolia Street, I-4 bis Ausfahrt 85, dann Richtung Osten, einen Block bis Orange Avenue rechts
🕐 tägl.; viele Geschäfte am So geschl.

❻ Harry P. Leu Gardens

Wenn Sie sich einen geruhsamen Nachmittag wünschen und gerne Pflanzen fotografieren, dann sind Sie hier genau richtig. Im 20 ha großen Garten – einer Oase im Herzen Orlandos – finden sich malerische Spazierwege im Schatten von Eichen, ein Orchideengarten, die umfassendste Kameliensammlung im Osten der USA und der größte angelegte Rosengarten in Florida. Das Gartenhaus am Ufer des Lake Rowena gleicht einem Südstaaten-Herrenhaus und bietet ein ruhiges, romantisches

Leu Gardens laden zum Ausruhen und Nachdenken ein

Plätzchen zum Ausruhen. An den Spazierwegen gedeihen vielerlei Pflanzen. Das ganze Jahr über finden im Gelände Veranstaltungen statt, z. B. die Friends of Florida Folk Concerts und saisonale Ausstellungen.

✚ 228 E5
✉ 1920 North Forest Avenue, I-4 bis Ausgang 85, dann Richtung Osten bis 17/92, rechts zum Virginia Drive, dann links etwa 4 km
☎ 407/246 2620; www.leugardens.org
🕐 tägl. 9–17 Uhr, im Sommer länger
💲 preiswert

❼ Orange Avenue

In der Innenstadt tauchen Geschäfte und Nachtlokale kurzzeitig auf, um bald darauf wieder von der Bildfläche zu verschwinden. Die schicken Restaurants und edlen Bekleidungsgeschäfte der späten 1980er-Jahre mussten Fast-Food-Lokalen, Tätowier-Salons und Nachtclubs weichen. Die meisten Bars sind groß und dunkel, dort haben Sie auch Gelegenheit, bei einem Bier Kontakt zu den Einheimischen aufzunehmen.

✚ 228 D5
✉ I-4 bis Ausfahrt 83, dann drei Blocks Richtung Osten

❽ Orange County Regional History Center

Wenn es Sie interessiert, wie Orlando vor der Geburt der Mickey Mouse ausgesehen hat, dann besuchen Sie einmal die Historischen Archive. Zu sehen sind viele alte Fotos von Florida, Andenken und Relikte aus alten Zeiten, die man gerettet hat, als die ursprüngliche »City Beautiful« zugunsten ihres heutigen Erscheinungsbilds abgerissen wurde.

Im Jahr 2000 hat man das alte County-Gerichtsgebäude restauriert, um dieser Sammlung ein Zuhause zu geben. Zu sehen sind Exponate, die sich mit Landschaft und Umwelt, den Seminole-Indianern, Floridas Einstieg in das Weltraumzeitalter und den ersten Tagen von Disney beschäftigen.

✚ 228 D5
✉ beim Heritage Park (Central Boulevard und Magnolia Avenue)
☎ 407/836 8500; www.thehistorycenter.org
🕐 Mo–Sa 10–17, So 12–17 Uhr
💲 preiswert

❾ Lake Eola Park

Lake Eola Park ist das schönste Aushängeschild der Innenstadt von Orlando. Auf alten Postkarten sieht man hier Familien und Liebespaare Hand in Hand um den See flanieren oder ein Konzert unter Sternen genießen. Dekaden später hat sich daran nicht viel geändert. Man braucht etwa eine halbe Stunde für

eine Runde durch den Park, doch lassen Sie die herrliche Szenerie auf sich wirken oder fahren Sie mit einem Tretboot bis zum Springbrunnen hinaus. Dieses Kunstwerk ist nachts beleuchtet und wechselt die Farbe – eine dramatische Kulisse für das Amphitheater, in dem Shakespeares Dramen, Komödien oder Konzerte aufgeführt werden.

Am Südende des Parks stehen viele Eichen, unter denen Familien und Liebespaare rasten, im Südosten befindet sich ein Spielplatz. Im Nordosten warten auf der anderen Straßenseite das schicke Eo Inn sowie die nicht minder schicke Bäckerei Panera Bread Shop. Im Westen haben die Kioske das ganze Jahr über von 10.30 bis 18 Uhr geöffnet.

✚ 228 D5
✉ Innenstadt, Rosalind Avenue und Central Boulevard, I-4 bis Ausfahrt 83 ☎ 407/246 2827
🍴 preiswert

🔟 Thornton Park

Ein paar Blocks weiter östlich des Lake Eola befindet sich das Wohngebiet Thornton Park, zu dem Läden und Häuser aus den 1920er-Jahren, Straßencafés und Restaurants zählen. Hier können Sie bummeln, sich bei einem Drink entspannen, ein Abendessen genießen, klassische Bauhaus-Architektur bewundern und natürlich den Eola-Park besuchen.

✚ 228 D5 ✉ Washington Avenue und Summerlin Avenue

Ein Blickfang: das weiße »Amphitheater« im Lake Eola Park in Orlando

🔟 Hard Rock Vault

Wer sich für Erinnerungsstücke aus den guten alten Zeiten des Rock interessiert, ist hier genau richtig. Jahrzehnte hat es gedauert, bis das Hard Rock die weltweit größte und bekannteste Sammlung von Rock-'n'-Roll-Memorabilien zusammengetragen und einen adäquaten Austellungsort – Orlando – gefunden hatte. Im 1580 m² großen Museum können Sie Hunderte von Exponaten bewundern, darunter ein Kostüm, das Gene Simmons von Kiss trug, ein Kleid von Stevie Nicks von der Band Fleetwood Mac, das rote »Beat It«-Sakko von Michael Jackson sowie eine Lederhose von Jim Morrison. Zu den ungewöhnlicheren Exponaten zählen ein elektrischer Stuhl, den die Heavy-Metal-Band Disturbed bei ihren Auftritten benutzte, sowie eine Decke, die aus der Unterwäsche gefertigt wurde, die Frank Zappa bei seinen Konzerten auf die Bühne geworfen bekam. Ergänzt wird die Ausstellung durch eine umfangreiche Sammlung an Gitarren.

✚ 229 C3 ✉ 8437 International Drive
☎ 407/599 7625; www.hardrock.com/vault
🕐 tägl. 9–24 Uhr 💰 Erwachsene: mittel; Kinder (5–12 Jahre): preiswert

Orlando

12 International Drive

Bevor Disney kam, gab es hier bloß eine einsame kleine Straße mit einem Hotel. Heute suchen die Touristen auf dem Boulevard in Factory Outlets nach Schnäppchen; Fast-Food-Lokale, Hotelketten und Attraktionen für die ganze Familie runden das Angebot ab.

Wet 'n Wild

Der Themenpark ist ein Labyrinth aus Wasserrutschen. Seichtere Becken sind kleineren Kindern vorbehalten, die größeren wollen schon eher einen Adrenalinstoß wie ihn **Bomb Bay**, **Stuka** oder **Hydra Fighter**, eine spannende Kombination aus Bungee-Jump und Wasserkanone, bieten. Umkleidekabinen und Imbisslokale gibt es in Hülle und Fülle, aber Sie können sich auch ein Picknick mitbringen.

 229 C3
 6200 International Drive,
I-4 bis Ausfahrt 75A ☎ 407/351 1800;
www.wetnwild.com ⏱ unterschiedliche Öffnungszeiten je nach Saison
💰 mittel (nach 15 Uhr halber Preis), Parkplatz und Schließfächer preiswert; siehe SeaWorld Orlando (Seite 87) bzgl. Kombitickets

Wet 'n Wild sorgt im Sommer für die ersehnte Abkühlung

Ripley's Believe It or Not!

Ripley's Believe It or Not! können Sie kaum verpassen. Halten Sie einfach nach dem merkwürdig schiefen Gebäude Ausschau, das aussieht, als würde es gleich umkippen. Das »Odditorium« ist voll von Kuriositäten und Kitsch, bizarren Erfindungen, die Robert Ripley aus der ganzen Welt zusammengetragen hat – alles ganz unterhaltsam.

 229 C3
 8201 International Drive, Ausfahrt 74A
☎ 407/363 4418 oder 800/998 4418;
www.ripleys.com
⏱ tägl. 9–1 Uhr
💰 preiswert

Belz Factory Outlet World

Die Idee hinter den Outlet-Läden ist der Verkauf von Markenwaren zu Discountpreisen. Hier können Sie sich in den zwei Malls, vier Nebengebäuden und über 170 Geschäften dieses gigantischen Komplexes auf die Suche machen. Rabatte von 30–60 % vom regulären Ladenpreis sind durchaus möglich. Das Einkaufen ist inzwischen zu einer Touristenattraktion avanciert.

 228 C4
 5401 W. Oak Ridge Road (am nördlichen Ende des International Drive), Ausfahrt 75A, dann Richtung Osten
☎ 407/354 0126; www.belz.com
⏱ Mo–Sa 10–19, So 11–18 Uhr

WonderWorks

Das ungewöhnliche Gebäude übertrifft das Ripley sogar noch – es steht gänzlich auf dem Kopf. Innen warten auf die Kinder interaktive Spiele, an denen Erwachsene aber genauso ihren Spaß haben. Sie können erfahren, wie der Wind bei einem Hurrikan bläst oder wie sich ein Erdbeben der Stärke 5,3 auf der Richterskala anfühlt. Virtual-Reality-Spiele und interaktive naturwissenschaftliche Exponate runden dieses ebenso lehrreiche wie unterhaltsame

Nach Lust und Laune! 93

Angebot ab. Aus dem Eintrittspreis ausgenommen ist lediglich **Lazer Works**, ein Laserspiel.
- 229 C3
- 9067 International Drive, Pointe*Orlando, Ausfahrt 74A
- 407/352 0411; www.wonderworksonline.com
- tägl. 9–24 Uhr
- preiswert

B Gatorland

Gatorland verkauft sich als die Alligator-Hauptstadt der Welt – und das mit Recht, denn es ist die älteste Sehenswürdigkeit Floridas. Rund 1000 Alligatoren kreuchen hier durchs Sumpfgebiet, dazu Krokodile, Reptilien und Schlangen. Die Riesen stellen ihre Kraft in Shows wie Gator Wrestling und Gator Jumparoo unter Beweis.

- 229 D2
- 14501 S. Orange Blossom Trail (Kissimmee), US 441 Nord
- 407/855 5496 oder 800/393 JAWS; www.gatorland.com
- tägl. 9 Uhr bis zur Dämmerung
- Erwachsene: mittel, Kinder (3–12 Jahre): preiswert

Van Gogh, aus Postkarten zusammengesetzt

Links: Ein recycelter Roboter: Believe It or Not!

Orlando

Ein noch flugfähiger »Oldtimer« bei den Flying Tigers in Kissimmee

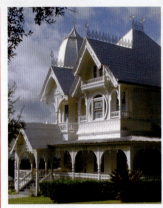

Das Donnelly-Haus im schönen Mount Dora

14 Flying Tigers Warbird Restoration Museum

Wer ein Faible für alte Flieger hat, fährt 16 km in Richtung Süden nach Kissimmee, wo Flugzeuge aus dem Zweiten Weltkrieg ausgestellt sind bzw. liebevoll restauriert werden. Sobald sie wiederhergestellt sind, werden sie zumeist in andere Museen abgegeben, aber ein Dutzend ist eigentlich immer vor Ort zu bewundern. Wenn Sie Zeit haben, können Sie lernen, wie man alte Flugzeuge aufmöbelt.

Nebenan haben Sie bei **Warbird Adventures** die Gelegenheit, im Cockpit einer Harvard T-6 Trainer aus dem Zweiten Weltkrieg mitzufliegen.

- 229 C1
- 231 N. Hoagland Road (Kissimmee Airport) ☎ 407/933 1942;
- www.warbirdmuseum.com
- tägl. 9–17.30 Uhr
- preiswert

Etwas weiter weg

15 Mount Dora

Rund 48 km nordwestlich von Orlando liegt das reizende Dorf Mount Dora, das im Stil eines Neuengland-Dorfes gebaut wurde. Den Ort gründeten Siedler aus dem Norden in den 1870er-Jahren auf einem Hügel mit Blick auf einen See.

Der neue Highway wurde Ende der 1950er-Jahre um den Ort herum geführt. Diese Umgehungsstraße hat das ursprüngliche Dorfbild gerettet. Mount Dora liegt am Ufer eines 1800 ha großen Sees: Die sanften Hügel und ruhigen Viertel vermitteln das perfekte Bild einer amerikanischen Kleinstadt.

- 224 C4
- 341 Alexander Street, Mount Dora
- ☎ 352/383 2165;
- www.mountdora.com
- Mo–Fr 9–17, Sa 10–16 Uhr

Nach Lust und Laune!

16 Central Florida Zoological Park

Wenn Sie gern in Florida beheimatete Tiere wie Alligatoren oder Schwarzbären sehen möchten, sollten Sie 32 km nördlich von Orlando nach Sanford fah-

ren und ein paar Stunden über einen Holzsteg durch die verschiedenen Lebensräume der heimischen Tiere spazieren. Insgesamt werden hier 400 Tierarten gehalten.

✚ 225 D4
✉ 3755 US 17/92, Sanford, I-4 westlich von Orlando, Ausfahrt 104, der Ausschilderung 180 m ostwärts folgen
☎ 407/323 4450; ww.centralfloridazoo.org
🕒 tägl. 9–17 Uhr 💰 preiswert

17 Wekiwa Springs State Park

Wenige Orte in Orlando können mit der Schönheit dieses Parks konkurrieren: Man kann wunderbar wandern, ein Picknick machen, fischen, zelten und schwimmen. Das Quellwasser hat das ganze Jahr über 22 bis 23° C. Eine Fahrt mit dem Kanu ist ein Muss; Sie können gleich hinter der Brücke eines mieten (Tel. 407/880 4110, preiswert in den ersten zwei Stunden).

✚ 224 C4
✉ 1800 Wekiwa Circle, Apopka, I-4 Richtung Osten, Ausfahrt 94, links zur Wekiwa Spring Road, rechts abbiegen, dann 6 km bis zum rechts liegenden Parkeingang
☎ 407/884 2008
🕒 tägl. 8 Uhr bis Sonnenuntergang
🚗 mit dem Auto: preiswert

18 Cypress Gardens Adventure Park

Cypress Gardens in Winter Haven galt als Floridas erster Themenpark. Nachdem er 2003 geschlossen wurde, war die Enttäuschung so groß, dass ein neu-

er Betreiber einsprang. Nun wird der Botanische Garten wieder geöffnet, allerdings angereichert durch Fahrgeschäfte: Das Ergebnis ist eine Mischung aus friedlich-idyllischen Gartenanlagen und lärmendem Fahrvergnügen. Ruhe findet man in den schönen Gärten oder im Schmetterlingshaus.

✚ 224 C2
✉ Cypress Gardens Boulevard, Winter Haven
☎ 963/324 2111; www.cypressgardens.com
🕒 tägl. 9.30–17 Uhr

19 Bok Tower Gardens

Für diese halbtägige Besichtigung sollten Sie sich ein Picknick einpacken und zum 80 km südwestlich von Orlando gelegenen Bok Tower fahren, der inmitten eines Zitronenhains liegt. Der National Historic Landmark Garden strahlt eine spirituelle Schönheit aus, schon seit 1929 strömen Besucher hierher. Im Zentrum des Gartens ragt einer der größten Carillon-Türme der Welt auf. Das Glockengeläut des 62 m hohen Turms aus Georgia-Marmor und Florida-Kalkstein ist Balsam für die Seele – legen Sie sich ins Gras oder spazieren Sie über die Gartenwege. Verbinden Sie den Ausflug mit der Besichtigung des Pinewood Estate, einem mediterran angehauchten Herrschaftshaus im Stil der 1930er-Jahre mit Mobiliar aus Frankreich, Italien und Spanien.

Der Glockturm weist den Weg zu den umliegenden Bok Tower Gardens

✚ 224 C2
✉ 1151 Tower Boulevard, Lake Wales, I-4 Richtung Westen bis Ausfahrt 55, dann 45 km südwärts zum Lake Wales und dann links auf die CR 17A (Burns Avenue) abbiegen
☎ 863/676 1408; www.boktower.org
🕒 tägl. 8–18 Uhr
💰 preiswert, Kinder unter 5 Jahren frei

⑳ Kennedy Space Center

Das Kennedy Space Center ist die erfolgreichste Weltraumbasis auf Erden. Wer auch nur einen Funken Interesse an der Raumfahrt, den Möglichkeiten der Technik und der Eroberung des Weltalls hat, der sollte einen Besuch fest einplanen.

Der **Kennedy Space Center Visitor Complex** bietet eine Kombination aus Führungen, Exponaten, IMAX-Filmen und genialen Attraktionen. Nicht einmal eine Autostunde von den Themenparks Orlandos entfernt, zeigt das Raumfahrtzentrum, wo und wie Amerikaner erstmals ins All katapultiert wurden – und es bis heute werden. Die einzigartige Faszination des Zentrums beruht wohl in der Möglichkeit, hier hautnah die Raumfahrt und ihre Entwicklungsstadien erleben zu können.

Am Busrondell, gleich vor dem Eingang zu Ihrer Rechten, starten Busexkursionen durch fast das gesamte Areal und fahren die Gäste zunächst nahe an das riesige **Vehicle Assembly Building** heran, das zur Unterbringung der Saturn-V-Raketen errichtet wurde. Das 218 m lange, 179 m breite und 160 m hohe Gebäude bedeckt eine Fläche von über 12 Millionen Quadratmetern, was viermal der Fläche des Empire State Building entspricht.

Nächster Halt ist **Launch Complex 39 Observation Gantry**, oben auf dem sechsstöckigen Bauwerk haben Sie die

Wie Kirchtürme ragen die Raketen im Rocket Garden in den Himmel

perfekte Sicht auf die Abschussrampen. Vor dem **Apollo/Saturn V Center** sehen Sie Tribünen, die bei einem Raketenabschuss für die Medien und die Familienangehörigen reserviert sind. Wenn Sie den genauen Zeitpunkt Ihres Besuches wissen, rufen Sie vorher an und bitten Sie um einen Ausweis, der Ihnen Zutritt zu den Sitzen verschafft – der Blick auf die Abschussrampen ist von hier aus grandios. Innen betritt man zunächst das **Firing Room Theater**, in dem Sie mit Hilfe einer Simulation beim Start der Apollo 8, dem ersten bemannten Flug zum Mond, live dabei sein können. Bis 1968 hatten sich die Astronauten nur 1370 km von der Erde entfernt, und nun peilte die Apollo 8 eine Umlaufbahn von 400 000 km an. Der Firing Room enthält die originalen, beim Start verwendeten Kontrollkonsolen von 1968. Tonbandmitschnitte vom Raketenstart erhöhen noch die Spannung und Dramatik. So entsteht der Eindruck, dabei zu sein, wenn Sie die magischen Worte »3, 2, 1 ... Zündung ... abheben!« hören – und anschließend eine Saturn-V-Rakete mit einem Getöse, das Boden und Fenster wackeln lässt, im Himmel hinter Ihnen erscheint.

Von hier aus geht es in eine Halle zum größten Weltraumdenkmal schlechthin: einer originalen, 111 m

Nach Lust und Laune! 97

langen Saturn-V-Rakete. Das 2800 t schwere Raumschiff ist länger als zwei Space Shuttles oder neun 12 m lange Busse. Ebenfalls in der Halle befinden sich das Fahrzeug, das die Astronauten zur Abschussrampe brachte, Modelle von Mondlandefähren, Mondvehikel in Monddioramen, die Originalkapseln der Apollo-Missionen sowie ein Mondstein, den man anfassen kann.

Nicht verpassen sollten Sie das **Lunar Surface Theater**, das eine Nachbildung der Landefähre der Columbia bei der Landung auf dem Mond zeigt.

Nehmen Sie nun den Bus zum Eingang zurück und sehen Sie sich einen der drei **IMAX-Filme** an, die im Eintritt inbegriffen sind: Tom Hanks *Apollo 13*, *Ein Traum wird wahr* oder *Space station 3-D*. Wenn je ein Film den Einsatz von 3-D-Effekten erforderlich gemacht hat, dann dieser. Er wurde von Astronauten und Kosmonauten gedreht, ihre lebendigen, klaren Bilder vermitteln Ihnen die wohl realistischsten Bilder von der Raumfahrt, die Sie je sehen werden.

Vor dem Theater hat das KSC einen beeindruckenden Raketengarten mit einer Sammlung von Raketen und Ausrüstungsgegenständen, zu der auch ein Bedienungsarm von Apollo 11 gehört, angelegt.

Ein paar Schritte entfernt konzentriert sich das **Museum of Early Space Exploration** auf die Höhepunkte der Kindertage der Raumfahrt und zeigt eine Nachbildung von Robert Goddards Flüssigkeitsrakete aus dem Jahr 1926. Sie hat etwa die Größe einer zusammengerollten Zeitung, aber dennoch genug Power, dass sie in 40 Jahren zum Planetoid Apollo käme. Andere Exponate bringen Ihnen die glorreichen Tage der Mercury- und Gemini-Raumfahrtprogramme näher.

Vor dem Gehen sollten Sie schließlich noch am **Astronaut Encounter** (▶ 205) teilnehmen. Jeden Tag stellt sich ein Astronaut unentgeltlich den Fragen der Besucher.

Nach der Besichtigung all der eindrucksvollen technischen Meilensteine der amerikanischen Raumfahrt sollten Sie einen Augenblick zum **Astronaut Memorial** hinübergehen, wo die Namen der verstorbenen Raumfahrer auf einer 60 Tonnen schweren Marmorplatte verewigt sind. Erweisen Sie Ihnen die letzte Ehre – und denken Sie an die Männer und Frauen und natürlich auch an Ihren Besuch im Kennedy Space Center, wenn Sie das nächste Mal in die Sterne sehen.

Fakten zur Raumfahrt

Die so genannte Space Coast ist von Orlando über den Highway 50 oder den Beeline Expressway schnell zu erreichen. Fahren Sie einfach 65 km Richtung Osten und folgen Sie der Ausschilderung. Etwa 10 km vom Eingang zum KSC entfernt befindet sich die **Astronaut Hall of Fame**, heute ein Partner des KSC. Diese Ruhmeshalle beherbergt die größte Sammlung an Erinnerungsstücken der Astronauten und bietet interaktive Exponate, wie z.B. einen simulierten Spaziergang auf dem Mond, oder die Möglichkeit, einen Space Shuttle über einen Videomonitor zu landen, sowie ein Apparat, der simuliert, wie manch sich fühlt, wenn die vierfache Schwerkraft auf den eigenen Körper wirkt. Eine Zwei-Tages-Eintrittskarte (Maximum Access Badge) gilt für das KSC und die Astronaut Hall of Fame. Der Preis für Erwachsene liegt bei 33 $, für Kinder bei 23 $.

Kennedy Space Center ✚ 225 E3 ☎ 321/449 4400; www.kennedyspacecenter.com
🕐 tägl. 9–17.30 Uhr, letzte Bustour 3 Std. vor Schließung, geschl. bei Raketenstarts
IMAX I und II 🕐 tägl. 10–17.40 Uhr
The Astronaut Hall of Fame 🕐 tägl. 9 Uhr bis zur Dämmerung
NASA Space Shuttle and Satellite Launch Hotline ☎ 800/KSC-INFO (572 4636)
Space Coast Office of Tourism ☎ 321/868 1126 oder 800/936 2326

Orlando

Wohin zum ...
Essen und Trinken?

Die Preise gelten pro Person für eine Mahlzeit ohne Getränke:
$ unter 25 $ $$ 25–50 $ $$$ über 50 $

Um seine Attraktivität für Erwachsene zu erhöhen, hat das Walt Disney World® Resort beachtliche Anstrengungen unternommen und mehrere qualitativ hochwertige Restaurants eröffnet. Dennoch sind alle auch um die kleinen Gäste bemüht und bieten z. B. Kindermenüs. Die Preise sind in der Regel recht hoch, man sollte also eine kluge Wahl treffen. Die folgenden Restaurants wurden auf Grund der Qualität ihrer Gerichte und der angenehmen Atmosphäre für Kinder wie Erwachsene ausgesucht.

Jedes Restaurant, das Reservierungen entgegennimmt, ist ein guter Tipp. Informationen und Reservierungen laufen über Tel. 407/939 3463. Wer nicht in einer Disney-Anlage wohnt, der findet in Orlando ein breites Angebot an guten Restaurants – probieren Sie es einfach aus.

WALT DISNEY WORLD® RESORT

▼▼▼ Arthur's 27 $$$
Arthur's 27 bietet raffinierte internationale Küche und kreative, verführerische Desserts. Zu den beliebtesten Gerichten zählen eine köstliche Hummersuppe und eine Schoko-Mousse. Weitere Pluspunkte des Restaurants im 27. Stock sind der Panoramablick, das romantische Ambiente, Live-Musik und der exzellente Service.
✚ 229 B2
✉ **Wyndham Palace Resort and Spa, 1900 Buena Vista Drive, zwischen Hotel Plaza Boulevard und Route 535**
☎ 407/827 3450

▼▼▼ Artist Point $$$
Das von Frank Lloyd Wright inspirierte Dekor ist in diesem Restaurant gut geglückt. Artist Point hat sich auf Essen und Wein von der nordwestlichen Pazifikküste spezialisiert. Die Weinkarte mit über 100 edlen Tropfen beeindruckt, viele der gut gewählten Weine kommen aus Oregon oder Washington. Die Speisekarte bietet Spezialitäten wie Elch, Büffel, Strauß und Lachs. Einige Gerichte sind köstlich wie das kalte, geräucherte Brathuhn, andere wie Elch- und Kaninchenwürstchen klingen gut, sind aber eine ziemliche Enttäuschung.
✚ 229 A3
✉ **Disney's Wilderness Lodge**

▼▼▼ California Grill $$$
Der phantastische Blick auf den Magic Kingdom Park ist einer der Hauptanziehungspunkte in diesem kalifornisch angehauchten Restaurant ganz oben im Disney's Contemporary Resort. Einheimische wie Touristen probieren die Gerichte, die von Fladenbrot über Sushi und Sashimi bis hin zu Hauptgerichten wie Tempura-Bonsai-Thunfisch oder Rinderfilet vom Grill mit Tamarindenglasur reicht. Leider erfüllt das Essen die Erwartungen der glanzvollen Kritiken nicht, vermutlich erfreut sich das Lokal jedoch einer so ungebrochenen Beliebtheit, weil es das erste hochkarätige Restaurant des Parks war. Die Weinkarte mit edlen Tropfen aus vor allem Kalifornien ist allerdings gut.
✚ 229 A3
✉ **Disney's Contemporary Resort**

▼▼▼ Citrico's $$$
Bei der Gestaltung dieses schicken Speiselokals in Disney's Grand Floridian Resort & Spa (▶ 102) hatte jemand wohl Zitrusfrüchte im Hinterkopf,

Wohin zum ...

was sich heute im angenehmen Dekor mit leuchtenden Orange- und Gelbtönen niederschlägt. Das französische Essen zählt mit zum besten in Disney – zum Glück hat man doch von dem ursprünglichen Traum einer auf Zitrusfrüchten beruhenden Küche abgesehen. Gerichte wie Zucchini- oder Schalottensuppe mit Shrimps vom Eichenholzgrill oder die sechs Stunden geschmorte Kalbshaxe mit Orzo sind meisterhaft zubereitet. Auch die Weinkarte ist exquisit.

+ 229 A3
⌧ Disney's Grand Floridian Resort & Sp

☞☞☞ Flying Fish Café $$$

Riesige vergoldete Skulpturen mit Fischschwanz dienen als Säulen in diesem trendigen Meeresfrüchte-Restaurant. Aus der offenen Küche kommt leckeres amerikanisches Essen, das vom Südwesten inspiriert ist. Ein guter Start sind die mit Buttermilch gebratenen Austern, gefolgt von einem Red Snapper im Kartoffelbett oder gebräuntem Thunfisch mit Shrimp-Basmati-Reis und Peking-Soße. Nach dem köstlichen Vahlrona-Schokoladen-Kuchen muss man dann noch über den BoardWalk bummeln.

+ 229 B2
⌧ Disney's BoardWalk

☞☞ Fulton's Crab House $$-$$$

Das behagliche Riverboat-Restaurant bietet außergewöhnlich frische Meeresfrüchte. Abends ist viel los, mittags geht es angenehm locker zu. Die besten Gerichte, vor allem Krustentiere, kommen aus amerikanischen Gewässern. Die Scheren der Steinkrabben sind süß und fleischig, die Austern sind meisterhaft aus der Schale gelöst, und die Hauptgerichte wie Hummer und Dungeness-Krabben mit gebührendem Respekt zubereitet. Die Speisekarte wechselt wöchentlich.

+ 229 B2 **⌧** Downtown Disney

☞☞ Narcoossee's $$$

Nur einen kurzen Fußmarsch von der Lobby entfernt bietet dieses lebhafte, aber dennoch behagliche Restaurant einen schönen Ausblick auf das schillernde Wasser. Die Speisekarte dominieren Meeresfrüchte: Hummer aus Maine, Austern aus der Fanny Bay und Wildlachs aus Alaska. Serviert werden jedoch auch Filet Mignon, geröstete Kokosnuss oder sautierter Wildlachs mit Couscous. Auf der Weinkarte finden sich einige hervorragende Tropfen als Ergänzung zur erlesenen Speisekarte.

+ 229 A3
⌧ Disney's Grand Floridian Resort & Spa

☞☞ Portobello Yacht Club $$-$$$

Man kann in diesem toskanischen Speiselokal gut und zu fairem Preis essen, wenn man sich an die herzhaften Pasta-Gerichte oder Pizza hält. Das Restaurant ist in angenehmen Erdfarben gehalten und mit Accessoires aus der Seefahrt dekoriert.

+ 229 B2
⌧ Downtown Disney

☞ Rainforest Café $$

Das Restaurant an sich lohnt schon den Besuch: Neben dem üppigen tropischen Blattwerk samt Imitationen tropischer Vögel und Gorillas finden sich hier Aquarien mit Tropenfischen, muntere (unechte) Elefanten, ein riesiger Vulkan und alle paar Minuten ein »echter« Regen mit Sturm. Die Gerichte haben zum Ambiente passende Namen, wie z. B. »Rumble in the Jungle« – Aufruhr im Dschungel. In diesem Restaurant kommt nur ethisch und ökologisch einwandfreies Essen auf den Tisch, d.h. Fleisch aus artgerechter Tierhaltung oder geangelte Fische. Die Auswahl an vegetarischen Gerichten ist groß.

+ 229 B2/A2
⌧ Downtown Disney Marketplace und Animal Kingdom

☞☞ Restaurant Marrakesh $$

Man fühlt sich in den Maghreb versetzt, wenn man sich schließlich durch einen nachgestellten Souk zum marokkanischen Lokal vorgekämpft hat. Mosaikfliesen, Wandteppiche und schlanke Säulen schmücken den Speisesaal. Die Speisekarte – mit marokkanischen Weinen – bietet das Beste aus

Orlando

den nordafrikanischen Ländern, darunter viele Couscousvariationen, traditionellen Lammbraten und Pfefferminztee. Bauchtänzerinnen und marokkanische Musik runden die Illusion ab.

➕ 229 B2 ✉ Morocco Pavillon, Epcot

Rosie's All American Café $

Da in den Disney-MGM Studios Speiselokale Mangelware sind, treffen Sie eine gute Wahl, wenn Sie sich für ein Fast-Food-Lokal am Sunset Boulevard mit Picknicktischen unter Sonnenschirmen entscheiden. Eines der besten ist Rosie's, denn die Hot Dogs und das Grillfleisch sind lecker. Auf der Karte stehen auch die riesigen geräucherten Truthahnschenkel, die überall an den Ständen verkauft werden.

➕ 229 A2 ✉ Disney-MGM Studios

Spoodles $$-$$$

Die legere Trattoria-Atmosphäre und das italienisch angehauchte Essen machen das Lokal bei Familien sehr beliebt. Aus der offenen Küche mit Holzofen kommen köstliche Gerichte: Wachtel vom Eichenholzfeuer mit Wildreis und Trüffelhonig oder ein im Ganzen gebratener *loup de mer* aus dem Mittelmeer.

➕ 229 B2 ✉ Disney's BoardWalk

Victoria & Albert's $$$

In diesem intimen, formellen und überaus teuren Restaurant werden die Gäste von all den Köchen und Kellnern begrüßt und mit einer persönlichen Speisekarte zum Andenken beschenkt. Die Speisekarte (gute klassische, kontinentale Küche) variiert von Abend zu Abend. Die Gäste haben die Wahl zwischen einem Sechs-Gänge-Menü oder einem »Upgrade«, zu dem dann auch Gänseleberpastete, russischer Kaviar, Humer im Newburg-Soße, saftiges Baby-Lamm, Trüffel und sündhafte Desserts gehören. Das Speisezimmer wirkt etwas stickig, etwas Besonderes ist der »Tisch des Küchenchefs« in der Küche, an dem die Gäste ihr Essen hinter der Kulisse genießen können.

➕ 229 A3
✉ Disney Grand Floridian Resort & Spa

AUSSERHALB VON WALT DISNEY WORLD®

The Boheme $$$

Das elegante, künstlerisch angehauchte Restaurant befindet sich in der Innenstadt im Grand Bohemian Hotel. Die Losung lautet hier: Meeresfrüchte, Steaks, Kunst, Musik. Wie wahr. Die Bösendorfer Lounge – benannt nach dem darin stehenden Bösendorfer-Flügel – ist hervorragend geeignet, um einen Martini zu schlürfen.

➕ 228 D5 ✉ 325 S. Orange Avenue
☎ 407/581 4700

Café Tu Tu Tango $$

Künstler arbeiten verteilt über das schillernde Restaurant – unter dem passenden Motto »Essen für die hungernden Künstler«. Auch wenn auf der Speisekarte Gerichte aus aller Welt stehen, scheinen die mexikanischen Speisen doch am besten mit diesem festlichen Ambiente zu harmonieren. Es gibt Empanadas mit Hackfleisch und Käse, Pizza und Rippchen vom Grill. Alle Portionen sind etwa so groß wie eine Vorspeise, denn die Gäste sollen – wie bei einem Tapas-Essen in Spanien üblich – viele verschiedene kosten und teilen.

➕ 229 C2 ✉ 8625 International Drive
☎ 407/248 2222

Dux $$$

Dieses nach dem durch die Lobby stolzierenden berühmten Enten (*ducks*) benannte Restaurant zählt zu den gefeiertsten der Gegend. Die Speisekarte bietet eine verführerische Mischung aus traditionellen französischen Gerichten und modernen, kreativen Erfindungen wie gebratenes Kalbskotelett mit pinkfarbenen Artischocken-Basilikum-Frikassee. Für Vegetarier gibt es diverse frische Gemüse-Risottos. Die Desserts sind köstlich, und die Bedienung ist aufmerksam.

➕ 229 C2 ✉ The Peabody Orlando, 9801 International Drive
☎ 407/345 4550

Wohin zum ... 101

Hue $-$$$

In Thornton Park, dem Künstlerviertel östlich der Innenstadt, genießt das Hue steigende Beliebtheit bei den schicken Gästen. Ein kreativer Touch bei traditionellen Gerichten brachte Vorspeisen wie die mit Soja gerösteten Entenbrust mit Sesam-Hoisin-Soße hervor. Das Ambiente ist warm und einladend.

✚ 228 D5 ✉ 629 East Central Boulevard
☎ 407/849 1800

Manuel's on the 28th $$$

Lassen Sie sich durch die tolle Aussicht nicht von den hervorragenden Gerichten der Saison ablenken – Schnecken und Garnelen in Knoblauchsoße, Fleisch und Fisch in Top-Qualität und traumhafte Desserts. Durch die aufmerksame Bedienung ist das Lokal die perfekte Wahl, wenn Sie einen eleganten Abend verbringen möchten.

✚ 228 D5
✉ 390 N. Orange Avenue, bei West Livingston Street
☎ 407/246 6580

Pebbles $$

Es gibt mehrere Zweigstellen dieses legeren Lokals, in dem kreativ interpretierte amerikanische Gerichte ebenso auf den Tisch kommen wie eine gute Auswahl an Weinen. Das fröhliche Dekor, das nette Personal und die vernünftigen Preise machen die Lokalkette auch bei den Einheimischen beliebt.

✚ 228 D5 ✉ 17 West Church Street (zw. South Orange und South Garland Ave.)
☎ 407/839 0892
✚ 228 B2 ✉ 12551 Route 535 (Hotel Plaza Boulevard), Lake Buena Vista
☎ 407/827 1111
✚ 228 E6 ✉ 2516 Aloma Avenue, Winter Park ☎ 407/678 7001
✚ 225 D4 ✉ 2110 West State Road 434, Longwood ☎ 407/774 7111

Dinner Shows

Da das Hauptgewicht stärker auf der Unterhaltung als auf der Küche liegt, ist das Essen häufig nur von mittelmäßiger Qualität. Man sollte vorher anrufen und sich nach den Anfangszeiten der Shows erkundigen, da diese sich ändern können.

Arabian Nights

Eine Beduinen-Show, bei der das Drei-Gänge-Menü serviert wird, während arabische Reitkunst gezeigt wird.

✚ 229 B1 ✉ 6225 W. US 192
☎ 407/239 9223 oder 800/533 6116; www.arabian-nights.com ⏰ tägl. 19.30 Uhr
💰 Erwachsene $$$, Kinder (3–11 Jahre) $$

Capone's Dinner & Show

Diese Show versetzt Sie in die Zeit der Prohibition in Chicago; Sie werden in Al Capones Unterwelt-Kabarett und in eine finstere Spelunke aus vergangenen Tagen geführt.

✚ 229 C1 ✉ 4740 W. US 192
☎ 407/397 2378 oder 800/220 8428;
www.alcapone.com
⏰ tägl. 20 Uhr 💰 Erwachsene $$$, Kinder (4–12 Jahre) $$

Dolly Parton's Dixie Stampede Dinner & Show

Zur Country-Show gehören Gesang, Tanz, Komödie, acht Büffel, ein paar Strauße und Rennschweine, dazu Akrobatik mit 32 Pferden.

✚ 229 C2 ✉ 8251 Vineland Avenue
☎ 407/238 4455, 866/443 4943;
www.dixiestampede.com
💰 Erwachsene und Kinder $$$

Medieval Times

Das mittelalterliche Mahl wird mit Lords und Ladies, Edelleuten und Rittern abgehalten.

✚ 229 C1 ✉ 4510 W. US 192
☎ 407/396-1518 oder 800/229-8300;
www.medievaltimes.com
⏰ tägl. 18.15 und 20.30 Uhr
💰 Erwachsene $$$,
Kinder (3–12 Jahre) $$

Sleuth's Mystery Dinner Show

Hier wird die Tradition mysteriöser Mordfälle aufgegriffen; die Gäste lassen sich im Sleuth's ihr Vier-Gänge-Menü schmecken und versuchen dabei, einen der Mordfälle zu lösen.

✚ 229 C3
✉ 7508 Universal Boulevard,
Ausfahrt 75A
☎ 407/363 1985 oder 800/393 1985;
www.sleuth.com 💰 unterschiedlich
💰 Erwachsene $$$, Kinder $$

Orlando

Wohin zum ... Übernachten?

Für ein Doppelzimmer gelten pro Nacht folgende Preise:

$ unter 125 $ $$ 125–250 $ $$$ über 250 $

Allgemeine Informationen über Hotels und Resorts siehe Seite 42.

WALT DISNEY WORLD® RESORT

▼▼▼ Disney's BoardWalk Inn and Disney's BoardWalk Villas $$$

Die Atlantikküste mit ihren Holzstegen aus den 1940er-Jahren diente diesem ausgefallenen Resort am Crescent Lake als Anregung. Das Hotel zieht sich an einem solchen Holzsteg entlang und ist eine der reizvollsten Anlagen auf dem Disney-Gelände. Die Lobby ist gespickt mit Erinnerungsstücken aus dem Modell einer Achterbahn, alten Postern und einem Wandgemälde, das den Vergnügungspark thematisiert. Die meisten der Zimmer verfügen über zwei Queen-Size-Messingbetten und sind komfortabel und gemütlich eingerichtet. Viele haben einen Balkon mit Blick über den See. Die Villen variieren in der Größe zwischen geräumigen Studios und Wohnungen mit bis zu vier Zimmern samt Küche und Waschmaschine. Zwei Villen teilen sich einen Pool.

✚ 229 B2
🏠 2101 N. Epcot Resorts Boulevard
☎ 407/939 5100

▼▼▼ Disney's Coronado Springs Resort $$

In der Nähe von Disneys Animal Kingdom Theme Park gelegen, greift das Coronado Themen aus Mexiko und dem Südwesten der USA auf. Der riesige Komplex ist für Disney-Verhältnisse relativ preiswert und bietet Unterkünfte in drei Kategorien: Ranchos, Cabanas und Casitas, außerdem Beach Clubs sowie Wohnungen im mexikanischem Stil. Die in Erdfarben gehaltenen Räume sind mit mexikanischen Fliesen und Originalkunstwerken geschmückt. In der Mitte des Resorts liegt ein See; der Pool ist einer Ruine der Azteken nachempfunden, der dazu gehörige Wasserfall stürzt seitlich an einer Pyramide herab. Maya Grill, das einzige Speiselokal des Resorts, serviert gutes mexikanisches Essen, ergänzt wird es durch Imbissstände auf dem weitläufigen Gelände.

✚ 229 A2
🏠 1000 West Buena Vista Drive
☎ 407/939 1000

▼▼▼ Port Orleans $$

In diesem gigantischen Resort (mittlere Preislage) im Stil einer Vorkriegsplantage können Sie sehen, wie eine Baumwoll-Entkörnungsmaschine von einem 10 m hohen Wasserrad betrieben wird. Neben Häusern, die den Südstaaten-Herrenhäusern des 19. Jahrhunderts nachempfunden wurden, gibt es auch ein Marschgebiet mit den dafür typischen Häusern. Der Poolbereich heißt Ol' Man Island und liegt inmitten eines Creeks.

✚ 229 B2
🏠 1251 Dixie Drive, über Bonnet Creek Parkway
☎ 407/934 6000

▼▼▼ Disney's Grand Floridian Resort & Spa $$$

Das Hotel entspricht im Stil den großen Resorts, wie sie in Florida Ende des 19. Jahrhunderts aus dem Boden schossen. Die geräumigen Zimmer haben meistens einen Balkon. Das Hotel zählt zu den besten und luxuriösesten von Disney, was auch der exzellente Service unterstreicht. Zur Anlage gehören ein schöner Pool und seit 1995 ein Wellness-Center.

✚ 229 A3
🏠 4401 Grand Floridian Way, über World Drive
☎ 407/824 3000

Wohin zum ...

🍴🍴 Disney's Wilderness Lodge $$–$$$

Disney scheint bei dieser vortrefflichen Kopie einer Lodge aus dem Nordwesten der USA sogar für die frische Bergluft gesorgt zu haben, flackernde Laternen flankieren die von Kiefern gesäumte Zufahrt. In der weitläufigen Lobby stehen darüber hinaus zwei echte Totempfähle, indianische Artefakte, ein riesiger Kamin und bequeme Ledersessel und -sofas. Das Hotel suggeriert auf diese Weise einen Aufenthalt in der Wildnis: es duftet alles nach Kiefern, der Pool wurde in eine künstliche Felsformation gebaut.

Die Zimmer sind komfortabel und im Stil der christlichen Missionen möbliert; die meisten haben zwei Queen-Size-Betten.

Die Lodge verfügt über das Restaurant Artist Point (▶ 98), die Territory Lounge, eine lebhafte Bar, in der man die von den Forschern Lewis und Clark ermöglichte Erschließung des Westens feiert, und schließlich das Lobby-Restaurant Whispering Canyon Café, in dem die Kinder während des Essens mithelfen, Banditenüberfälle abzuwehren.

✚ 229 A2
✉ 901 West Timberline Drive, über Cypress Point Drive
☎ 407/824 3200

🍴🍴🍴 Disney's Yacht & Beach Club Resort $$$

Die zwei aneinander grenzenden Hotelanlagen mit Wellness-Center suggerieren den Aufenthalt in einem viktorianischen Badeort. Disney's Yacht Club ist ein weitläufiges Holzgebäude mit großer, umlaufender Veranda, auf der weiße Schaukelstühle stehen.

Disney's Beach Club gibt sich dagegen deutlich legerer.

Der von beiden Resorts gemeinsam genutzte Poolbereich präsentiert sich als natürlich aussehendes Gewässer mit Sandboden und einem Becken mit echten Fischen. Die wirklich geräumigen Zimmer verfügen über zwei Queen-Size-Betten oder ein King-Size-Bett. Von vielen öffnet sich ein schöner Blick auf den 10 ha großen malerischen See. Das Yachtsman Steakhouse bietet gut abgehangenes und perfekt gegrilltes Rindfleisch.

Schließlich verfügt das Resort über einen Fitnessclub und über eine Einrichtung mit Videospielen – nicht zu vergessen das zur Anlage gehörende Eiscafé.

✚ 229 A2
✉ 1700–1800 Epcot Resort Boulevard, über Buena Vista Drive
☎ 407/934 8000

AUSSERHALB VON WALT DISNEY WORLD®

🍴🍴 Holiday Inn Sunspree Resort Lake Buena Vista $

Dieses beliebte und familienfreundliche Hotel bietet jede Menge Aktivitäten für Kinder zu einem Bruchteil der Preise innerhalb der Disneyanlagen. Die Kinder werden von den Maskottchen des Hotels, den beiden Waschbären Max und Maxine, begrüßt und checken dann an ihrem eigenen Schalter ein.

Die Zimmer sind unterschiedlich, jedoch größer als im Durchschnitt und mit einer Miniküche ausgestattet. Familien können auch eine Kinder-Suite buchen.

✚ 229 B2
✉ 13351 SR 535, über I-4
☎ 407/239 4500

🍴🍴🍴 Hyatt Regency-Grand Cypress Hotel $$$

Dieses an Disney angrenzende Luxushotel hat einen 45-Loch-Golfplatz, verfügt über zwölf Tennisplätze, einen gigantischen Pool mit Wasserfällen und einen fast 400 m langen Strand am Seeufer.

Die Lobby zeigt eine beeindruckende Sammlung asiatischer Kunst und vermittelt mit ihren Palmen und den exotischen Tieren viel tropisches Flair.

Die Zimmer sind elegant eingerichtet und verfügen alle über eine eigene Terrasse. Am Wochenende wird in der Lobby-Bar und mehreren Restaurants wie den Edelrestaurants La Coquina und Hemingway's jede Menge Unterhaltung geboten; beide sind auch

104 Orlando

bei den Einheimischen sehr beliebt. Das Wellness-Center mit Sauna und Dampfkabine lässt keine Wünsche offen.

🏠 229 B2
✉ 1 Grand Cypress Boulevard, über Route 535
☎ 407/239 1234 oder 800/233 1234

▼▼▼ Peabody Orlando $$$

Das Peabody ist ein schickes Hotel im ansonsten manchmal eher kitschigen Touristenviertel von Orlando. Die Zimmer präsentieren sich im Stil der Südstaaten – das original Peabody befindet sich nämlich in Memphis, von wo auch die Tradition mit den durchs Hotel laufenden Enten herstammt. Alle Räume sind freundlich und luftig mit hellem Holz gestaltet. In der Lobby ist jede Nacht Live-Unterhaltung geboten, dazu kommen diverse Restaurants wie das Dux (➤ 100).

🏠 229 C3
✉ 9801 International Drive
☎ 407/352-4000 oder 800/PEABODY

Wohin zum ... Einkaufen?

WALT DISNEY® WORLD® RESORT

Kaum einer fährt je ohne ein Souvenir von Walt Disney World® in der Tasche heim. Der Themenpark verfügt über einen hervorragenden Souvenirshop, dazu kommen jede Menge Boutiquen, Kioske und fliegende Händler. Kaum etwas ist – das muss man ehrlicherweise eingestehen – wirklich preiswert und nützlich, aber schließlich sind Sie ja im Urlaub. Die größte Auswahl finden Sie im Emporium im Magic Kingdom, im Centorium im Epcot, im Disney Outfitters in Disney's Animal Kingdom und in Mickey's of Hollywood in den Disney-MGM Studios.

Haupteinkaufsbereich ist jedoch Downtown Disney mit vielen Geschäften, Restaurants, einem Theater, Diskos, Sportbars, Kabaretts, Bluesbars, gut sortieren Kneipen und einem Western Saloon. Das Areal gliedert sich in **Marketplace**, **West Side** und **Pleasure Island** – Sie müssen selbst entscheiden, was Ihnen am meisten zusagt. Die Waren können Sie im Walt Disney World® Resort auch per E-Mail bestellen, wobei allerdings der Versand hinzukommt (Informationen unter Tel. 407/363 6200). Wenn Sie im Resort wohnen, werden Ihnen die Waren jedoch oft auch direkt bis ins Hotel geliefert.

Marketplace

Das geruhsamste der drei Einkaufsviertel ist ein gemütliches Dorf mit gut 20 Geschäften und Restaurants. **World of Disney** bietet die größte Auswahl an Disney-Artikeln überhaupt, von einem Schokoriegel für 2 $ bis zu einer mit Diamanten besetzten Winnie-Pooh-Anstecknadel im Wert von 13 500 $. Es gibt ein riesiges LEGO Imagination Center und Spielzeugläden, dazu einige Spezialgeschäfte für Resortkleidung, Glas und Küchenartikel.

In den ruhigen Seitenstraßen finden sich kleinere Läden mit einem größeren individuelleren Sortiment, zu den größten zählen **Ghiradelli Chocolates, Disney's Days of Christmas, Pooh Corner, Disney at Home** und **Art of Disney.** Nicht verpassen sollten Sie **Once Upon a Toy,** ein riesiges Geschäft mit Hasbro-Spielzeug.

West Side

Im Disney West Side (➤ 107) finden Sie den **Virgin Megastore** mit einer guten Musikauswahl, **Celebrity Eyeworks** mit modischen Sonnen- und Designer-Brillen wie DKNY, Ray Ban und Calvin Klein sowie **Hoypoloi,** ein einzigartiges Geschäft mit Judaika, Windspielen, Skulpturen und Zen-Artikeln. Dazu gesellen sich der **Sosa Family Cigar Store, Magnetron** (Magnete in allen Farben und Formen), **Starabilias** mit überzogen teuren Sammelobjekten und andere

Spezialgeschäfte. In **George's Guitar Gallery** können Sie sich eine Gitarre im Wert zwischen 200 und 25 000 $ kaufen.

Pleasure Island

Pleasure Island (▶ 106) verfügt über zwei hochmodische Bekleidungsgeschäfte sowie Laden mit Musik-Memorabilien. Nach 19 Uhr wird eine Eintrittsgebühr erhoben.

AUSSERHALB VON WALT DISNEY WORLD®

In Orlando finden sich zahlreiche Einkaufszonen, die man bequem zu Fuß besuchen kann. Im Gegensatz zu vielen anderen Städten hat Orlando neben den Shopping Malls auch »europäische« Geschäftsviertel, in denen man sich einen netten Nachmittag machen kann. Sie finden hier so ziemlich alles von Souvenirs bis zu hochkarätiger Mode.

International Drive

Der International Drive erstreckt sich von Orlando nach South Orange County und ist wegen der weithin leuchtenden Neonreklame berühmt (▶ 92f). Es gibt hier mehrere kleine Einkaufszentren direkt an oder in der Nähe der Straße.

Mercado (8445 International Drive, Tel. 407/345 9337) ist ein einem spanischen Dorf nachempfundenes Geschäftszentrum mit schönen Arkadengängen sowie Restaurants und einer abends auf dem Marktplatz aufspielenden Mariachi-Band.

Belz Fartory Outlet World (5401 W. Oak Ridge Road, zw. International Drive und I-4, Tel. 407/352 9611) bietet in 170 Geschäften sagenhafte Rabatte (30–60 %; ▶ 92f).

The Florida Mall

Die Florida Mall, die längste im Touristenviertel Orlandos, kann mit über 200 Geschäften aufwarten und liegt etwa 8 km vom International Drive (8001 S. Orange Blossom Trail, bei Sand Lake Road) entfernt.

Mall at Millenia

Die riesige Mall für den gehobenen Bedarf führt exklusiv drei große Namen: Neiman Marcus, Bloomingdale's und Macy's.

Zu den 170 weiteren Geschäften gehören Gucci, Brookstone, Cartier, Tiffany und die einzige Filiale von Apple in Orlando. Das Angebot wird durch den Verkauf von Eintrittskarten, ein Postamt und einen Parkservice ergänzt (I-4 bis Ausfahrt 78, Tel. 407/363 3555; www.mallatmillenia.com).

Winter Park Village Marketplace

Ein altes Einkaufszentrum – mit einer guten Mischung aus Geschäften, Restaurants, Straßencafés und einem Kinocenter – machte hier einem modernen Einkaufsdorf Platz: Das ist in der Tat eine der positiven Erfolgsgeschichten in Sachen Stadtmodernisierung.

Abends ist hier immer viel los. Anreise: I-4 bis Ausfahrt 88, 3 km ostwärts bis zur Route 17/92, dort rechts abbiegen, dann linkerhand.

Wohin zum ... 105

Winter Park

Winter Park ist eine reiche Vorstadt von Orlando und liegt etwa 40 Minuten von Disney entfernt. Hauptattraktion ist die **Park Avenue**, die sich am malerischen Central Park entlangzieht und von vielen schicken Boutiquen (darunter **Banana Republic** und das **Limited**) und exklusiven Bekleidungshäusern gesäumt wird. Gute Filialen sind **Williams-Sonoma** und **Pottery Barn**. Viele Galerien mit ungewöhnlichem Schmuck, Geschenken und Kunstartikeln haben direkt an der Park Avenue oder in einer der Seitenstraßen eröffnet.

Zu den interessanten Geschäften zählt die **Timothy's Books & Gallery** direkt am Park, in der Schmuck, von Hand gefertigte Kleidung, Keramik und Kunstbände verkauft werden. Eine Reihe guter Restaurants (darunter ein japanisches Sushi-Restaurant und ein guter Italiener) sowie Cafés sorgen für das leibliche Wohl (🖃 228 E6; Anfahrt I-4 bis Ausfahrt 45 Richtung Osten, dann links auf die Park Avenue, Tel. 407/644 8281; www.winterparkcc.org).

106 Orlando

Wohin zum... Ausgehen?

Orlando ist für Erwachsene wie Kinder ein wahres Eldorado, um sich zu amüsieren, egal ob im Walt Disney World® Resort oder auch außerhalb der Anlagen. Für unterhaltsame Nächte sorgen die vielen Clubs und Bars, die sich in den verschiedenen Amüsierkomplexen zusammenballen. Seit sich das Walt Disney World® Resort selbst verwaltet, können die Clubs hier länger öffnen als die innerstädtischen Bars. Wer eine gute Kondition hat, kann bis in der Früh um 3 Uhr durchmachen. Nach 21 Uhr gestaltet sich allerdings die Parkplatzsuche kompliziert. Informationen und Reservierungen unter Tel. 407/ 939 3463.

Veranstaltungen

In verschiedenen Publikationen finden Sie alle Veranstaltungen in Orlando aufgelistet. Zu den besten gehört der *Orlando Weekly*, eine unabhängige Zeitung, in der Sie alles finden, was Tag für Tag in Sachen Musik, Clubs, Theater, Sportveranstaltungen und Kunstausstellungen geboten ist. Wenn Sie ausgehen wollen – ob tanzen, Reggae hören oder durch eine Galerie streifen –, finden Sie hier die besten Informationen.

Die zweitbeste Programmübersicht bietet der *Orlando Sentinel* mit seinem Veranstaltungskalender in der Freitagsausgabe: Hier finden Sie alle Angaben zu Kinofilmen, Konzerten, Ankündigung einiger kostenloser Veranstaltungen sowie Restaurantkritiken.

Das *Orlando Magazine* erscheint monatlich und berichtet über diverse Kulturveranstaltungen in der Stadt. Durch die vielen Restaurant- und Barbesprechungen wissen Sie schnell, was momentan gerade angesagt ist. Im hinteren Teil der Zeitschrift findet sich mit »About Town« eine Auswahl verschiedener Veranstaltungen rund um Orlando. Auch wenn diese nicht so umfassend ist wie im *Orlando Weekly*, ist die Auswahl doch gut. Das Orlando/Orange County Convention and Visitors Bureau (Tel. 407/363 5872) gibt einen offiziellen Führer heraus – eine gute Informationsquelle hinsichtlich der regionalen Sehenswürdigkeiten und der Angebote der Walt Disney World® Resorts. Ergänzt wird er durch eine Liste der wichtigsten Restaurants und Geschäfte, allerdings fehlt eine Übersicht über Kulturveranstaltungen wie Konzerte oder Ausstellungen.

Disney Pleasure Island

Das Nachtleben spielt sich im Walt Disney World® Resort auf Pleasure Island (Tel. 407/934 7781) in Downtown Disney ab. Nach 19 Uhr erhält man nur gegen Eintritt Einlass und muss über 18 Jahre alt sein oder in Begleitung eines Elternteils kommen. Erst ab einem Alter von 21 Jahren darf man sich alkoholische Getränke bestellen. Für das **Mannequin's** und den **BET SoundStage Club** liegt die Altersgrenze generell bei 21 Jahren, der Eintritt entfällt, wenn man dort zu Abend essen will.

Wer einmal auf dem Gelände ist, kann fast alle Clubs kostenlos besuchen. Es gibt mehrere Eingangspforten; da an den Haupteingängen meist viel los ist, empfiehlt es sich, einen der Nebeneingänge wie dem am Marketplace zu wählen. Donnerstags, freitags und samstags ist es im Pleasure Island immer besonders voll, da an diesen Tagen das Personal ausbezahlt wird und oftmals einen Teil seines Gehaltes gleich in der Anlage ausgibt.

Jeder Abend ist dem gleichen Thema gewidmet: Silvester. Und so fehlen weder Konfetti noch Feuerwerk, noch die obligatorische Party. Es gibt Rie-

Wohin zum ...

senwannen mit kaltem Bier, Kioske, an denen man sich eine Tätowierung aufkleben lassen kann, und die **Super Star Studios**, in denen es mit genügend Alkohol im Blut kein Problem ist, das Lieblingslied für eine CD oder ein Video als Andenken zu trällern.

Dann wären da noch die Clubs: **Pleasure Island Jazz Company** hat eine intime Atmosphäre, man sitzt an kleinen Tischen im Stil der 1930er-Jahre und kann bei einem Drink den Jazzklängen lauschen.

Als Reaktion auf den Rock 'n' roll entstand der **Rock N Roll Beach Club**. Auf drei Etagen gibt es Billard, Flipper, Darts und Musik aus den 1950er- und 1960er-Jahren.

Im **Mannequins Dance Palace** ist die Musik laut, donnerstags strömt die Gay-Szene herbei; **8-Trax** front der Musik und Mode der 1970er-Jahre. Ein Muss ist der **Adventurers Club**, der in allen Details einem Forscherclub aus dem Ende des 19. Jahrhunderts imitiert. Für Authenzität sorgen zahllose Objekte und Trophäen sowie Schauspieler, die Ihnen die Geschichten ihrer letzten Expeditionen erzählen. Der **BET SoundStage Club** ist funky und laut und eine Hommage an die Black Music – die Bandbreite reicht von altem Rhythm and Blues bis zu Hip-Hop.

Wenn Sie zuletzt lachen (und am besten lachen) wollen, sollten Sie sich **The Comedy Warehouse** zum Abschluss des Abends aufheben. In den fünf Shows pro Nacht schaffen Schauspieler auf Zuruf des Publikums hin vergnügliche Sketche in der Manier des Improvisationstheaters. Die Clubs auf Pleasure Island schließen um 2 Uhr.

Disney West Side

Eines der beliebtesten Lokale auf Pleasure Island ist das riesige **Planet Hollywood**, in dem man täglich zu Mittag und zu Abend essen kann. Ohne Übertreibung ist das **House of Blues** in West Side der tollste Club der Welt. Das Dekor entstammt einer Spelunke, es gibt Volkskunst, heiße Musik und hervorragende Gerichte aus dem französischen Louisiana. Das alles wird so gut präsentiert, dass man locker die ganze Nacht bleiben könnte, um eines der Gerichte aus dem Mississippidelta zu genießen, den Sänger im Restaurant oder in der Blues-Bar zuzuhören, sich im Takt der Reggae-Musik im Voodoo-Garden am See zu wiegen oder in der Music Hall bei Auftritten namhafter Künstler einfach durchzumachen.

Ein eher passives, aber ebenso unterhaltsames Vergnügen ist der **Cirque du Soleil® La Nouba**. Das Theater wurde eigens für die Show erbaut. Die Eintrittspreise für die 90-minütige Show (72–80 $) sind die höchsten der Stadt. Geboten wird Zirkus vom Feinsten mit atemberaubender Akrobatik und New-Age-Musik, Schlangenmenschen und imposanten Produktionen, die wirklich ihr Geld wert sind. Wer Wert auf gute Plätze legt, muss rechtzeitig reservieren (Karten unter Tel. 407/939 7600).

DisneyQuest gegenüber ist ein fünfstöckiges Arkadenhaus, in dem Computerspiele, Videosport und eine virtuelle Reise durch den Dschungel geboten werden. Billig ist es hier nicht (Tageskarte 33 $ für Erwachsene und 27 $ für 3- bis 9-jährige Kinder), man sollte sich seinen Besuch also für einen Regentag aufheben.

Nebenan bietet der **Virgin Megastore** eine Auswahl, die so gewaltig wie die Preise ist. Über 150 000 Musiktitel, 20 000 Videos und DVDs, 2000 Softwaretitel und ein Buchgeschäft helfen Richard Branson, noch eine weitere Milliarde einzusacken. Emilio und Gloria Estefans **Bongo's Cuban Café** hat ein auffälliges Design und nimmt Anleihen beim Stil von Miamis South Beach.

Disney's BoardWalk

Der schön gelegene Vergnügungskomplex zieht die Massen nicht so sehr an wie etwa Pleasure Island. Für die Sportfans gibt es einen **ESPN Club**, dazu gesellen sich die **Big River Grille & Brewing Works**, eine kleine Brauerei, sowie ein paar Geschäfte und Restaurants. Der Eintritt in den BoardWalk ist kostenlos, für einige Aktivitäten muss man allerdings bezahlen.

Universal Studios CityWalk

1999 eröffneten die Universal Studios den CityWalk, einen riesigen Unterhaltungskomplex, in dem sich mehrere neue Themenclubs, Restaurants und Geschäfte niedergelassen haben. Zu den interessantesten zählen **Bob Marley – A Tribute to Freedom**, ein Reggae-Club und ein jamaikanisches Restaurant, das von Marleys Zuhause in Kingston inspiriert ist, **Pat O'Brien's**, die exakte Kopie der berühmten Bar in New Orleans (mit orginalem Cajun-Essen aus dem französischen Louisiana), und **The Groove**, ein riesiger Tanzclub im Stil eines 100 Jahre alten Theaters.

Für ein Abendessen bietet sich **Emeril's Restaurant Orlando** mit hervorragendem kreolischem Essen an (kreiert von TV-Star Emeril Lagasse) oder ein Speiselokal mit NBA-Baseball-Motiven. Der Eintritt in CityWalk kostet nur 9 $, alle Clubs inklusive.

✚ 200 C4
✉ **6000 Universal Boulevard, über I-5 oder International Drive, Ausfahrt 74A Richtung Westen oder 75A Richtung Osten**
☎ 407/224 2600
🕐 tägl. 11–2 Uhr

Pointe*Orlando

Dieser Amüsierkomplex befindet sich in der Nähe des Convention Center am International Drive. Zum Angebot gehören 60 Geschäfte, ein Kinozentrum mit 20 Kinos samt einem IMAX-Kino mit Großleinwand, ein interaktives naturwissenschaftliches Museum, das **WonderWorks** (▶ 92), sowie eine Fülle an Restaurants, Bars und Nachtclubs.

✚ 229 C3
☎ 407/248 2838; www.pointeorlando.com

Sport

Florida ist in Sachen Sport zu einem wichtigen Ziel für diejenigen geworden, die gern Baseballspieler beim Frühjahrstraining, Basketballstars und Hockey sehen. Auch wenn Orlando beim Sport hinter Miami und Tampa hinterherhinkt, holt es nun doch auf und bietet den Fans eine Fülle an Unterhaltungsmöglichkeiten.

The Orlando Magic

Das einzige Profiteam in Orlando, das Basketball-Team Orlando Magic, gibt auf Grund seiner Leistung Hoffnung auf spannende Playoffs.

✚ 228 D5
✉ **Orlando Arena, 600 W. Amelia Street, zwischen I-4 und Parramore Avenue**
☎ 407/849 2020; www.orlandomagic.com

Disney's Wide World of Sports™ Complex

Schauen Sie sich einfach einmal an, was in diesem Sportkomplex alles geboten ist. Sie finden hier jede Menge Zuschauersport von Fußball und Beach Volleyball bis hin zu Tennis, Radfahren und Rugbyspielen. Während des Frühlingstrainings sind die Atlanta Braves zu Gast hier. Das Team bietet den Disney-Zuschauern alles an Baseballtechnik, was man sich nur vorstellen kann. Die interaktive **NFL Experience** bietet angehenden Footballstars die Möglichkeit, Pässe zu spielen und Tore zu schießen.

✚ 229 A1
☎ 407/363 6600

Golf

Florida verfügt über die meisten Golfplätze in den USA, kein Wunder, dass man hier nie weit von einem Golfplatz entfernt ist. Leider sind viele der wirklich guten Plätze exklusiven Hotelanlagen angeschlossen und somit deren Gästen vorbehalten.

In und um Orlando finden sich insgesamt 125 Golfplätze. Disney verfügt über die meisten Top-Plätze (99 Löcher) in der Gegend. Wondarinformen erhalten sie unter den kostenlosen Informationsnummern 407/WDW-GOLF (Tel. 939 4653 oder 824 2270). **Lake Buena Vista Course**, **Osprey Ridge Course**, **Eagle Pines Course**, **Palm Course** und **Magnolia Course** sind anerkannte 18-Loch-Wettkampfplätze im Disney-Gelände. Jedes Jahr im Oktober richtet Disney das **National Car Rental Golf Classic** aus. Die glücklichen Gäste des **Hyatt Regency Grand Cypress Hotel** (▶ 103) haben Zugang zu den 45-Loch-Plätzen, die von Jack Nicklaus entworfen wurden. Weitere Plätze finden Sie unter www.orlandogolf.com.

Miami und der Süden

Erste Orientierung 110
In drei Tagen 112
Nicht verpassen! 114
Nach Lust und Laune! 122
Wohin zum … 139

Miami und der Süden

Erste Orientierung

Vor einigen Jahren sorgten Kleinkriminelle wie auch der Exodus kubanischer Gefangener, die im Zuge des Mariel Boatlift (1980 hatte Fidel Castro rund 125 000 Kubanern die Ausreise genehmigt) nach Florida kamen, für ein stetiges Abrutschen Miamis auf der Hitliste der beliebtesten amerikanischen Urlaubsziele.

Es ist schon fast grotesk, aber ausgerechnet die Fernsehserie *Miami Vice* half der Stadt bei der Überwindung alter Vorurteile. Miami zeigte nun sein anderes Gesicht: Europäische Modefotografen entdeckten den Ocean Boulevard als großartige Kulisse für ihre Aufnahmen, Investoren begannen, die heruntergekommenen Art-déco-Hotels zu renommierten Häusern umzubauen. Nachdem auch die Stadtverwaltung erkannt hatte, wie wertvoll die Dollars aus dem Tourismus sind, erhielt die Förderung des Fremdenverkehrs oberste Priorität. Heute präsentiert sich Miami seinen Gästen als eine der pulsierendsten Städte der USA.

Viele Besucher verbringen einen Großteil ihrer Zeit in Miami Beach, einer schmalen Inselkette zwischen der Biscayne Bay und dem Atlantik. Tanken Sie mitten im Winter Sonne, genießen Sie die Kaffeehauskultur am Ocean Drive. Den Löwenanteil an Sehenswürdigkeiten bietet natürlich Miami selbst, doch wer mit dem Auto an der Atlantikküste Richtung Norden fährt, wird noch eine ganz andere Region Südfloridas entdecken. Größte Pluspunkte im nördlichen Teil Südfloridas sind die Strände, das florierende Wirtschaftswachstum, Boca Raton, eines der schönsten Beispiele für die Städteplanung der 1920er-Jahre, sowie Palm Peach, das eleganteste Seebad der Highsociety.

Vorhergehende Seite: Hütte der Rettungsschwimmer in South Beach

Erste Orientierung

★ Nicht verpassen!
- **1** South Beach ➤ 114
- **10** Coconut Grove ➤ 117
- **19** Everglades National Park ➤ 120

Nach Lust und Laune!
- **2** Virginia Key ➤ 122
- **3** Miami Seaquarium ➤ 122
- **4** Key Biscayne ➤ 122
- **5** Parrot Jungle Island ➤ 124
- **6** Bootsausflüge ➤ 124
- **7** Miami-Dade Cultural Center ➤ 124
- **8** Little Havana ➤ 125
- **9** Vizcaya Estate and Gardens ➤ 126
- **11** Coral Gables ➤ 126
- **12** Fairchild Tropical Gardens ➤ 128
- **13** Miami Metrozoo ➤ 128

Etwas weiter weg
- **14** Fort Lauderdale ➤ 130
- **15** Boca Raton ➤ 132
- **16** Palm Beach und West Palm Beach ➤ 132
- **17** Big Cypress National Preserve ➤ 133
- **18** Biscayne National Park ➤ 134
- **20** Keys und Overseas Highway ➤ 134

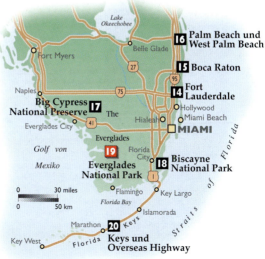

Miami und der Süden

Haben Sie bei Ihrem Miami-Urlaub von schlanken, hohen Palmen, einer vom Ozean herüber wehenden Brise und viel Sonne geträumt? Dann ist diese Route das Richtige für Sie.

Miami in drei Tagen

Oben und unten: South Beach

Erster Tag

Vormittags: Frühstücken Sie im News Café in ❶ **South Beach** (800 Ocean Drive, Tel. 305/538 6397). Nehmen Sie Ihre Badesachen mit, denn auf der anderen Straßenseite liegt mit dem **Lummus Park** (▶ 114) der beliebteste Sandstrand von Miami.

Nachmittags: Klopfen Sie sich den Sand ab und überqueren Sie die Straße, um in einem der vielen Cafés am Ocean Drive in aller Ruhe zu Mittag zu essen. Schauen Sie dann im **Art Deco Welcome Center** (1001 Ocean Drive, Tel. 305/531 3484) vorbei und mieten Sie sich Kopfhörer, um den **Art Deco District** (▶ 115f und 206ff) bei einer Audioführung zu Fuß zu erkunden.

Abends: Bummeln Sie über die **Lincoln Road Mall** (▶ 115) mit ihren Restaurants, Straßenkünstlern, Läden, Zigarrenbars, Buchgeschäften und Theatern und beobachten Sie die extravaganten Einwohner. Wer dann noch nicht müde ist, kann einen der Nachtclubs besuchen – oder einen Schlummertrunk im ebenso ungewöhnlichen wie schönen **Delano Hotel** (▶ 142) zu sich nehmen.

Zweiter Tag

Vormittags: Besorgen Sie sich ein Picknick für das Mittagessen und fahren Sie hinaus zu den Inseln. Nehmen Sie die US 1 in Richtung Süden durch die Innenstadt und fahren Sie nach ❷**Virginia Key** (➤ 120) oder ❹**Key Biscayne** (➤ 122). Lernen Sie auf Virginia Key windsurfen, fahren Sie auf einem Fischerboot mit oder unternehmen Sie eine Radtour in der **Bill Baggs Cape Florida State Recreation Area** (➤ 123).

Nachmittags: Genießen Sie Ihr Picknick oder essen Sie etwas in einem der Cafés im Erholungsgebiet. Verlassen Sie den Strand in Richtung Süden auf der Miami Avenue, um zu den ❾**Vizcaya Estate and Gardens** von Coconut Grove zu fahren und dort das prächtige Anwesen direkt am Meer zu besichtigen (➤ 126). Fahren Sie weiter gen Süden nach ❿**Coconut Grove** (rechts) und bummeln Sie ein wenig durch das venezianisch anmutende Dorf (➤ 117ff).

Abends: Genießen Sie ein Abendessen im Café **Tu Tu Tango** (➤ 118) und besuchen Sie anschließend eine Bar, einen Club oder ein Theater – oder machen Sie einen netten Schaufensterbummel.

Dritter Tag

Vormittags: Fahren Sie über die Brickell Avenue (Richtung Süden) und den Coral Way zu den ⓫**Coral Gables** (➤ 126) und nehmen Sie ein Bad im sagenhaften **Venetian Pool**.

Nachmittags: Nach einem Schaufensterbummel auf der Miracle Mile (➤ 126) geht es gen Osten auf der US 1 weiter zu den ⓬**Fairchild Tropical Gardens** (links) oder dem ⓭**Miami Metrozoo** (➤ 128). Anschließend fahren Sie über die US 1 zum Sunset Place, um dort einen Happen zu essen oder dem Konsum zu frönen (Red Road – S.W. 57th Avenue – South Miami).

Abends: Besuchen Sie wieder Ihr Lieblingsrestaurant in South Beach und einen der Nachtclubs, um so richtig durchzufeiern.

South Beach

South Beach ist so oft abgebildet worden, dass Sie sich in den Straßen schon deshalb zurechtfinden, weil diese so häufig als Kulisse für Modeshootings gedient haben.

Was macht den Reiz von South Beach eigentlich aus? SoBe, wie es bei Insidern heißt, hat sich selbst zur Riviera Amerikas gekürt und ist das kosmopolitischste Gebiet im Süden der USA. Alles, was man sich nur vorstellen kann, ist hier vorhanden, und zwar in den prächtigsten Farben: Art-déco-Hotels, blaues Meer, grüne Palmen und schillernde Persönlichkeiten.

Anfang der 1980er-Jahre konnten die alteingesessenen, heruntergekommenen Hotels durch gezielte Restaurierungsmaßnahmen vor der Abrissbirne gerettet werden. Miami Beach Architectural District wurde im 20. Jahrhundert das erste Stadtviertel, das wegen seiner architektonischen Substanz ins Nationale Verzeichnis historischer Stätten aufgenommen wurde – über 800 Gebäude sind dort inzwischen registriert. Im Gegensatz zu Orlando müssen Sie sich in SoBe nicht für Eintrittskarten zu den Hauptsehenswürdigkeiten anstellen. Sie kön-

nen sich einfach ins Getümmel stürzen und fangen am besten im **Lummus Park** an, der sich am Meer von der 5th zur 15th Street am Ocean Drive entlang erstreckt. Lummus bietet alles, was man für einen perfekten Vormittag am Strand braucht: Umkleiden, Volleyballnetze, Gehsteige zum Skaten oder

Miamis Markenzeichen: Art-déco-Hotels

South Beach

Joggen und viel weichen Sand. Für den Hunger zwischendurch finden sich auf der anderen Straßenseite des Strandes ausreichend Cafés.

Am frühen Nachmittag bietet sich ein Rundgang durch South Beach an: Im **Art Deco District Welcome Center** (1001 Ocean Drive, Tel. 305/351 3484, tägl. 11–18 Uhr) erwarten Sie Postkarten, Poster, Reproduktionen von Art-déco-Accessoires und eine Audioführung durch das Viertel. Die Besichtigungstour dauert rund 90 Minuten (preiswert).

Am Ocean Drive 1114 wurde im Juli 1997 Gianni Versace erschossen, das Gebäude ist danach zu einer fragwürdigen Attraktion avanciert, vor dem manch pietätloser Tourist für ein Foto posiert.

In der 10th Street gehen Sie zwei Blocks nach Westen zur Victoria Avenue, in der es Unmengen Delis, Restaurants, Bekleidungsgeschäfte und Nachtclubs gibt. Biegen Sie am Ende des Blocks links ab, dann erreichen Sie die **Wolfsonian-Florida International University** (1001 Washington Ave., Tel. 305/531 1001; www.wolfsonian.org). Das einstige Lagerhaus beherbergt 70 000 Glas-, Keramik- und Metallobjekte sowie Möbel und Alltagsgegenstände, der Schwerpunkt liegt auf Industriedesign aus dem späten 19. Jahrhundert bis Mitte des 20. Jahrhunderts.

Der kilometerlange Strand von Miami

Bummeln Sie nun weiter in Richtung Norden an der 14th Street vorbei und biegen Sie links am Española Way ab. Einst als Unterhaltungskomplex eines längst nicht mehr vorhandenen Hotels konzipiert, machte hier der junge Desi Arnaz die Conga in Amerika bekannt. Läden und Jugendherberge tragen viel zum Lokalkolorit bei, besonders lebendig geht es von Freitag bis Sonntag zu, wenn sich hier die Flohmarkthändler einfinden.

Ein paar Blocks weiter oben am Española Way biegen Sie rechts auf die Plaza de España ab, um dann drei Blocks weiter zur **Lincoln Road Mall** zu spazieren. Die neu gestaltete Mall zieht gleichermaßen Touristen wie auch Miamis Bewohner an.

Biegen Sie links (nach Westen) ab und machen Sie eine Pause im **Van Dyke Café** (846 Lincoln Rd., Tel. 305/534 3600). An den Tischen draußen gilt das Motto: Sehen und gesehen werden. An-

Miami und der Süden

SOUTH BEACH: INSIDER-INFO

Top-Tipps: Heben Sie sich den Besuch des Wolfsonian für den Donnerstag auf, dann wird **kein Eintritt** erhoben.

- South Beach ist zu groß, um es komplett zu Fuß erkunden zu können. Halten Sie Ausschau nach den Elektrowagen von **ELECTROWAVE** (Tel. 305/843 9283), mit denen man für 25 Cents in ganz South Beach herumfahren kann; es gibt insgesamt 30 Haltestellen (Fahrplan differiert).
- **Inlineskaten** ist in SoBe der Renner. Es gibt viele Geschäfte, in denen man die Ausrüstung ausleihen kann. Erkundigen Sie sich in Ihrem Hotel.
- Wer mit dem Auto unterwegs ist, sollte die **Parkhäuser** in der Collins Avenue (bei der 7th und 13th St.), in der Washington Avenue (bei der 12th St.) oder die westlich der Washington bei der 17th Street nutzen. Beim Parken am Straßenrand müssen Sie ein Ticket am **Parkautomaten** lösen.
- Delikte gegen Touristen sind zwar erheblich zurückgegangen, aber Seitenstraßen und entlegenere Gegenden sollten Sie trotzdem meiden.

Geheimtipp: Wer gern dicken, schwarzen Kaffee trinkt und sein Sandwich am liebsten dünn und heiß mag, bestelle sich einen **Cuban tinto** (starker, kubanischer Espresso) und ein **Cuban Sandwich** in jedem beliebigen Imbiss am Straßenrand.

Der herrliche Sandstrand von Miami

schließend bummeln Sie gen Westen zur Lenox Avenue, wo Sie dann kehrtmachen, um auf der anderen Straßenseite an den vielen Geschäften, Theatern, Restaurants und Bars vorbeizuflanieren. An der Collins Avenue biegen Sie links ab und schauen im **Delano** (1685 Collins Ave., ► 142) vorbei – dem sicher ungewöhnlichsten Hotel, das Sie je gesehen haben! Wer den Poolbereich besichtigt, hat das Gefühl, alles wie durch einen Spiegel verzerrt wahrzunehmen.

KLEINE PAUSE

Ghirardelli's Soda Fountain & Chocolate Shop (801 Lincoln Rd., Tel. 305/532 2538) ist eine kühle Oase, in der man es sich bei einer Torte, einem Schoko-Soda oder Süßigkeiten gemütlich machen kann.

10 Coconut Grove

Im 19. Jahrhundert entwickelte sich die kleine Gemeinde am Meer zu einem beliebten Wohnort von Künstlern, Intellektuellen und Schriftstellern. Nach dem Ersten Weltkrieg hatten mehr im *Who's Who in America* aufgeführte Persönlichkeiten in Coconut Grove ihren Wintersitz als an jedem anderen Ort der USA. Heute, mehr als ein halbes Jahrhundert später, trifft das noch immer zu – allerdings haben sich inzwischen Touristen zu den Prominenten gesellt.

Selbst an einem ruhigen Abend geht es im Zentrum des Viertels hoch her – aber warum? Es gibt nicht ein einziges wirkliches Szene-Lokal in Coconut Grove, das die Massen anlocken würde. Und dennoch kommen fast jeden Abend Teenager, Studenten

der University of Miami, Paare und Geschäftsleute an just jener Stelle zusammen, wo sich die McFarlane Road, die Grand Avenue und der Main Highway kreuzen. Hier lockt ein breites Unterhaltungsangebot: Sportbars, Rock 'n' Roll Clubs, schicke Restaurants, Kinos, Buchgeschäfte, Themenrestaurants, Knei-

Die weitläufigen angelegten Gärten des Vizcaya Estate

Vizcaya Estate and Gardens 230 3251 S. Miami Avenue 305/250 9133; www.vizcayamuseum.org Museum tägl. 9.30–16.30 Uhr, Garten tägl. 9.30–17.30 Uhr preiswert
Miami Museum of Science and Planetarium 230 B3 3280 S. Miami Avenue Museum: 305/646 4200; 24-Stunden-Cosmic-Hotline: 305/646 4420; www.miamisci.org tägl. 10–18 Uhr preiswert
Café Tu Tu Tango 230 B2 3015 Grand Avenue, Suite 250 (CocoWalk) 305/529 2222
Hooter's 230 B2 3015 Grand Avenue Suite 250 (CocoWalk) 305/442-6004

Miami und der Süden

pen, aus denen die Musikbox dröhnt, Kellerlokale, Boutiquen und Galerien – und das alles auf ein paar Blocks mitten im Zentrum des Dorfes konzentriert.

Doch das Viertel hat auch tagsüber seinen Charme, ein halber Tag in Coconut Grove reicht jedoch aus, um sich alles Sehenswerte anzuschauen. Zu den Highlights zählen **Vizcaya Estate and Gardens** (▶ 126). Die Führungen leiten die Besucher durch die verschiedenen Räume des herrschaftlichen Anwesens, die mit erlesenen Möbeln und Kunstwerken gefüllt sind. Die Führer erzählen Anekdoten über den Schlossbesitzer, die jedoch im Vergleich zur Architektur eher langweilig sind. Wer sich von der Gruppe losreißen kann, sollte lieber alleine das Anwesen auf sich wirken lassen, durch die Gärten spazieren oder sich im Hof des Haupthauses entspannen.

Wenn Sie über den South Bayshore Drive ins Dorf zurückkehren, sehen Sie auf der rechten Seite das **Miami Museum of Science and Planetarium**. Wer Spaß an einem Museum mit interaktiven Experimenten oder an einem Naturzentrum hat, in dem heimische Schlangen, Land- und Meeresschildkröten sowie Raubvögel ihr Zuhause haben, der ist hier genau richtig. Abends findet eine Rock 'n' Roll Laser Light Show im Planetarium statt.

Das **Café Tu Tu Tango** am CocoWalk ist ideal für eine kurze Pause. Innen ist es wie ein Künstleratelier gestaltet, vom Balkon genießen die Gäste einen schönen Blick auf das Dorf. Die Vorspeisen sind kreative Appetithappen.

Ab 19 Uhr wird es voll, man trifft sich meist am **CocoWalk**, einem dreistöckigen Unterhaltungskomplex mit Restaurants, Bars, Geschäften, einem Multiplex-Theater und fliegenden Händlern, die Zigarren, Glasperlen, Räucherstäbchen, Kräuter und Sonstiges verkaufen.

Wer sich gern einmal einen Abend lang passiv unterhalten lassen möchte, rückt sich einen Barhocker heran und lässt das Geschehen auf sich wirken. Auf der zweiten Ebene liegen drei Kneipen: Das **Hooter's** serviert Imbisse und Bier, das **Fat Tuesday** ist eine Freiluftbar, in der Bier und hochprozentige Daiquiris kredenzt werden.

Coconut Grove – unbestritten das hübscheste Dorf in der City

Coconut Grove

In den **Streets of Mayfair** (2911 Grand Ave., Tel. 305/448 1700) finden Sie locker 100 000 Bücher in der Buchhandlung **Borders Books, Music and Café**. Nach dem Blättern in den unzähligen Büchern lohnt sich der unterhaltsame Besuch des **The Improv Comedy Club** (339 Mary St., Tel. 305/441 8200).

Wer nicht mit den Touristen, sondern mit den Einheimischen den Abend verbringen will, der besucht eine der Bars und Tavernen, die alle ihre ganz individuelle Note haben. Probieren Sie einmal den **Sandbar Grill** (3064 Grand Ave., Tel. 305/444 5270), eine beliebte Sportbar mit Gerichten aus Baja California. Die **Tavern in the Grove** (3416 Main Highway, Tel. 305/447 3884) existiert schon seit Jahrzehnten und ist bei Studenten der Uni von Miami ebenso beliebt wie bei Berühmtheiten aus dem Showbusiness und dem Sport. **Mr. Moe's** (3131 Commodore Plaza, Tel. 305/442 1114) ist eine gut sortierte Freiluftbar mit lockerer Atmosphäre.

Überall in Miami finden sich Kunstwerke

COCONUT GROVE: INSIDER-INFO

Top-Tipps: Auch an Wochenenden hat man hier keine Parkplatzsorgen: Folgen Sie einfach der Ausschilderung zu den **Parkplätzen** am Dorfrand (preiswert). Das eigentlich **Sehenswerte** in Coconut Grove ist das Dorf selbst.

Muss nicht sein! Wer so viele Anwesen und Museen besichtigt hat, dass es schon nicht mehr richtig Spaß macht, der kann **Vizcaya** und das **Miami Museum of Science and Planetarium** beruhigt auslassen.

Geheimtipp: Etwa 800 m südlich von Miami am Main Highway kommen Sie an der Devon Road und der **Plymouth Congregational Church** (Tel. 305/444 6521, Führung telefonisch vereinbaren) vorbei. Die Kirche aus Korallenfelsen in einem dichten Laubwald erinnert an eine mexikanische Missionskirche und hat wunderschöne Gartenanlagen.

Fat Tuesday 230 B2 3015 Grand Avenue (CocoWalk) 305/441 2992
Streets of Mayfair 230 B2 2911 Grand Avenue 305/448 1700 So–Di 11–22, Fr/Sa 11–23 Uhr
Sandbar Grill 230 B2 3064 Grand Avenue 305/444 5270

19 Everglades National Park

Majestätisch sind die Everglades vielleicht nicht. Wer jedoch eines der berühmtesten Feuchtgebiete unseres Planeten und Florida im weit gehenden Originalzustand sehen will, ist hier genau richtig.

Der **Everglades National Park** hat eine Fläche von etwa sechs Millionen Hektar und wurde jahrzehntelang als frei verfügbares Land betrachtet, bis 1947 der Grundstein für den Nationalpark gelegt wurde.

Der Park ist ganzjährig geöffnet, Hochsaison herrscht von Dezember bis April, den trockeneren und kühleren Monaten des Jahres. Während der Sommermonate sind die Everglades ein von Hitze und Feuchtigkeit geplagtes Sumpfgebiet.

Von Miami fahren Sie in Richtung Südwesten und halten nach der State Road 9336 Ausschau, die zum **Ernest F. Coe Visitor Center** (10 $ pro Wagen für einen 7-Tage-Pass) führt. Im Besucherzentrum können Sie zur Einstimmung einen Film anschauen und sich ein paar Broschüren mitnehmen. Ob Sie mit Ihrer Besichtigung nun hier oder in einem der anderen Besucherzentren anfangen, ist egal, Parkinformationen sind überall erhältlich, ebenso werden überall Führungen durch den Park angeboten: mit dem Jeep, per Bahn oder Boot. Wanderkarten, Broschüren, Bücher, Filme, Postkarten und Insektenschutzmittel (wichtig!) runden das Angebot ab. Es gibt Restaurants und Imbisse, einen kleinen Yachthafen, Fahrrad- und Kanuvermietungen sowie eine Übersicht über das Veranstaltungsprogramm.

Die Ranger haben ein attraktives Veranstaltungs- und Tourangebot zusammengestellt, das auf breite Zustimmung bei den Gästen trifft. **Führungen** kosten extra, doch sind kleine geführte

Zu den Unternehmungen in den Everglades zählen eine Fahrt mit dem Boot und das Beobachten von Vögeln

Coconut Grove 121

Vogelbeobachtungen, Kanuausflüge, Spaziergänge entlang dem Ufer, Vorträge am Meer, Bootsausflüge und Fahrten mit der Bahn darin eingeschlossen.

Wer gerne Wildtiere beobachten möchte, fährt zu folgenden Punkten: Anhinga Trail, Snake Bight, Chokoloskee Bay, Loop Road oder Turner River Road. Eine Exkursion mit der Bahn führt ins **Shark Valley** und zu einem 20 m hohen Aussichtsturm, von dem man einen herrlichen Blick auf die Vögel und Alligatoren in der Riedgrasprärie hat.

Wer auf ein Abenteuer aus ist, fährt mit dem Kanu oder Kajak auf dem 160 km langen **Wilderness Waterway** durch die Mangroven. Von diesem zweigen mehreren kurze Rundfahrten wie z.B. zum Nine Mile Pond (8,3 km) oder Noble Hammock (3 km lange Teilstrecke), zum Mud Lake und zur Hells Bay ab. Gutes Kartenmaterial zur Orientierung ist ebenso notwendig wie eine Parkgenehmigung, falls Sie im Park zelten wollen.

Das **Miccosukee Indian Village** (Tel. 305/223 8380; www.miccosukee.com/mivillage.html) ist ein bewohntes Indianerdorf, in dem Sie einen Einblick in die Lebensgewohnheiten und die Handwerkskünste des Stamms bekommen, der sich im 19. Jahrhundert in die Everglades zurückgezogen hatte, um nicht in ein Reservat im Westen deportiert zu werden. 1962 erhielt der Stamm die Landeshoheit über das Gebiet. Fahrten mit dem Airboat (Propellerboot), Alligatorenkämpfe und ein Ausflug zum **Cook Chickee** (einem Pfahlbau) sind ebenfalls möglich. Ein Museum zeigt Fotos von verstorbenen Stammesmitgliedern, Gewänder sowie Gemälde und Skulpturen. Ein dritter Raum beschäftigt sich mit der Beziehung zwischen den Miccosukee und den Choctaw-Indianern vom Mississippi.

Im Miccosukee Indian Village erhält man Einblick in das traditionelle Leben des Indianerstamms

Egal, wo Sie sich aufhalten, auf die Anweisungen der Ranger sollten Sie in jedem Fall hören und unter keinen Umständen die recht zahm wirkenden Manatis, Schildkröten und Waschbären anfassen oder füttern. Viele haben keine Angst mehr vor Menschen, sehen nur den Leckerbissen – und beißen dann auch schon einmal in Ihren Finger. Halten Sie vor allem großen Abstand zu den Alligatoren und Schlangen.

Everglades National Park 227 D2 ✉ 40001 State Road 9336, Homestead
☎ 305/242 7700; www.nps.gov/ever oder www.everglades.national-park.com

EVERGLADES NATIONAL PARK: INSIDER-INFO

Top-Tipps: Es gibt fünf Besucherzentren, in denen man Informationen erhält, sich für Ausflüge anmelden und Proviant einkaufen kann. Das Miami am nächsten gelegene ist das **Ernest F. Coe Visitor Center** (Tel. 305/242 7700) westlich von Homestead und Florida City. Auf der Ostseite des Parks befinden sich die Besucherzentren **Royal Palm** (Tel. 305/242 7700, 6,5 km westlich vom Haupteingang und unweit vom Anhinga Trail) sowie **Flamingo** (Tel. 941/695 2945). Letzteres liegt am Ende der letzten Straße in Südflorida am Südende des Parks und rund 61 km südwestlich des Haupteingangs. **Shark Valley** (Tel. 305/221 8776) liegt an der Nordostgrenze und ist über das Big Cypress National Preserve und die Loop Road zu erreichen. Im Nordwesten des Parks bietet sich in Everglades City das Visitor Center **Gulf Coast** (Tel. 941/695 3311) als Ausgangspunkt für Fahrten zu den Ten Thousand Islands an. Alle Einrichtungen sind von 8 bis 17 Uhr geöffnet.

Miami und der Süden

Nach Lust und Laune!

❷ Virginia Key
In South Beach ist viel los, in der Innenstadt Miami ist es immer voll. Wer also Ruhe sucht, sollte am besten auf dem Rickenbacker Causeway über die Brücke (1 $) nach Virginia Key fahren. Sie können Ihr Auto am silbern schillernden Meer gleich hinter der Mautstelle parken und sich dann zu den Einheimischen gesellen, die hier so genannte Tailgate-Partys feiern (d.h. die hintere Wagenklappe öffnen und bei Musik ein Picknick machen) oder Wellen reiten. Toiletten sind vorhanden; kein Restaurant.

 Sailboards Miami, Windsurfer Beach
 230 C3 ☎ 305/361 7245; www.sail boardsmiami.com mittel pro Stunde, teuer für zwei Tage mit Unterricht

❸ Miami Seaquarium
SeaWorld stellt sicher alles in den Schatten, was es an Meeresattraktionen in Zentralflorida gibt, doch dieses Aquarium erfreut sich ungebrochener Beliebtheit. Zu den Attraktionen zählen Seelöwen-, Delphin- und Killerwal-Shows; einige Tierschützer kritisieren jedoch die unzureichende Größe des Walbeckens. Zu den Shows gesellen sich ein Aquarium mit tropischem Riff und geretteten Manatis (Seekühen). Wer es sich leisten will, schwimmt vielleicht eine Runde mit den Delphinen (sehr teuer) im Rahmen einer zweistündigen Teilnahme am **Water and Dolphin Exploration Program** (WADE) – eine Reservierung dafür wird empfohlen.

 230 C2
 4400 Rickenbacker Causeway
 ☎ 305/361 5705; www.miamiseaquarium.com tägl. 9.30–18 Uhr, letzter Einlass 16.30 Uhr
 mittel (Parkgebühr extra: preiswert)

❹ Key Biscayne
Obwohl Key Biscayne ein beliebtes Wohngebiet ist, wird man doch überrascht feststellen, dass die Natur die Insel dominiert. Ein Großteil des Keys nehmen zwei Parks – Crandon Park und Bill Baggs Cape Florida State Recreation Area – ein.

Crandon Park
Im 485 ha großen Park liegt mit dem **Crandon Park Golf Course** (6700 Crandon Boulevard, Tel. 305/361 9129; sehr teuer) einer der schönsten Golfplätze der Gegend. Vom **Marjory Stoneman Douglas Biscayne Nature Center** (Tel. 305/361 6767) aus kann man an einer Fußwanderung teilnehmen, die u.a. den Lebensraum von Seegurken, Seepferdchen, Krabben und Shrimps näher bringt. Tennisplät-

Eine phantastische Unterwasserwelt garantiert grandiose Tauchgänge

Nach Lust und Laune! 123

Verbringen Sie einen Tag in der Bill Baggs Cape Florida State Recreation Area

ze, Ballspielplätze, Skating- und Joggingpfade runden das sportliche Angebot ab, alternativ lockt der 3 km lange Strand mit weichem Sand und guten Parkmöglichkeiten.

🞢 230 C2 ✉ 4000 Crandon Boulevard
☎ 305/361 5421 ⏰ tägl. 8 Uhr bis Sonnenuntergang 💰 preiswert

Bill Baggs Cape Florida State Recreation Area

Die wohl schönsten Strände an der Biscayne Bay liegen am Ende des Crandon Park Boulevard. Alternativ können Sie ein Café besuchen, mit Ihren Kindern einen der Spielplätze aufsuchen oder Fahrrad fahren, inlineskaten, kayaken, fischen oder das um 1846 erbaute **Cape Florida Lighthouse** besichtigen. Das gepflegte Areal ist genau der richtige Ort, um sich ein paar faule Tage in Miami zu machen.

🞢 230 C2
✉ 1200 South Crandon Boulevard
☎ 305/361 5811
⏰ tägl. 8 Uhr bis Sonnenuntergang
💰 preiswert

Tiefseeangeln

Wenn Sie Zeit, Lust und das nötige Kleingeld haben, dann können Sie zum Tiefseeangeln aufs Meer hinausfahren. Im Yachthafen von **Crandon Park** wartet eine Flotte von hochseetüchtigen Booten auf Angelenthusiasten, die Segelfische, Königsdorsche, Goldmakrelen, Snapper, Wahoos, Barsche und Thunfische angeln wollen. Die Hälfte des Fanges dürfen Sie behalten, die andere Hälfte bekommt der Kapitän. Lassen Sie sich jedoch keine Angellizenz verkaufen, denn die für das Boot gültige gilt auch für alle Teilnehmer. Alternativ können Sie auch ein eigenes Boot mieten, zum Fischen oder Wasserskifahren hinausfahren oder einfach auf einer Insel in der Nähe ein Picknick machen.

🞢 230 C2 ✉ Crandon Park Marina, 4000 Crandon Boulevard ☎ 305/361 1281; www.miamidade.gov/parks ⏰ tägl. 8–18 💰 sehr teuer (Halbtagestour)

Weitere Informationen über Tiefseeangeln und diverse andere Sportarten bekommen Sie bei der **Florida Sports Foundation** (2964 Wellington Circle North, Tallahassee 32308, Tel. 850/488 8347).

Miami und der Süden

5 Parrot Jungle Island
Der 1936 gegründete Wildpark bekam im Juni 2003 eine neue, 7,7 ha große Heimat auf Watson Island, wo nun 3000 Tiere, darunter Schlangen, Schildkröten, Flamingos, Panther, Affen und Alligatoren sowie über 362 Papageienarten leben; 500 tropische Pflanzenarten erfreuen die Besucher mit ihrer Blütenpracht.
- 230 C3
- 1111 Parrot Jungle Trail, Watson Island
- 305/258 6453; www.parrotjungle.com
- tägl. 10–18 Uhr mittel

Millionaires' Row und den Venetian Islands vorbei.
- 230 B3 305/445 8456
- tägl. 11, 13, 15, 17, 19 Uhr
- preiswert

Island Queen, Island Lady,
Ausflugsschiffe zeigen Passagieren den Hafen von Miami und die Millionaires' Row.
- 230 B3 305/379-5119;
- www.islandqueencruises.com
- tägl. 11–19 Uhr, Abfahrt stündl.
- preiswert

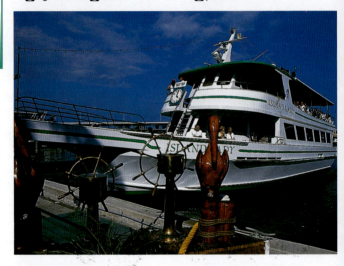

Ausflugsfahrten in der Bucht von Miami sind ein preiswertes Vergnügen

6 Bootsausflüge
Kaum etwas kann das aquamarinfarbene Meer von Miami übertreffen. Wer keine 100 000 $ für eine flotte Yacht ausgeben will, kann zumindest für ein paar Dollar auf den Wellen schaukeln. Planen Sie den Bootsausflug in der Abenddämmerung, um zu erleben, wie der legendäre »Mond über Miami« am Horizont aufgeht.
Bayside Marketplace (401 Biscayne Boulevard) grenzt in der Innenstadt von Miami an die Biscayne Bay und bietet diverse Kreuzfahrten. Zu den Anbietern zählen:

Floribbean Hospitalities
Die mit Klimaanlage und 150 Plätzen ausgestattete *Celebration* fährt an der

Heritage of Miami II
Dieser 26 m lange, zweimastige Schoner segelt um die Biscayne Bay, vorbei an Coconut Grove, Vizcaya und den Domizilen diverser Berühmtheiten.
- 230 B3
- 305/442 9697 (oft auf längeren Törns unterwegs, deshalb vorher anrufen)
- unterschiedliche Abfahrtszeiten (vorher anrufen) preiswert

7 Miami-Dade Cultural Center
Wer Kunst, Bücher und Geschichte liebt, ist hier genau richtig: Im 1,2 ha großen Komplex in Miamis Innenstadt befinden sich das Miami Art Museum,

Nach Lust und Laune!

Im El Credito von Little Havana werden Zigarren bis heute von Hand gerollt

das Historical Museum of Southern Florida und die Main Public Library (öffentliche Bibliothek).

Miami Art Museum
Zu den Highlights zählen die Dauerausstellung sowie bedeutende Wechselausstellungen mit Werken internationaler Künstler aus der Zeit nach 1945.

- 230 B3
- 101 W. Flagler Street
- 305/375 3000
- Di–Fr 10–17, Sa/So 12–17 Uhr
- preiswert

Historical Museum of Southern Florida
Hier können Sie einen Eindruck bekommen, wie Florida vor seiner touristischen Erschließung ausgesehen hat. Das Museum informiert anschaulich über die indianischen Ureinwohner, die spanischen Eroberer oder die Umgestaltung eines von Moskitos geplagten Sumpfes in ein modernes Tropenparadies.

- 230 B3 ✉ 101 W. Flagler Street, Miami
- 305/375 1492; www.historical-museum.org
- Mo–Sa 10–17, So 12–17 Uhr
- preiswert

Main Public Library
Wer Ruhe zum Lesen und Nachdenken sucht, bekommt dafür in der Hauptbibliothek 4 Mio. Bücher geboten.

- 230 B3
- 101 W. Flagler Street, Miami
- 305/375 2665; www.mdpls.com
- Mo–Sa 9–18 Uhr (Do bis 21 Uhr); Okt.–Mai So 13–17 Uhr)

8 Little Havana
Little Havana eilt ein besserer Ruf voraus, als es verdient hat: Diverse heruntergekommene Motels und Läden ziehen sich an einem betriebsamen Boulevard entlang, der mitten durch das Latino-Viertel führt. Von ein paar wenigen Baudenkmälern abgesehen gibt es hier nicht viel Interessantes zu entdecken. Zu den wenigen Attraktionen zählen die Tabakmanufaktur **El Credito** (1106 S.W. 8th St., Tel. 305/ 858 4162 oder 800/726 9481). Hier rollen kubanische Arbeiter von Hand die Zigarren für berühmte Gelegenheitsraucher wie Robert DeNiro oder George Hamilton, aber genauso auch für ganz normale Leute, die einfach einmal gern eine gute Zigarre genießen.

Miami und der Süden

Wer eine fremde Kultur kennen lernen will, schaut im **Domino Park**, der auch unter dem Namen Máximo Gómez Park bekannt ist, vorbei. Der Park an der Calle Ocho und S.W. 15th Avenue ist eine ruhige Oase, in der ältere Kubaner Domino spielen, etwas trinken und über die gute alte Zeit vor der Revolution plaudern.

230 B3 S.W. 8th Street (Calle Ocho), Miami

❾ Vizcaya Estate and Gardens

Das Anwesen bezieht seine Pluspunkte aus seiner eindrucksvollen Architektur, aber was dem einen gefällt, findet der andere scheußlich. Der Industrielle James Deering aus Chicago erbaute sich diesen Wintersitz mit 34 Räumen direkt an der Biscayne Bay. Das Gebäude ist wunderschön, wirkt allerdings wegen der Gemälde, Skulpturen, Antiquitäten und Möbel aus dem 15. bis 19. Jahrhundert etwas steril. Verzichten Sie auf die Führung und nutzen Sie lieber die Zeit für einen Spaziergang durch die 4 ha große Gartenanlage oder ans Meer (ca. 1 Stunde).

Venetian Pool: Denman Finks phantasievolles Schwimmbecken

230 B3
3251 S. Miami Avenue, Coconut Grove
305/250 9133; www.vizcayamuseum.org
tägl. 9.30–17 Uhr (Haus),
9.30–17.30 Uhr (Gärten)
preiswert

❿ Coral Gables

Anfang der 1920er-Jahre schwebte George E. Merrick ein amerikanisches Venedig vor, das er kurzerhand bauen ließ. Dafür erweiterte er die 65 ha Gemüsefelder und Zitrushaine, die er geerbt hatte, um weitere 1400 ha und schuf auf dem Gelände eine mediterrane Idealstadt. Das Ergebnis ist ein einzigartiges Viertel – nur ein paar Kilometer und dennoch Welten – von Miami entfernt.

230 A3
Coral Gables Chamber of Commerce,
360 Greco Avenue, Suite 100, Coral Gables
305/446 1657; www.gableschamber.org

Miracle Mile

Wer gern dem Einkaufen frönt, sollte diese Gegend mit Brautausstattern, Antiquitätengeschäften, Buchläden, Juwelieren und anderen kleineren Geschäften besuchen und zusammen mit den Einheimischen durch die Läden

Nach Lust und Laune!

Ein schlichter Raum im 34-Zimmer-Anwesen Vizcaya

bummeln. **Books & Books**, einen Block nördlich der Miracle Mile, ist ein wahres Eldorado für Bücherfans (296 Aragon Ave., Tel. 305/442 4408).

✠ 230 B3
✉ Coral Way, zwischen S.W. 37th Avenue (Douglas Rd.) und S.W. 42nd Avenue (Le Jeune Rd.)

Venetian Pool

Gegen dieses beeindruckende Kunstwerk nehmen sich die klassischen Hotelpools wie simple Schwimmbäder aus. Der Künstler Denman Fink verwandelte einen alten Steinbruch in eine Kanallandschaft nach venezianischem Vorbild. Sie werden den Besuch nicht bereuen. Die Snackbar, Garderobenschränke und Duschen tragen zu einem angenehmen Aufenthalt bei.

✠ 230 A3
✉ 2701 DeSoto Boulevard, Coral Gables
☎ 305/460 5356
⏰ Öffnungszeiten ändern sich saisonal, telefonisch erfragen
💲 preiswert, Parkplatz gratis

Biltmore Hotel

Warum ragt die 16-stöckige Nachbildung der berühmten Giralda von Sevilla mitten in einem Wohngebiet auf? Weil George Merrick das Bauwerk dort haben wollte. Das Gebäude mit seinen 278 Räumen aus den 1920er-Jahren ist ein architektonisches Meisterwerk. Es kam arg herunter und diente im Zweiten Weltkrieg sogar als Militärhospital, bis es schließlich 1992 liebevoll restauriert wurde. Die üppige, mit Antiquitäten und Kerzenleuchtern ausgestattete Lobby im maurischen Stil weist ein von Hand gemaltes Deckengemälde auf. Im Außenbereich beeindrucken der prunkvolle Balkon und der Pool. Auch Nicht-Hotelgäste können hier am Sonntagnachmittag an einer Führung teilnehmen.

✠ 230 A3
✉ 1200 Anastasia Avenue
☎ 305/445 1926;
www.biltmorehotel.com
⏰ tägl., Führungen So 13.30, 14.30 und 15.30 Uhr

Coral Gables Merrick House and Gardens

Wer an einem Mittwoch oder Sonntag hier ist, sollte sich die Zeit nehmen, zu schauen, wo George Merrick – der geistige Vater von Coral Gables – als Kind gelebt hat. Die zehnminütige

Miami und der Süden

Videopräsentation gibt eine gute Einführung in sein Leben und sein Heim in Altflorida. Das Gebäude wurde so restauriert, wie es Anfang des 20. Jahrhunderts ausgesehen hat. Zu bewundern sind in dem Familiensitz alte Familienerbstücke, antike Möbel, Fotos und Kunstwerke.

✜ 230 A3 ✉ 907 Coral Way
☎ 305/460 5361
🕓 Haus: Mi und So 13–16 Uhr oder nach Vereinbarung 💰 Spende

🔢 Fairchild Tropical Gardens

Die Bezeichnung »Tropengarten« evoziert schon das Bild eines exotischen Paradieses mit herrlich bunten Pflanzen und Blumen. Der Garten ist nach David Fairchild benannt, einem bekannten Botaniker und Bürger Miamis. Die Anlage präsentiert sich in allen möglichen Grünschattierungen mit bunten Farbtupfern. Über das Gelände verteilt liegen elf Seen und ein Treibhaus, wachsen unzählige blühende Pflanzen wie Orchideen, Alpenrosen und Bougainvilleen. Einige Bereiche sind besonders malerisch, Veranstaltungen wie Theater- und Musicalaufführungen tragen das ihre zum Ambiente bei. Wenn Sie die Gärten besichtigen, sollten Sie unbedingt an der einstündigen Tour mit einer kleinen Bahn teilnehmen und nicht versuchen, das 33 ha große Gelände zu Fuß zu erkunden. Um Enttäuschungen vorzubeugen: Erwarten Sie kein Blumenparadies wie auf Hawaii!

✜ 230 A2
✉ 10901 Old Cutler Road, Coral Gables
☎ 305/667 1651; www.fairchildgarden.org
🕓 tägl. 9.30–16.30 Uhr, am 25. Dez. geschl. 💰 preiswert

Fairchild Tropical Gardens: Die über 33 ha große Oase ist nach dem berühmten Botaniker David Fairchild benannt

🔢 Miami Metrozoo

Der Tierpark gehört zu den besten in ganz Amerika, da die Tiere nicht in Käfigen gehalten werden, sondern durch einen Graben von den Besuchern getrennt sind. Über 700 Tiere leben in dem 117 ha großen Areal in Gehegen. Zu den Hauptattraktionen zählen der **Tiger Temple** mit weißen Bengalischen Tigern, die **Koalagehege** und die **African Plains**.

Kinder können im **Streichelzoo PAWS** ganz nah an die verschiedenen Tiere herangehen, das **Ecology Theater** vermittelt Wissenswertes über die in Florida heimischen Tierarten. Eine **Wildlife Show** zeigt das Naturverhalten einiger eigens abgerichteter Tiere.

✜ 227 E3 ✉ 12400 S.W. 152nd Street ☎ 305/251 0401; www.zsf.org
🕓 tägl. 9.30–17.30 Uhr, letzter Einlass 16 Uhr
💰 preiswert, 45-minütige Bahnfahrt preiswert

Tiere wie dieser Bengalische Tiger leben im Metrozoo in großen Gehegen

Etwas weiter weg

Von Miami nach Palm Beach

Wer der Anziehungskraft von South Beach widersteht, wählt vielleicht alternativ eine Fahrt auf der Collins Avenue (auch: A1A) in den Norden von Miami. Am Anfang mag Ihnen der Unterschied nicht so auffällig erscheinen, da noch immer viele Art-déco-Hotels an der Straße stehen, doch weichen diese allmählich höheren, schwerfälligen und scheußlichen Gebäudekomplexen.

Auf der linken Seite liegt der **Indian Creek**, am gegenüberliegenden Ufer stehen wunderschöne Anwesen aus den 1920er-Jahren. Überqueren Sie den Creek auf einer der Brücken, die

Architekt Morris Lapidus aus Miami schuf diese große, auffällige Grand Dame mit 1200 Zimmern, um Gästen, die im Süden überwintern wollten, hier eine zweite Heimat zu geben. Das Resort steht für einen wichtigen Teil der Geschichte Miamis. Ein Stopp und ein Blick auf die Hotelanlage, die den Eindruck einer eigenständigen Stadt macht, lohnen sich allemal.

Das Fontainebleau war so erfolgreich, dass Lapidus schon ein Jahr später gebeten wurde, ein weiteres Hotel dieser Art zu entwerfen. Das ein Stück weiter nördlich gelegene **Eden Roc** geht ebenfalls auf seine Entwürfe zurück. Es ist kleiner als das Fontainebleau und erinnert an ein Dampfschiff,

Das Fontainebleau Resort in Miami heißt schlicht »The Big Blue«

zu diesem alten Viertel führen, und schauen Sie sich einige Straßenzüge dieses Viertels näher an.

Wieder zurück auf der Collins Avenue, erreichen Sie nach einer Linkskurve bei der 44th Street das **Fontainebleau Resort**, eine für die 1950er-Jahre typische Hotelanlage. Der berühmte

das gerade in See stechen will. Die marine Inneneinrichtung ist sehr geschmackvoll. Lapidus selbst sagte dazu: »Wenn ich je eine elegante Filmkulisse als Lobby eines Nobelhotels entworfen habe, dann diese hier.«

Die luxuriösen Hotels werden nun von einem gesichtslosen Abschnitt der

Miami und der Süden

A1A abgelöst, das Bild ändert sich erst wieder an der Kreuzung der 91st Street, wo die Nachbarstädte Surfside und Bal Harbour beginnen.

Surfside ist vor allem bei Frankokanadiern beliebt, die die Strände zwischen der 88th und der 96th Street bevölkern. Aber vielleicht kommen sie ja auch so gerne, weil ihnen die Atmosphäre des Arbeiterviertels mit seinen Andenkenläden, Apotheken, Restaurants und entlang der Collins Avenue so gut gefällt.

Ein paar Blocks weiter nördlich steht **Bal Harbour** für Protz und Prunk; es wird auch als »Quadratmeile der Eleganz« bezeichnet. Der ehemalige Senator Bob Dole besitzt hier ebenso wie andere Millionäre eine Wohnung, sie alle lieben die exklusiven **Bal Harbour Shops** in der Collins Avenue 9700. Die gut 100 Geschäfte und Boutiquen werden vom größten Saks Fifth Avenue in Florida dominiert.

Ein Stück weiter nördlich wechselt Miami erneut sein Gesicht. Am **Haulover Beach Park** (10800 Collins Ave., Tel. 305/947 3525; preiswert) erwarten die Gäste eine Vielzahl von Freizeitaktivitäten, dazu einer der wenigen FKK-Strände des Staates. Zum Angebot gehören Grillplätze, Tennis- und Volleyballplätze, Trimmpfade, Drachen- und Kanuvermieter, Bootsverleiher und ein 9-Loch-Golfplatz.

Wer nicht genug vom Freizeitspaß im Freien kriegt, biegt weiter nördlich auf die N.E. 163rd Street ab, um in die **Oleta River State Recreation Area** (3400 N.E. 163rd St., Tel. 305/919 1846; preiswert) zu fahren. In dem mit 422 ha größten Erholungsgebiet Floridas geht es etwas weniger schick als in Haulover zu. Camping, Kayak- und Kanutouren und das Fischen stehen hier im Vordergrund. Wer es gern etwas ländlich-rustikaler mag, ist hier genau richtig. In den Wintermonaten lassen sich zudem Delphine, Fischadler und Manatis beobachten.

Ein paar Kilometer weiter verlässt man den Miami-Dade County und wechselt in den Brownard County. An der A1A gibt es, vom schönen Atlantik einmal abgesehen, nicht viel Interessantes zu sehen.

Wenn Sie **Dania** erreichen, macht die A1A eine scharfe Linkskurve und verbindet sich ein paar Kilometer lang mit der US 1, auch Federal Highway genannt. Hier sollten Sie unbedingt anhalten, wenn Sie auf der Suche nach Schnäppchen sind, die Sie hier eher als in den Einkaufszentren finden werden. Schnäppchenjäger verbringen problemlos einen ganzen Tag am Federal Highway, müssen sich aber dessen bewusst sein, dass es sich hierbei nicht um ein nettes Einkaufsviertel, sondern um eine viel befahrene Schnellstraße handelt.

14 Fort Lauderdale

Sobald Sie die I-595 passiert haben, halten Sie nach dem 17th Street Causeway Ausschau, auf den Sie rechts abbiegen, um zurück auf die A1A zu kehren. Die hübsche Küstenstraße führt direkt am Meer entlang nach Fort Lauderdale hinein, das gern als Venedig Amerikas bezeichnet wird. Es gibt über 400 km befahrbare Wasserstraßen, die sich durch die ganze Stadt schlängeln, Tausende von Privatbooten dümpeln auf den Kanälen und tragen das ihre zum malerischen Eindruck bei.

Der Highway A1A heißt nun Atlantic Boulevard oder Ocean Drive. Blei-

Nach Lust und Laune!

ben Sie auf der Straße, zwischen dem Las Olas Boulevard und dem Sunrise Boulevard liegt der schönste Strandabschnitt von Fort Lauderdale. Eine niedrige, weiße gewellte Wand trennt Straße und Strand. Eine Augenweide vor allem für die männlichen Autofahrer sind die unzähligen schönen Frauen, die im Bikini auf ihren Skates die Straße entlangrollen.

Wenn Sie zum Las Olas Boulevard zurückkehren und nach Westen fahren, erleben Sie eine andere Seite von Fort Lauderdale. Unterwegs führt der

Die Strände von Fort Lauderdale zählen zu den lebhaftesten der Küste

Fort Lauderdale, das Venedig Amerikas – nur die Gondolieri fehlen

Weg an sündhaft teuren Eigenheimen und Schiffen auf dem New River vorbei. Am und nahe dem Boulevard finden sich Kunst- und Geschichtsmuseen sowie das **Las Olas Riverfront**, ein attraktiver Komplex mit Unterhaltungs- und Einkaufsmöglichkeiten sowie Restaurants, Cafés im Freien, Picknicktischen und Parkbänken.

Die **Riverwalk-Promenade** trägt ihrem Namen Rechnung – ein netter Fleck, um am Ufer entlangzupromenieren.

Miami und der Süden

15 Boca Raton

Als die Stadt 1925 auf der Höhe des Baubooms in Florida eingemeindet wurde, engagierten die Stadtväter von Boca Raton den berühmten Architekten Addison Mizner, um ihnen ein Seebad von Weltrang zu planen. Auch wenn das Ende des Wirtschaftsbooms für diese Pläne größtenteils das Aus bedeutete, wurde eines der Projekte von Mizner – das **Rathaus** – 1927 dennoch fertig gestellt. Es trägt bis heute Mizners Handschrift. Das inzwischen restaurierte Gebäude erstrahlt nun wieder in seiner alten Eleganz und beherbergt die **Boca Raton Historical Society**. Boca ist auch heute noch eine reiche Stadt, die ihren Wohlstand gern zur Schau stellt – z.B. im **Mizner Park**, einem Wohn- und Einkaufsviertel, in dem teure Boutiquen, Kunstgalerien, Juweliere und Cafés die Kulisse für Konzerte von Top-Künstlern bilden. Entspannen Sie sich im Amphitheater, legen Sie sich ins Gras und lassen Sie es sich einfach gut gehen.

Boca Raton Historical Society
227 F4
71 North Federal Highway
561/395 6766; www.bocahistory.com

Mizner Park
227 F4 500 S.E. Mizner Boulevard
561/362-0606; www.miznerpark.org

Pink dominiert im noblen Mizner Park

16 Palm Beach und West Palm Beach

Gegen Palm Beach, das seit 100 Jahren im Winter Tummelplatz der Reichsten der Reichen ist, steht Boca Raton wie ein Armenhaus da. Palm Beachs Entstehung ist eng mit Henry M. Flagler verbunden, der schon Ende des 19. Jahrhunderts erkannte, dass die Zukunft Floridas im Tourismus liegen würde. Flagler war bereits über 50 Jahre alt, als er Florida mit dem Bau der Florida East Coast Railway für den Fremdenverkehr öffnete. Die Eisenbahnlinie brachte die Reisenden direkt vor der Tür der extravaganten Flagler-Resorts in St. Augustine, Daytona, Palm Beach, Miami und Key West.

Das **Flagler Museum** (One Whitehall Way, Tel. 561/655 2833; www.flagler.org) befindet sich in Whitehall, einem Anwesen, das er einst für seine Frau errichten ließ. Auch wenn im Museum vieles den Reichtum Flaglers spiegelt, darunter auch sein privater Eisenbahnwaggon, vermittelt **The Breakers** (One South Country Rd., Tel. 561/655 6611; www.thebreakers.com) ein paar Blocks weiter doch noch stärker seine Visionen. Die heutige Version (▶ 144) ist der Villa Medici in Rom nachempfunden. 1926 wurden 75 italienische Künstler eingeflogen, um die prächtigen Deckengemälde in der 61 m langen Lobby und in den öffentlichen Räumen im ersten Stock zu malen. Die Übernachtungspreise sind extem hoch, aber man darf kostenlos die Lobby betreten und in den öffentlichen zugänglichen Bereichen herumspazieren und erhält schon durch diesen kurzen Eindruck ein Gefühl für die Größe, den Stil und die Eleganz des Gebäudes.

Kein Problem für die Brieftasche ist **Clematis Street** (Tel. 561/833 8873), wo sich auch die Einheimischen gerne treffen. Der Komplex befindet sich in der Innenstadt von Palm Beach am Flagler Drive und grenzt an den Intracoastal Waterway; er gilt als anerkanntes Kunst- und Unterhaltungszentrum der Gegend mit über 50 Bars und Restaurants, viel Live-Musik, einem kostenlosen Trolleyservice und Parkplätzen bei einigen der Lokale.

Nach Lust und Laune!

Die schattige Zufahrt nach Palm Beach

Etwas gehobener ist das **City Place** (700 S. Rosemary Ave., Tel. 561/366 1000; www.cityplace.com), ein sehr europäischer Komplex mit Geschäften, Restaurants und Kinos. Der Komplex selbst ist zwar relativ neu, die Konzerthalle **Harriet Himmel Gilman Center** aber war früher die First United Methodist Church.

Wer eine Kunstausstellung besuchen möchte, geht ins **Norton Museum of Art** (1451 S. Olive Ave., Tel. 561/832 5196; www.norton.org) mit Gemälden und Fotos amerikanischer, europäischer und chinesischer Künstler aus dem 19. und 20. Jahrhundert. Zu den ausgestellten Künstlern zählen Matisse, Miro, Gauguin, Monet und Picasso.

**Greater Fort Lauderdale
Convention & Visitors Bureau**
227 F5 1850 Eller Drive, Suite 330
954/765-4466; www.sunny.org

**Palm Beach County Convention
& Visitors Bureau**
227 F5 1555 Palm Beach Lakes Boulevard, Suite 800, West Palm Beach 33401 561/233-3000 oder 800/833-5733; www.palmbeachfl.com

17 Big Cypress National Preserve

Rund 80 km sowohl von Miami wie auch von Naples entfernt, schützt das Big Cypress National Preserve auf über 280 000 ha eine aus Kiefern- und Hartholzwäldern, Prärien, Mangrovenwäldern und Zypressen bestehende Landschaft. Im Park streifen Weißwedelhirsche, Bären und Florida-Panther umher, heimisch sind hier aber auch die Florida-Baumschnecken, Königspalmen und Zigarrenorchideen. Eine gute Gelegenheit, die biologische Vielfalt und Wildnis Floridas beim Zelten, bei Kanu- oder Kajaktouren, auf Wanderungen und bei Vogelbeobachtungen hautnah zu erleben.

In Clewiston befindet sich das Indianerreservat **Seminole Indian Reservation** (Tel. 800/683 7800; www.seminoletribe.com). Das Ah-Tah-Thi-Ki Museum zeigt einen Film mit dem Titel *We Seminole*, der den Überlebenskampf des Stammes dokumentiert; Artefakte und Arrangements erklären, wie dieser Indianerstamm lebte, arbeitete und seine Götter anbetete. Wer will, kann eine Nacht in einem echten *chice*, einem überdachten Pfahlbau, verbringen.

Big Cypress National Preserve
227 D3 Tamiami Trail (US 41)
239/695-1201; www.nps.gov/bicy
tägl. 8.30–16.30 Uhr frei

Die einzigartige Welt der Mangroven in Big Cypress

Von Miami nach Key West

⓲ Biscayne National Park

Der Park liegt südöstlich von Miami gleich an der Straße, die nach Key West führt. Etwa 95 % des Parks liegen unter Wasser, man beginnt die Besichtigung also am besten am Visitor Center, dem Besucherzentrum auf dem Festland, um mit Hilfe von Exponaten, Filmen und Vorführungen etwas über den Unterwasserpark zu erfahren. Sie können sich hier für Ausflüge zum Schnorcheln und Tauchen oder zu den Inseln anmelden. Wer gern auf eigene Faust unterwegs ist, kann sich ein Kanu oder Kajak mieten (preiswert). Eine interessante Alternative ist ein dreistündiger Ausflug mit einem Glasbodenboot (mittel), unterwegs werden Sie Meeresschildkröten, Del-

Unterwasserwelt im Biscayne National Park

phine, tropische Fische und Korallenriffe hautnah erleben. Noch näher kommen Sie den Tieren und Pflanzen bei einer Tauch- oder Schnorchelexkursion (teilweise auch bei Nacht); die Schiffe legen am Yachthafen ab und fahren zu den Korallenriffen. Wer zum Schnorcheln geht (preiswert), bekommt die Ausrüstung gestellt und erhält eine Einweisung. Fahrten mit zwei Tauchgängen (teuer) finden nur am Wochenende statt, die Ausrüstung kann geliehen werden, ein international anerkannter Tauchschein ist Pflicht. Ein Tauchgang bei Nacht (teuer) findet nur einmal pro Monat statt.

Von November bis Mai können sich Camper zum **Elliott Key** oder zum **Boca Chita Key** bringen lassen, um dort eine Nacht zu verbringen (preiswert). Auf Elliott gibt es Süßwasser, beide Keys verfügen über Zeltplätze, sanitäre Anlagen, Wanderpfade und einen Schwimmbereich. Man sollte sich auf Waschbären, Moskitos und fast unsichtbare Insekten mit dem treffenden Namen *no-see-ums* einstellen.

Biscayne National Park 🕀 227 F2
Biscayne National Park Visitor Center 🕀 227 E2
✉ 9700 S.W. 328th Street, Homestead
☎ 305/230 1100 oder 305/230 7275;
www.nps.gov/bisc

⓴ Keys und Overseas Highway

Die **Florida Keys** (► 227 D1) sind eine der auffälligsten Landmarken der USA. Wer es bis Miami geschafft hat, den reizt sicherlich die Fahrt zum wirklich südlichsten Punkt der Vereinigten Staaten.

Neben der gängigen Tour (► 209) lohnen eine Reihe weiterer reizvoller Orte unterwegs einen kurzen Besuch. Sie haben die Möglichkeit, an den Korallenriffen zu tauchen, seltene, auf abgelegenen Inseln nistende Vögel zu beobachten, in hübschen Flüssen Kajak zu fahren und in Laubwäldern mit abwechslungsreicher tropischer Flora zu wandern.

Hauptattraktion von Key Largo (bei MM 102.5) ist der **John Pennekamp Coral Reef State Park** (► 210, Tel. 305/451 1202; www.pennekamp-park.com), der erste und schönste Unterwasserpark der USA. Er umfasst eine Fläche von 195 km² mit 55 Korallenarten, über 500 Fischarten und einigen Schiffswracks aus dem 17. Jahrhundert – ein Paradies vor allem für Taucher.

Sie können im Park ein Kanu oder Kajak, aber auch Schwimmflossen, Schnorchel und Tauchmaske auslei-

Genießen Sie das Leben auf den Keys

hen. Wenn Sie sich für einen Schnorchel- oder Tauchausflug angemeldet haben, tuckern Sie mit dem Boot zu den Riffen, wo Sie im seichten, klaren Wasser zwischen bunten Fischschwärmen tauchen und schnorcheln. Eine der beliebtesten Unterwasserattraktionen ist die Statue *Christ of the Deep*: Nur 3,4 m unter der Wasseroberfläche liegend, ist sie einfach zugänglich und ein beliebtes Fotomotiv.

Marathon ist der größte Key, der aber nicht so schön wie die anderen ist. Hier residiert das **Dolphin Research Center** (MM 59, Tel. 305/289 1121; www.dolphins.org), in dem man auch mit den Delphinen schwimmen kann, was aber sehr teuer ist. **Crane Point Hammock** (MM 50.5, Tel. 305/743 9100; www.cranepoint.org) ist eine 26 ha große archäologische Stätte mit Zeugnissen präkolumbischer und prähistorischer Artefakte von den Bahamas; früher befand sich hier ein ganzes Indianerdorf.

Die **Seven Mile Bridge** ist ein Meisterwerk der Ingenieurskunst, das parallel zur Eisenbahnlinie von Henry Flagler, dem Pionier Floridas, erbaut wurde. Von hier genießen Sie einen herrlichen Blick auf die Florida Straits. Ein Stück weiter erreichen Sie auf der MM 33 bei Big Pine Tree das **National Key Deer Refuge** (Tel. 305/872 2239; www.nationalkeydeers.fws.gov), ein 3725 ha großes Schutzgebiet, in dem das kleine, nicht einmal 90 cm große Key Deer lebt. Früher gab es hier nur noch 50 Exemplare, heute wird der Bestand dank Schutzmaßnahem auf 600 Key-Hirsche geschätzt.

Ein paar Kilometer weiter überqueren Sie die letzte Brücke nach **Key West**. Wer gerne schwimmt oder taucht, wird begeistert sein. Wenn nicht, haben Sie trotzdem Ihren Spaß auf der südlichsten Insel der USA. Key West war früher die größte und reichste Stadt Floridas. Im Lauf der Jahre ließen sich Piraten, Fischer, Aussteiger, Schriftsteller, Künstler und Hippies nieder. Als der Sänger Jimmy Buffett die abgelegene Insel bekannt machte, kamen reiche Aussteiger, die Key West

Miami und der Süden

in einen typischen Badeort verwandelten. Doch viele der in Key West geborenen Conchs (sprich: konks) sind nicht bereit, ihre individuelle Lebensweise aufzugeben. Bis heute gibt es exzentrische Orte, Leute und Bräuche. Wenn Sie in Key West auf der US 1 (einzige Zufahrtsmöglichkeit) ankommen, erreichen Sie zunächst den Roosevelt Boulevard. Biegen Sie rechts ab, gehen Sie ein paar Blocks zu Fuß, und dann sehen Sie auch schon das **Key West Welcome Center** (38 N. Roosevelt Boulevard, Tel. 305/296 4444 oder 800/284 4482; www.keywestwelcomecenter.com). Hier erwarten Sie reichlich Informationsmaterial, die Möglichkeit, eine Unterkunft zu reservieren, Schnorchel- oder Tauchausflüge oder Segeltörns bei Sonnenuntergang

Der Conch Tour Train hat alle Zeiten überdauert, obwohl – oder weil er so kitschig ist. Sobald Sie in der Bahn Platz genommen haben, erklärt Ihnen einer der Führer im Rahmen einer 90-minütigen Tour alle Sehenswürdigkeiten der Insel, zu denen das **Audubon House**, der **City Cemetery** (Friedhof) und der **Southernmost Point** (südlichster Punkt) zählen. Wollen Sie eine Sehenswürdigkeit genauer erkunden, sind Sie mit dem **Old Town Trolley** (6631 Maloney Ave., nur Büro, Tel. 305/296 6688; www.historictours.com) besser bedient. Die Fahrt dauert ebenfalls 90 Minuten, führt aber auch zu Orten, die nur mit diesem Zug erreichbar sind. An den zwölf Haltestellen können Sie nach Belieben ein- und aussteigen.

Mallory Square ist das Herzstück der Stadt

zu buchen sowie Tickets für Zug- und Trolleyfahrten zu kaufen. Als Alternative bietet sich dafür das Chamber of Commerce (402 Wall St., Tel. 305/294 2587; www.keywestchamber.org) an.

Starten Sie Ihren Aufenthalt mit einem Ausflug: Das Angebot ist vielseitig, wer aber den **Conch Tour Train** (Mallory Square, Tel. 305/294 5161; www.historictours.com) nimmt, bekommt einen hervorragenden Überblick über die ganze Insel. Sie können entweder direkt hier in den Zug einsteigen oder – besser noch – bis zur Roosevelt weitergehen und dort der Beschilderung zum Mallory Square an der Nordostspitze der Insel folgen.

Als Alternative bietet **Island City Strolls** (Tel. 305/294-8380; www.seekeywest.com) eine Führung zu Fuß oder mit dem Rad an. Die Führer der **Ghost Tours of Key West** (Gespenster-Touren, Tel. 305/294 9255; www.hauntedtours.com) nehmen ihren Job todernst; sie führen Sie zu einigen verwunschenen Stätten auf Key West.

Wenn Sie nach Ihrem Ausflug wieder zum Mallory Square zurückkehren, können Sie von hier aus zu Fuß durch die umliegenden Straßen bummeln: Alle Sehenswürdigkeiten sind auf Schusters Rappen leicht zu erreichen.

Das **Mel Fisher Maritime Museum** (200 Greene St., Tel. 305/294 2633; www.melfisher.org) huldigt Mr. Fisher, der nach Jahren vergeblicher

Nach Lust und Laune!

Das legendäre Sloppy Joe's – täglich ein magischer Anziehungspunkt für Touristen

Suche schließlich die Wracks von *Nuestra Señora de Atocha* und die *Santa Margarita* entdeckte. Beide Schiffe hatten Gold und Smaragde geladen. Zu den Ausstellungsstücken zählen ein 2,7 kg schwerer Goldbarren sowie ein 77-karätiger Smaragd.

Nicht minder beeindruckend ist das **Harry S. Trueman Little White House Museum** (111 Front St., Tel. 305/294 9911), das dem 33. Präsidenten der USA gewidmet ist, der sich in Key West verliebt hatte und hierher zum Entspannen von seinen Amtsgeschäften floh.

Die **Curry Mansion** (511 Caroline St., Tel. 305/294-5349; www.currymansion.com), ein prachtvolles historisches Gebäude mit Frühstückspension, lockt mit ihrer massiven Werbung viele Gäste an. Wenn Sie Architekt sind oder es gerade regnet, sollten Sie hineinschauen, ansonsten kann man sich das Geld sparen.

Das **Hemingway Home and Museum** (907 Whitehead St., Tel. 305/294 1136; www.hemingway home.com) sollten Sie hingegen keinesfalls verpassen.

Mehr Spaß haben Sie vielleicht bei einem Schnorchelausflug, beim Parasailing oder bei einem Segeltörn, die alle am Harbour Walk am Ende der William Street beginnen. Der **Katamaran Fury** (Tel. 305/294 8899 oder 800/994 8898; www.furycat.com) bietet auch Anfängern ein sicheres Vergnügen. Das riesige Boot mit zwei Rümpfen fährt an der Hilton Marina ab und segelt etwa 1,5 km hinaus.

Was Sie in Key West keinesfalls verpassen sollten, sind die **Sonnenunter-**

Sonnenuntergang in Key West – unter vollen Segeln der Sonne entgegen

Miami und der Süden

Wohin zum Übernachten in Key West?

In der Stadt finden sich mehrere Bed-and-Breakfasts, eines der schönsten ist das **Island City House** (411 William St., Tel. 305/294 5702; www.island-cityhouse.com); es besteht aus drei größeren, in einem tropischen Garten versteckt liegenden Gebäuden. Neben einem großen, bequemen Zimmer genießt man europäisches Frühstück und einen Pool.

Weitere Gasthäuser, Hotels, Motels oder Pensionen nennt Ihnen das **Key West Welcome Center** (38 North Roosevelt Boulevard, Tel. 800/284 4482), www.keywestinns.com.

Von den 582 Lokalen in Key West ist **Sloppy Joe's Bar** (201 Duval St., Tel. 305/294 5717; www.sloppyjoes.com) das legendärste. Gleich um die Ecke liegt **Capt. Tony's Saloon** (428 Greene St., Tel. 305/294 1838. Die Bar ist authentischer als viele der anderen in der Straße.

Am südlichen Ende der Insel wurde 1847 das **Key West Lighthouse** (938 Whitehead Street, Tel. 305/294-0012; preiswert) erbaut. Die Räume des Leuchtturmwärters kann man besichtigen.

Straßenkünstler konkurrieren mit dem Sonnenuntergang

gangsfeiern. Die größte Party findet am **Malloy Square** statt. Straßenkünstler jonglieren mit Feuer oder balancieren Küchenutensilien auf dem Gesicht und vollführen schier unglaubliche Kunststücke auf dem Hochseil oder Fahrrad.

Nach dem Sonnenuntergang kehren die meisten Leute zunächst ins Hotel zurück, um sich dann abends in den »Duval Crawl« zu stürzen. Die Duval Street ist die Haupteinkaufsstraße mit mehreren Blocks mit Geschäften und Restaurants sowie Attraktionen wie das **Ripley's Believe It or Not!** (527 Duval St., Tel. 305/293 9694), ein verschrobenes Museum mit Kuriositäten wie Schrumpfköpfen und einer Nachbildung der Geburt der Venus aus 66 Scheiben gebräuntem Toastbrot.

Top-Tipps

- Wer es nicht gewohnt ist, in den USA Auto zu fahren, sollte mit dem Üben nicht unbedingt auf der US 1 anfangen. Schmale Fahrspuren und hohes Tempo machen den einzigen Highway von und nach Key West zu einer Nervenprobe. Fahren Sie defensiv, und lassen Sie die Scheinwerfer an, damit Sie jederzeit gesehen werden.
- Auch wenn Key West vom Ozean umgeben ist, gibt es hier überraschend wenig gute Strände. Einer liegt an der **Fort Zachary Taylor State Historic Site** (Zugang über Trueman Annex), der andere – **Smathers Beach** – in der Nähe der Südostspitze der Insel unweit vom Key West International Airport.
- Wenn Sie sich über die Keys auf den Weg nach Süden machen, sollten Sie zahlreiche Pausen einplanen, denn auch auf Key Largo, Marathon und Moradas gibt es viel zu sehen.
- Hochsaison ist von Anfang Februar bis Ende Mai sowie von Oktober bis Dezember. Im Juni und Juli tut sich bei der enormen Hitze nicht viel. Buchen Sie im Voraus.

Wohin zum …
Essen und Trinken?

Die Preise gelten pro Person für eine Mahlzeit ohne Getränke:
$ unter 25 $ $$ 25–50 $ $$$ über 50 $

Miami (vor allem Miami Beach) hat seit den ausgehenden 1980er-Jahren eine grundlegende Renaissance vollzogen. Bestes Beispiel ist dafür der schön restaurierte Art Deco District in South Beach, wo Scharen von schönen Menschen am Ocean Drive entlangbummeln. Die Wahl des Restaurants ist in dieser Gegend ein wenig Glückssache, da viele Lokale mehr Wert auf die neuesten Trends denn auf die Qualität legen und die Preise generell sehr hoch sind. Aber kein Grund zur Verzweiflung, es gibt dennoch viele schöne Restaurants mit beeindruckend guten Köchen. Auf jeden Fall ist das Essengehen in Miami immer ein Spektakel.

MIAMI

Astor Place $$$

In diesem pompösen Restaurant im Stil des noblen South Beach sitzen die Gäste in großen, runden Nischen. An der lebhaften Bar kann man vor dem delikaten Essen ein paar Cocktails trinken. Die Hauptspeisen sind bestens zubereitet, die Vorspeisen stehen dem nicht nach, und die Weinkarte ist gut. Die Servicequalität schwankt jedoch erheblich.

✚ 230 C3
✉ 956 Washington Avenue, Miami Beach
☎ 305/672 7217

▼▼▼ Chef Allen's $$$

Allen Susser sorgt seit Jahrzehnten für das aufregendste Essen in Miami. Das Restaurant ist modern mit klaren Linien gestaltet, die Küche hinter Glas einsehbar, sodass man den Köchen dort auch bei der Arbeit zusehen kann.

Die Köche nutzen die ganze Palette an Zutaten, die Südflorida zu bieten hat, dadurch sind auch die Meeresfrüchtegerichte besonders einfallsreich zubereitet. Alle Gerichte der »Neuen Welt« sind exzellent, vielleicht manchmal sogar ein bisschen zu »kreativ«. Planen Sie in jedem Fall Platz für ein süßes Soufflé ein!

✚ 230 C5
✉ 19088 N.E. 29th Avenue, zwischen 191st Street und Biscayne Boulevard, Aventura
☎ 305/935 2900

▼▼▼ China Grill $$$

Von hier trat vor über zehn Jahren die panasiatische Küche ihren Siegeszug rund um den Globus an. Das riesige Restaurant liegt an einer ruhigen Ecke von South Beach. Meist muss man auf einen Tisch warten, kann aber dafür auch von der Bar aus hervorragend die anderen Gäste beobachten.

Literarisch Interessierte beschäftigen sich vielleicht mit den Auszügen aus den Tagebüchern von Marco Polo, die in ein buntes Mosaik eingelassen sind.

✚ 230 C3
✉ 404 Washington Avenue, Miami Beach
☎ 305/534 2211

The Forge $$$

Für Eingefleischte gibt es in Miami kein anderes Steak-Haus. Der kathedralenartige Raum weist eine irrsinnige Mischung aus Buntglas, hochlehnigen Stühlen und zeitgenössischen Accessoires auf. Die Steaks sind hervorragend und wer-

Miami und der Süden

den in unglaublich vielen Varianten und Schnittarten serviert, es stehen aber auch kontinentale Speisen auf der Karte. Die Weinkarte ist exzellent, in einem eigens eingerichteten Weinzimmer kann in kleinem Kreis diniert werden.

✚ 230 C3
🗺 432 Arthur Godfrey Road (41st St.) Miami Beach
☎ 305/538 8533

🦀 Islas Canarias $

In diesem fröhlichen kubanischen Familienbetrieb geht es immer hoch her. Am Sonntagnachmittag (nach dem Gottesdienst) lassen sich hier ganze Familien die leckere Hausmannskost schmecken, darunter köstliche Eintöpfe, frittierte Kochbananen, Schweinebraten sowie Reis und Bohnen. Wer kein Spanisch spricht, schaut sich einfach um und deutet auf die gewünschten Gerichte.

✚ 230 B3
🗺 285 N.W. 27th Avenue bei der 3rd Street
☎ 305/649 0440

🦀🦀 Joe's Stone Crab Restaurant $$$

Die Gäste warten gern ein oder zwei Stunden auf Einlass in das legendäre Restaurant in South Beach. Seit 1913 kommen hier die sagenhaften Steinkrabben auf den Tisch. Sie schmecken ungeheuer frisch – so, als habe man sie direkt aus dem Meer geholt und zubereitet. Die Scheren werden kalt mit einer würzigen Senfsoße serviert, und das Fleisch ist süßlich und köstlich! Probieren Sie den Key Lemon Pie – das leckerste Dessert überhaupt. Das Restaurant schließt von Mitte Mai bis Oktober, wenn keine Krabbensaison ist. Auch am Montagmittag ist es geschlossen, aber man kann sich etwas an der Verkaufstheke mitnehmen und im Patio draußen essen. Das Restaurant exportiert seine berühmten Krabben zu hohen Preisen in die ganze Welt.

✚ 220 C3
🗺 227 Biscayne Street (Washington Ave.), Miami Beach
☎ 305/673 0365

🦀 Nemo Restaurant $$-$$$

Das asiatisch angehauchte Essen ist leicht und wohl gewürzt. Der Lachs aus dem Wok wird mit Bambussprossen und Kürbissamen serviert. Zum herzhaften Landbrot gibt es einen köstlichen Bohnendip. Der Patio mit seinen schön gewachsenen Bäumen ist hübsch – man muss nur aufpassen, dass einem die harten Samenschalen nicht ins Essen fallen.

✚ 230 C3
🗺 161 Collins Avenue, bei 1st Street, Miami Beach
☎ 305/532 4550

🦀🦀🦀 Norman's $$$

Norman van Aken gilt als einer der Top-Küchenchefs der USA, und somit ist sein schickes Restaurant allabendlich randvoll mit Stammgästen aus Coral Gables. Die Preise sind hoch, selbst für Miami, doch van Aken überzeugt mit derart phantasievollen Kreationen, dass sich niemand beschwert. Die Speisekarte ist lang, und so fällt es einem schwer, eine Wahl zwischen Gerichten wie dem in der Pfanne zubereiteten Krabbenkuchen mit Guacamole und einem Muscheleintopf mit Safran, gerösteter Kokosnuss und Sternanis zu treffen. Wer sich nicht festlegen will, bestellt das Sieben-Gänge-Gourmet-Menü, um ein bisschen von allem zu probieren. Auch wenn manchem das Essen hier zu »kreativ« ist, langweilig ist es jedenfalls nie.

✚ 230 A3
🗺 21 Almeria Avenue, zwischen Douglas und Ponce de León Boulevard, Coral Gables
☎ 305/446 6767

🦀🦀🦀 Pacific Time $$$

Das Restaurant verbindet die aufregende Küche Südfloridas mit der entsprechenden Szenerie. Die Speisekarte basiert auf Speisen des Pazifiks mit einer Hommage an die asiatische Küche. Probieren Sie den köstlichen Mandarin-Enten-Salat mit knusprigen Wantans, auf Bambus gedämpfte Hummerschwänze, süße, in Sake gebratene Meerbrasse und gute asia-

Wohin zum ...

tische Nudelgerichte. Das Ambiente ist modern im Stil von Key West gehalten, innen findet sich Kunst, draußen ein hübsches Deck.

☩ 230 C3
✉ 915 Lincoln Road, Miami Beach
☎ 305/534 5979

🍴 Smith & Wollensky $$$

In diesem Eldorado der »Raubtiere« dreht sich alles ums Steak. Rindfleisch gibt es in verschiedenster Zubereitung, jeder erhält sein Fleisch so gegart, wie er es gerne hatte (*beware*/durchgebraten, *through*/medium, *rare*/blutig). Man bestellt alles à la carte, d.h. die Rechung kann ganz schön hoch ausfallen, wenn man sich noch zu einigen der diversen leckeren Beilagen wie Spinatcreme, Bratkartoffeln oder Röstzwiebeln hinreißen lässt. Vom Restaurant haben die Gäste einen herrlichen Blick auf South Beach und die Ausflugsboote.

☩ 230 C3
✉ 1 Washington Avenue,
bei Collins Avenue, Miami Beach
☎ 305/673 2800

🍴 Wish $$-$$$

Das von Todd Oldham geplante und entworfene Wish ist vieles zugleich – allgemein gilt es als hübsch und geschmackvoll und sehr attraktiv. Ganz besonders angenehm speist man im offenen Innenhof unter großen weißen Schirmen. Auch innen ist der Raum schön dekoriert, an der Decke hängen Stücke aus mundgeblasenem Glas; insgesamt steht dort aber weniger Platz zur Verfügung. Die Küche ist hervorragend; die Köche verwenden Elemente aus den unterschiedlichsten Kulturen weltweit. Es gibt Frühlingsrollen mit Entenfleisch und Ingwer, Tortilla-Suppe, Risotto – und sogar Kaviar.

☩ 230 C3
✉ 801 Collins Avenue, Miami Beach,
Hotel-Restaurant
☎ 305/674 9474

BOCA RATON

Mark's at the Park $

Ein Paradebeispiel für den Schick von Boca Raton ist das von Südflorida das wohl bekanntestem Küchenchef Mark Militello ins Leben gerufene Mark's. Lässige Eleganz ist Trumpf, die Speisekarte trägt die Handschrift von Militellos zeitgenössischer Küche; das schmale Bistro hat sich auf zeitgenössische amerikanische Kost mit viel Gegrilltem spezialisiert. Zu den Gerichten zählen eine Kartoffeltarte, Ziegenfleisch und Käse sowie Bitterblattsalate mit Walnüssen, aber auch Gängigeres wie Holzofenpizza und Pasta.

☩ 227 F4
✉ 344 Plaza Real, Mizner Park
☎ 561/395 0770

FORT LAUDERDALE

🍴 Casablanca Café $$

Sam sitzt hier zwar nicht am Klavier, aber Live-Musik bekommt man in diesem Restaurant am Ocean trotzdem geboten. Die Speisekarte mit moderner Florida-Küche ist interessant und verbindet Internationales wie Filet Mignon mit zeitgenössischen Gerichten. Das Ambiente im Casablanca Café ist gemütlich und weniger hochgestochen als anderswo in Südflorida.

☩ 227 F4
✉ Ecke FLA A1A und
Alabama Street
☎ 954/764-3500

PALM BEACH

Bice Ristorante $$-$$$

Das Essen ist hervorragend, doch im Bice machen erst die Gäste den Besuch so richtig spannend. Die reichsten Anwohner von Palm Beach betrachten das Bice als eine Art privates Speisezimmer und ziehen von einem Tisch zum andern, um ihren Freunden den Guten Tag zu sagen und zu plaudern. Viele geben dem Patio den Vorzug. Zeitgenössische italienische Küche mit erlesenen Spezialitäten aus dem ultraschicken Mailand dominieren.

☩ 227 F5
✉ 313½ Worth Avenue
☎ 561/835 1600

Miami und der Süden

Wohin zum ... Übernachten?

Für ein Doppelzimmer gelten pro Nacht folgende Preise:
$ unter 125 $ $$ 125–250 $ $$$ über 250 $

KEY LARGO

The Fish House Restaurant $

Das Meer steht als Motto über allem, und so wundert es nicht, dass beeindruckend zubereitete Meeresfrüchte in vielerlei Variationen auf den Tisch kommen. Sorgen Sie für Abwechslung mit gebratenem, kreolischem oder jamaikanisch inspiriertem, gegrilltem oder in der Pfanne gedünstetem Fisch. Die Auswahl und die vielen Gewürze lohnen die oft längere Wartezeit auf einen Tisch, aber man kann zwischenzeitich auch im Freien Platz nehmen und sich die Zeit mit einem Key Lime Pie vertreiben.

✚ 226 B1
⌧ MM 102.4 102401 Overseas Highway
☎ 305/451 4665; www.fishouse.com

KEY WEST

Jimmy Buffett's Margaritaville Cafe $

Wer ein Fan von Jimmy Buffett ist, sollte hier vorbeikommen und die Sandwiches mit Fisch, Thunfisch, rosa Key-West-Shrimps, Rippchen, Biere und vor allem die Margaritas probieren. Machen Sie es sich einfach bequem und genießen Sie das einheimische Essen bei Live-Musik.

✚ 226 B1
⌧ 500 Duval Street
☎ 305/292 1435; www.margaritaville.com

Mangoes $$

Auch wenn in den meisten Restaurants auf den Keys Fisch und Meeresfrüchte den Ton angeben, der beste, frischeste und am einfallsreichsten zubereitete kommt sicher in diesem lebhaften Lokal auf den Tisch. Das Mangoes ist für seine »floribische« Küche bekannt, in der sich Einflüsse aus der Karibik mit heimischen Meeresfrüchten samt einem Hauch Mittelmeer verbinden. Muscheleintopf mit Hummerbällchen, Feuer- und Eis-Garnelen und einheimischer Snapper sind die Favoriten.

✚ 226 B1
⌧ 700 Duval Street
☎ 305/292 4606

MIAMI

Delano $$$

Irre! Mehr werden Sie kaum herausbringen können, wenn Sie zum ersten Mal durch die Lobby schreiten; stellen Sie sich dazu noch riesige Betten, mit Fell bezogene Sessel, 6 m hohe Spiegel und eine extravagante Holzwandvertäfelung in diesem ultraschicken Hotel vor. Vorbei an sich blähenden weißen Vorhängen geht es hinüber zum beeindruckenden Pool, an dem »man« sich in South Beach sonnt. Die Zimmer kann man mit nur einem Wort beschreiben: weiß. Das Hotel wurde von Designer Phillip Starck entworfen. Ein guter Rat: Das hoch gepriesene Blue Door Restaurant ist übersteuert, eine bessere Alternative zum Entspannen ist das Wellness-Center Agua auf dem Dach.

✚ 230 C3
⌧ 1685 Collins Avenue, Miami Beach
☎ 305/672 2000 oder 800/555 5001; www.ianschragerhotels.com

The Hotel $$–$$$

Die von Todd Oldham entworfene Inneneinrichtung des vierstöckigen Boutique-Hotels mit 52 Zimmern ist eine Symphonie aus farbigen Stoffen, Mosaiken und mundgeblasenem Glas. Die komfortablen Zimmer sind modern ausgestattet, sogar die ungewöhnlichen Bademänteln wurden von

Wohin zum ...

Oldham entworfen. Auf dem Dach wartet ein imposanter Pool mit Meerblick, dazu gibt es eine Saftbar und ein Fitnesscenter.

➕ 230 C3
🏨 801 Collins Avenue, Miami Beach
☎ 305/531 2222 oder 877/843 4683;
www.thehotelsouthbeach.com

⚜ Indian Creek Hotel $$

Hier hat man wirklich das Gefühl, in die Geschichte dieses restaurierten Hotels einzutauchen, das in den 1930er-Jahren errichtet wurde. Jedes Detail ist perfekt, die mit Holz vertäfelten Wände genauso wie die zeitgenössischen Kunstwerke. Die Zimmer haben alle ein nostalgisch-romantisches Flair. Durch die Lage im Norden von South Beach ist das Hotel mit hübschem Pool und Hof nicht nur ruhiger, sondern auch preiswerter als andere im Ort.

➕ 230 C3
🏨 2727 Indian Creek Drive, Miami Beach
☎ 305/531 2727;
www.indiancreekhotel.com

⚜⚜ Loews Miami Beach Hotel $$$

Direkt am Strand gelegen, gehört es zu den größeren Hotels in South Beach. Die komfortabel möblierten Zimmer sind relativ groß. Der Poolbereich zählt zu den imposantesten der ganzen Stadt: Palmen und Liegen gruppieren sich um den nierenförmigen Pool und den heißen Whirlpool. Die zwei Restaurants, das schicke Gaucho Room und das eher legere Preston's, lassen keine Wünsche offen.

➕ 230 C3
🏨 1601 Collins Avenue, Miami Beach
☎ 305/604 1601 oder 800/235 6397;
www.loewshotels.com

⚜⚜⚜ Mandarin Oriental $$–$$$

Das als einziges in Miami mit fünf Diamanten ausgezeichnete Hotel liegt im renommiertesten Geschäfts- und Wohnviertel von Miami. Das Gebäude in Form eines Fächers bietet von jedem Zimmer aus den Blick auf den Ozean. Die exotisch gestalteten Zimmer und Suiten haben einen leichten asiatischen Touch, Erdfarben und Bambus dominieren. Eine Martini-Bar, der Poolbereich, ein Privatstrand und ein 5-Sterne-Restaurant erfüllen alle Gästewünsche.

➕ 230 B3
🏨 500 Brickell Key Drive
☎ 305/913 8288;
www.mandarinoriental.com

⚜⚜⚜ Sonesta Beach Resort Key Biscayne $$$

Dieses Top-Resort befindet sich gegenüber von Miami auf Key Biscayne. Die Gäste müssen die Anlage nicht verlassen, um Tennis und Golf zu spielen oder einfach am Sandstrand des Ozeans ein Sonnenbad zu nehmen. Wer sich gern zurückzieht, bucht eine Villa mit drei Schlafzimmern, außerdem stehen den Gästen drei Restaurants und die Tiki-Bar zur Verfügung.

➕ 230 C2
🏨 350 Ocean Drive, Key Biscayne
☎ 305/361 2021 oder 800/766 3782;
www.sonesta.com

BOCA RATON

⚜ Marriott Boca Raton $–$$

Dieses Hotel mit modernen Einrichtungen und dem zu erwartenden Luxus ist hervorragend gelegen. Die 256 gut ausgestatteten Zimmer sind geräumig und modern in zeitgenössischem Stil möbliert. Das Hotel verfügt über einen Pool im Freien samt Bar und Grill, einen Whirlpool und Fitnesseinrichtungen.

➕ 227 F4
🏨 5150 Town Center Circle, Boca Raton
☎ 800/950 1363; www.marriott.com

FORT LAUDERDALE

⚜⚜ Lago Mar Resort Hotel & Club $$

Das Hotel, ein Familienbetrieb, wurde kürzlich renoviert, um die Zimmer (meist Suiten) zu modernisieren. Es liegt direkt am Meer und ist ideal für Familien mit Kindern.

144 Miami und der Süden

+ 227 F4
✉ 1700 S. Ocean Lane
☎ 954/523 6511 oder 800/255 5246;
www.lagomar.com

PALM BEACH

❦❦❦ The Breakers $$$

Wer stilvoll wie der Jetset einen luxuriösen Urlaub verbringen möchte, ist hier genau richtig. The Breakers ist eine elegante Anlage mit herausragendem Service. Nach einem Großbrand 1925 hat man Künstler aus Italien eingeflogen, um das Hotel im Stil einer alten römischen Medici-Villa mit Marmortreppen und Kristallleuchtern wieder aufzubauen. In nicht einmal einem Jahr wurden die Arbeiten für 7 Millionen $ vollendet. Das Hotel liegt in der Nähe des Haupteinkaufszentrums der Stadt und verfügt über ein exquisites Restaurant.

+ 227 F5
✉ 1 S. Country Road
☎ 561/655 6611 oder 800/833 3141;
www.thebreakers.com

KEY LARGO

❦ Westin Beach Resort $$-$$$

Die Anlage verbirgt sich in einem Wald und bietet alle modernen Einrichtungen, außerdem die Möglichkeiten zum Windsurfen, Tiefseeangeln, Parasailing. Auch ein eigener Bootssteg ist vorhanden.

+ 227 E2
✉ MM 97, 97000 South Overseas Highway ☎ 305/852 5553

KEY WEST

❦ Pier House Resort & Caribbean Spa $$$

Die elegante Anlage ist ein schickes Refugium, die Zimmer sind ganz unterschiedlich gestaltet – einige haben Balkon, andere Meerblick. Das Wellness-Center bietet große Bäder mit Whirlpool; die Massagen sind exzellent.

+ 226 B1
✉ 1 Duval Street
☎ 305/296 4600; www.pierhouse.com

Wohin zum … Einkaufen?

Minibikinis, Muskelshirts und Designerklamotten werden in Miami gern getragen, vor allem in South Beach – wer sie nicht besitzt, kann dergleichen überall in der Stadt kaufen. Da Miami der Ruf einer Jetset-Destination mit einem betont jugendlich wirkenden Publikum vorauseilt, ist es hier viel interessanter, zum Einkaufen zu gehen, als in anderen Gegenden Floridas, vor allem im Hinblick auf ausgefallene Kleidung. Viele führende Modedesigner haben hier eine Filiale, viele unabhängige Bekleidungsgeschäfte sind um ihre Szene-Klientel bemüht, die von einem Club zum nächsten zieht.

South Beach

Es schickt sich einfach nicht, im Art Deco District wie eine Vogelscheuche herumzulaufen. Florida ist das Land der Schönen und Reichen mit perfektem Körper, dessen Schönheit durch den letzten Modeschrei noch unterstrichen wird. Wer mit einem Koffer voller in Europa durchaus akzeptabler Kleidung anreist, fühlt sich schnell bemüßigt, seine Garderobe um weitere Teile zu ergänzen – vor allem, wenn man sich in die Club-Szene stürzen will. Die Collins Avenue und die Washington Avenue bieten alles von Haute Couture bis hin zu Szene-Klamotten und ausgefallen Accessoires, aber auch Retro-Mode.

Die **Lincoln Road** in South Beach ist eine renovierte Fußgängerzone, in der Konzerte und Bauernmärkte im Freien stattfinden. Das Angebot an Restaurants, Cafés und Galerien wird von einer Fülle von Geschäften, die alles Erdenkliche anbieten, ergänzt. Allein der Schaufensterbummel macht schon viel Spaß.

Wohin zum ...

Im **Environmental Lifestyle Store** (932 Lincoln Rd., zwischen Jefferson und Michigan Ave.) und bei **Browne's & Co** (841 Lincoln Rd.) sind New-Age-Aromatherapieprodukte, Haar- und Kosmetikartikel erhältlich.

Aventura Mall

Dieses trendige Einkaufszentrum (19501 Biscayne Boulevard, Tel. 305/935 1110; www.shopaventuramall.com) ist eine gute Stück von South Beach entfernt, doch wer sich dorthin aufmacht, findet Burdines, Macy's und Bloomingdale's und zudem noch schicke Boutiquen. Neben Valet-Parken steht ein kostenloser Shuttle-Dienst von einigen Orten in Miami Beach und der Innenstadt zur Verfügung.

Bal Harbour

Eine der besten Shopping Malls der USA liegt gleich nördlich von Miami Beach im exklusiven Viertel Bal Harbour. Wer im Luxus schwelgen will, besucht die **Bal Harbour Shops** (▶130, 9700 Collins Ave., Tel. 305/866 0311; www.balharbourshops.com) samt den Dutzenden von hochkarätigen Boutiquen. Auf drei Etagen werden edler Schmuck und Uhren bei Bulgari, Georg Jensen, Cartier, Tiffany & Co. und Tourneau angeboten, wer will, kann Tausende Dollar für Top-Designer-Mode bei Neiman Marcus, Saks Fifth Avenue, Giorgio Armani, Prada, Chanel und Versace hinblättern. Zu den Geschäften mit bezahlbaren Artikeln zählen Gap und Banana Republic. Die Öffnungszeiten der Malls sind in der Regel Mo–Fr 10–21, Sa 10–19 und So 12–18 Uhr.

Coconut Grove

CocoWalk (3015 Grand Ave. bei Virginia St., Coconut Grove, Tel. 305/444 0777; www.cocowalk.com) ist eine »*outdoor mall*« auf drei Ebenen. Tropisches Flair, viele gut besuchte Restaurants und Bars sowie ein Kino ziehen die Besucher an. Unter den 40 Geschäften finden sich teure Bekleidungs- und Schuhgeschäfte und Juweliere, aber auch T-Shirt-Läden und Kioske, die Modeschmuck, Souvenirs und dergleichen verkaufen. CocoWalk wurde jedoch nicht nur als Einkaufsparadies konzipiert, sondern bietet auch viel an Kultur und Unterhaltung.

South Miami

The Falls (888 S.W. 136th St., bei US 1/S, Dixie Highway, Tel. 305/255 4570; www.shopthefalls.com) ist eine riesige Mall im Freien mit Filialen von Macey's und Bloomingdale's und dem hervorragenden Lederwarengeschäft **Coach**. Das Angebot wird ergänzt durch **Sephora**, einen Riesenladen für Kosmetik und Parfüm, **Bombay Company** mit Möbeln, **The Disney Store** mit Kinderartikeln, **Brooks Brothers** mit anspruchsvoller Herrenbekleidung und vielen weiteren Geschäften.

Loehmann's

Das berühmte Discount-Geschäft für Damenbekleidung wurde in Brooklyn, New York, gegründet und bildet das Zentrum der **Loehmann's Fashion Island Mall** (2855 N.E. 187th Boulevard, Tel. 305/932 0520, Mo–Sa 10–21, So 12–18 Uhr). Das Geschäft verkauft auch Herrenbekleidung, Schuhe und Haushaltsartikel – alles mit Rabatt. In der Mall finden sich weitere Läden für Designer-Mode, Schuhe und Haushaltsartikel, eine Schmuckbörse, ein Kino mit 16 Vorführräumen sowie eine breite Auswahl an Restaurants.

Festivals und Märkte

In Miami finden je nach Jahreszeit diverse Flohmärkte und Festivals unter freiem Himmel statt. Das Art Deco Weekend (Art-deco-Wochenende, Ocean Drive von der 5th bis zur 15th Street, Tel. 305/672 2014) ist ein viertägiges Straßenfestival im Januar und zugleich eine der umtriebigsten Veranstaltungen des Jahres. Die Straßen sind voll gestopft mit Händlern, die allen möglichen alten Kram verkaufen, dazu gibt es Imbiss- und Bekleidungsstände. Das Festival dauert bis Mitternacht, die

Miami und der Süden

Stimmung ist locker und abwechslungsreich. Der **Outdoor Antique and Collectibles Market** (Antiquitäten- und Sammlermarkt, 16th bis 17th St., zwischen Lenox und Washington Ave./Lincoln Rd., Tel. 305/673–4991) findet jeweils am ersten und dritten Sonntag von Oktober bis Mai statt. Die echten Antiquitäten hier stellen eine Versuchung für Sammler dar.

Wer internationales Kunsthandwerk und flippige Secondhand-Kleidung sucht, ist beim **Española Way Flee Market** (Española Way, zwischen Washington und Drexel Aves.) richtig. Der kleine Markt wird von Freitag bis Sonntag abgehalten.

Die Preise in Key West sind hoch, und die Auswahl reicht von armseligen Souvenirs bis hin zu ausgestopften Manatis. Wer wirklich seine Kreditkarte zum Einsatz bringen will, sollte sich nach Zigarren oder heimischer Handwerkskunst (Drachen und Glasarbeiten) in den Geschäften an der Duval Street umschauen.

Wohin zum ... Ausgehen?

In Miami ist das Nachtleben vom Feinsten, denn die Club-Szene ist heiß, die Leute sind supercool. Was wo abgeht, kann man im Hotel erfahren oder der *Miami New Times* entnehmen, einer unabhängigen, alternativen Zeitung mit den aktuellen Informationen über die besten Clubs der Stadt. Man bekommt sie am Kiosk überall in SoBe.

Wer in einem der coolen Hotels von South Beach wohnt, sollte das Personal fragen, wo was los ist. Ansonsten informiert man sich durch eine der Publikationen, die Seiten um Seiten der Club-Szene widmen, z.B. *Channel* oder *Ocean Drive*; sie liegen in den meisten Hotels kostenlos aus. Viele Clubs bedienen die blühende Homo-Szene, an bunten Drag Shows herrscht deshalb kein Mangel. Bei vielen Clubs muss man jedoch Absperrungen aus Samtkordeln, Hünen von Türstehern und schicke Aufpasser passieren, die ein scharfes Auge auf die Gästeliste haben und entscheiden, wer modisch genug ist, um Einlass zu finden. Auch wenn man sich unwohl fühlt: Man wird selten abgewiesen, tun Sie so, als würden Sie dazugehören, und haben Sie ein wenig Geduld. Ein Anruf vorab klärt den Preis für Eintritt und Gedeck.

Nachtclubs

Wer einem berühmten Discjockey und einer Mischung aus House, Trance und progressiver Musik den Vorzug gibt, geht ins **Crobar** (1445 Washington Ave., Tel. 305/531 5027); hier ist South Beach am coolsten. **Mac's Club Deuce** (222 14th St., Tel. 305/531 6200) ist weniger ein Nachtclub als vielmehr eine alteingesessene Bar, in der man ein Bier trinkt, Billard spielt, Musik aus der Jukebox hört und zuschaut, wie die Models von Miami vorbeiflanieren (geöffnet bis um 5 Uhr früh). Das **Salvation** (1771 West Ave., zwischen Alton Road und Dade Boulevard, Tel. 305/673 6508) ist am Samstagabend der Homo-Szene vorbehalten, aber wegen der Musik für jedermann amüsant. **Jimmy's at Cuba Club** (432 41st St., Tel. 305/604 9798) liegt gleich neben dem eleganten Forge Restaurant. Der stilvolle Nachtclub ist mit viel Plüsch eingerichtet, hat einen begehbaren Humidor mit privater Zigarrenlagerung und funktioniert nach dem Motto: sehen und gesehen werden; es sind auch viele Einheimische da. Das **320** (320 Lincoln Rd., Tel. 305/672 2882) hat eine anheimelnde, clubartige Atmosphäre, die viele bekannte Persönlichkeiten und das Glamourvolk anlockt.

Miami ist Amerikas Tor nach Südamerika, so ist die Musikszene hier eine der schwungvollsten im ganzen Land. Man kann Salsa tanzen, Live-Musik hören oder eine Flamencovorführung ansehen. Das **Yuca** (501 Lincoln Rd., bei Drexel Ave., Tel. 305/532 9822) ist ein beliebtes Restaurant mit Latino-Flair.

Magnet in Little Havana ist die **Casa Panza** (1620 S.W. 8th St., zwischen S.W. 16th und 17th Ave., Tel. 305/576 1336); man schlürft einen der super Drinks, während man bei Live-Musik den Flamencotänzerinnen zusieht (bis 4 Uhr früh geöffnet).

Die **Power Studios** (3791 N.E. 2nd Ave., bei N.E. 37th St., Tel. 305/576 1336) sind ein Unterhaltungskomplex, der für jeden etwas zu bieten hat; es gibt Jazz, Blues, Rock und Tanz und eine Kunstgalerie.

Kino

Auch wenn es den Eindruck macht, dass sich in Miami alles nur um das Partyfeiern dreht, ist doch auch einiges an Kultur geboten. Mehrere Kinos zeigen ausländische Filme und Independent-Produktionen, wobei der Ausgewogenheit halber auch Mainstreamfilme im Programm stehen. Zu den besten Kinos zählt **Alcazar Cinematheque** (235 Alcazar Ave., zwischen Le Jeune Rd. und Ponce de León Blv., Coral Gables, Tel. 305/446 7144). Eine Programmübersicht steht in der Zeitung.

Theater, Musik und Tanz

Freunde des Theaters kommen in mehreren Bühnen mit hochwertigen Produktionen auf ihre Kosten. Schillernde Musicals bietet **Actors Playhouse** (280 Miracle Mile, zwischen Ponce de León Blv. und Salzedo St., Coral Gables, Tel. 305/444 9293; www.actorsplayhouse.org).

Hervorragende Stücke bietet das **New Theater** (65 Almeria Ave., Coral Gables, Tel. 305/443 5009; www.new-theater.org).

Das **Bridge Theater** (Dezerland Cabaret, 8701 Collins Ave., Miami Beach, Tel. 305/886 3908) hat sich der Präsentation von spanischen und lateinamerikanischen Theaterstücken verschrieben, die auf Englisch aufgeführt werden. Das Ensemble will damit der kulturellen Kluft zwischen der lateinamerikanischen und der US-amerikanischen Bevölkerung entgegenwirken.

Miami ist eine wunderbare Stadt, wenn es ums Tanzen geht, und so bekommen die Fans von klassischem Ballett bis zu extravaganten modernen Stücken alles geboten. Was genau auf dem Programm steht, erfährt man bei der **Florida Dance Association** (Tel. 305/867 7111; www.fldance.org), wo auch der Florida Dance Calendar (Veranstaltungskalender) erhältlich ist.

Von Oktober bis Mai bietet die **New World Symphony** (Lincoln Theater, 541 Lincoln Rd., bei Pennsylvania Rd., Tel. 305/673 3331 oder 800/597 3331; www.nws.org) ein breites Konzertprogramm.

Florida Grand Opera präsentiert Klassiker wie *La Bohème* oder *Die Hochzeit des Figaro* im Dade County Auditorium (2901 W. Flagler St., bei S.W. 29th Ave., Tel. 305/854 1643; www.fgo.org).

Das **Florida Philharmonic Orchestra** konzertiert im Gusman Center of the Performing Arts (Tel. 800/226 1812 – Kartenverkauf; www.floridaphilharmonic.org).

Key West

Hier waltet bis heute der Geist von Ernest Hemingway – und so zählen Trink- und Strandexzesse zu den beliebtesten Freizeitbeschäftigungen der Gäste. Als Eldorado der Homo-Szene bietet Key West jede Menge amüsanter Tanzclubs, in denen sich am Wochenende eine bunte Mischung von Leuten trifft. Key West gibt sich leger, man kann also ruhig in Shorts und Badeschuhen herumlaufen.

Sport

Miami war schon immer stolz auf seine Footballkultur – zu den bekannten Clubs der Nationalliga zählen die Dolphins; die Miami University Hurricanes dominierten lange Jahre den College-Football. Die Stadt richtet alljährlich den

148 Miami und der Süden

Orange Bowl der College Teams aus, 1999 fand im Pro Player Stadion der Stadt der Super Bowl statt. Doch Miami war nie eine mit Chicago oder New York vergleichbare Sportstadt, wenngleich sie in den letzten Jahren durch Hockey, Basketball und Volleyball einen Aufschwung genommen hat. Karten für alle Sportveranstaltungen in Miami können mit der Kreditkarte telefonisch unter Tel. 305/350 5050 geordert werden.

American Football

Dass die Dolphins in der Saison 1972 keine einzige Niederlage einstecken mussten, ist schon legendär. Es macht Spaß, ein Footballspiel live zu erleben: Fans, die eine Dauerkarte für die ganze Saison haben, feiern anschließend ausgelassen den Sieg ihrer Mannschaft.

✚ 230 B5
⊠ Pro Player Stadium 2269 N.W. 199th Street, North Dade
☎ 1-888/FINS-TIX, 888/346 7849; www.miamidolphins.com

Das Football-Team der University of Miami, die Hurricanes, spielen in der renommierten Orange Bowl und haben es in den letzten 20 Jahren zu beeindruckend vielen Meisterschaftstiteln gebracht. Der Collegesport ist in den USA oft intensiver als der Profisport.

✚ 230 B3
⊠ Orange Bowl, 1501 N.W. 3rd Street, zwischen N.W. 14th und 16th Avenue
☎ 305/643 7100;
www.hurricanesports.com

Basketball

Unter dem ehemaligen New Yorker Knicks-Trainer Pat Riley entwickelten sich die Heat zur beherrschenden Kraft im Basketball. Superstar und Center-Spieler Alonzo Mourning, einer der Top-Punktemacher, führte die Heat zu den Playoffs in drei aufeinander folgenden Saisons. Die Heimspiele finden in der neuen Bayside American Airlines Arena statt.

✚ 230 B3
⊠ Miami Arena, 701 Arena Boulevard
☎ 305/530 4400; www.miamiheat.com

Eishockey

1992 verkündete die Nationale Hockeyliga, dass Unternehmer H. Wayne Huizenga eine Mannschaft nach Südflorida bringen würde. Den Florida Panthers wird als schnellen, aggressiven Kämpfern mit guter Abwehr auf dem Eis doch viel Respekt zuteil.

✚ 227 E4
⊠ National Car Rental Center, 1 Panther Parkway, Sunrise
☎ 954/835 7000;
www.floridapanthers.com

Baseball

Die Marlins (www.flamarlins.com) kamen aus den hinteren Reihen, um 1997 nach nur fünf Jahren in der Liga die World Series zu gewinnen. Um das zu erreichen, investierte der Eigentümer der Mannschaft beträchtliche Gelder in den Erwerb von Topspielern, die das Team zum Sieg führten. 2003 gelang es ihnen zum allgemeinen Erstaunen, mit dem Sieg der World Series dieses Meisterstück zu wiederholen.

Das Pro Player Stadium, in dem auch die Dolphins (▶ Football) zu Hause sind, ist für seine 132 m lange Home-Run-Zone bekannt.

Golf

Von den über 50 öffentlichen und privaten Golfplätzen in Miami sind viele der besten den Resorts angeschlossen und stehen nur den jeweiligen Gästen zur Verfügung. Dazu gehören der als vorzüglich eingestufte **Blue Monster Course** des Doral Golf Resort and Spa (4400 N.W. 87th Ave., bei WN.W. 41st St., Tel. 305/592 2000; www.doralresort. com), der zu den 500 besten Golfplätzen der Welt gerechnet wird. Wer im berühmten **Fairmont Turnberry Isle Resort and Club** (1999 W. Country Club Drive, Tel. 305/932 6200; www.turnberryisle.com) wohnt, kann auf den zwei von Robert Trent Jones geplanten Plätzen spielen. Das **Biltmore Hotel** in Coral Gables (1210 Anastasia Ave., Tel. 305/460 5364) hat einen anspruchsvollen Platz.

Tampa Bay und der Südwesten

Erste Orientierung 150
In drei Tagen 152
Nicht verpassen! 154
Nach Lust und Laune! 161
Wohin zum … 173

Tampa Bay und der Südwesten

Erste Orientierung

Obwohl traditionsbewusste Bürger mit dem Abriss von historischer Bausubstanz zu kämpfen haben, ist es ihnen gelungen, viele Teile ihrer Küstenstadt zu erhalten. Tampa ist heute ein Ort, der nicht nur vom Tourismus lebt.

Vor 100 Jahren schienen Tampas Wirtschaft und Kultur nur von drei Dingen beherrscht zu werden: dem Tourismus, der Zigarrenindustrie und dem Handelshafen. In den folgenden Jahrzehnten verblasste der Ruhm Tampas jedoch; Städte wie Miami und Palm Beach entwickelten sich zu den beliebtesten Winterferienorten. Walt Disney legte seine Parks bei Orlando an, und Tampa und das benachbarte St. Petersburg entwickelten sich zu reinen Rentner-Refugien. In den letzten zehn Jahren konnten jedoch beide Orte ihr Image deutlich verbessern. Die Sportler der Stadt sind mittlerweile im ganzen Land bekannt, und trostlose Stadtviertel verwandeln sich in attraktive Wohngegenden. Die Strände sind immer noch eine Hauptattraktion (► 14ff).

In Tampa ging es immer schon viel ruhiger zu als in Orlando oder Miami, obwohl es auch hier viel zu sehen gibt: den bekannten Park Busch Gardens, Museen mit prächtigen Sammlungen, historische Viertel und natürlich einige der schönsten Strände von Florida.

Südlich von Tampa wird die Golfküste immer schöner, und die Städte erscheinen noch malerischer. Auf der Küstenstraßen herrscht zwar immer viel Verkehr, aber man sollte sich trotzdem nicht davon abhalten lassen, Orte wie Sarasota zu besuchen.

Vorhergehende Seite: Tarpon Springs, Floridas erster und einziger Ort für Schwammtaucher
Rechts: Ein griechischer Souvenirladen in Tarpon Springs

Erste Orientierung 151

Nach Lust und Laune!

- **2** Adventure Island ➤ 161
- **3** Lowry Park Zoo ➤ 161
- **4** Tampa Museum of Art ➤ 161
- **5** Tampa Theatre ➤ 162
- **7** Florida Aquarium ➤ 162
- **8** Henry B. Plant Museum/ University of Tampa ➤ 162
- **9** St. Petersburg Museum of History ➤ 164
- **10** Museum of Fine Arts ➤ 164
- **11** Florida International Museum ➤ 164
- **12** Florida Holocaust Museum ➤ 165
- **13** Salvador Dalí Museum ➤ 166
- **14** The Pier ➤ 166
- **15** Fort DeSoto Park ➤ 167
- **17** John's Pass Village & Boardwalk ➤ 168
- **18** Tarpon Springs ➤ 168

Etwas weiter weg

- **19** Sarasota ➤ 169
- **20** Fort Myers ➤ 170
- **21** Sanibel und Captiva ➤ 171
- **22** Naples ➤ 172

★ Nicht verpassen!

- **1** Busch Gardens ➤ 154
- **6** Ybor City ➤ 158
- **16** Strände an der Tampa Bay ➤ 160

Tampa Bay und Südwesten in drei Tagen

In drei Tagen kann man die wichtigsten kulturellen Sehenswürdigkeiten besuchen, sich an einem der traumhaft schönen Strände sonnen und zwei Nächte lang das zivilisierte Nachtleben von Hyde Park und das eher dekadente in Ybor City erkunden.

Erster Tag

Vormittags: Fahren Sie über die I-275 zum Busch Boulevard und folgen Sie den Schildern zu den **Busch Gardens** (Tel. 813/987 5082; ► 154ff). Wenn Sie früh aufbrechen, vermeiden Sie die Warteschlangen vor den Fahrgeschäften (z.B. Montu; rechts). Fragen Sie am besten in Ihrem Hotel nach den günstigsten Zeiten – die wechseln nämlich. Meiden Sie auch die Mittagessenszeit und legen Sie eine Pause im Crown Colony Restaurant in der Nähe des Eingangs zum **Edge of Africa** ein.

Nachmittags: Wenn Sie Busch Gardens früh verlassen, können Sie nachmittags noch an den Stränden der Golfküste entlangfahren. Falls Sie länger in Busch Gardens bleiben, gehen Sie am besten gleich ins Hotel zurück und machen sich für den Abend bereit zum Ausgehen.

Abends: Fahren Sie den Bayshore Boulevard hinauf, dann westlich auf der Swann Avenue bis zum **Old Hyde Park Village** (► 176), wo Sie ein Abendessen in einem Straßencafé genießen können. Ein Spaziergang rundet den Abend ab.

Zweiter Tag

Vormittags: Die Golfküste besitzt kilometerlange Strände (► 14ff). Die Strände im Süden sind schön; Sie können aber auch auf dem Highway 699 zum **Clearwater Beach** (► 160) mit seinem feinen weißen Sand fahren. Am Clearwater Beach bekommt man am Pier 60 mittags etwas zu essen.

Nachmittags: Will man den Nachmittag lieber in Tampa verbringen, sollte man zum 8 **Henry B. Plant Museum** (➤ 162f; viktorianisch) fahren und anschließend das 4 **Tampa Museum of Art** (➤ 161, Pop-Art, abstrakte und klassische Kunst) oder das 7 **Florida Aquarium** (➤ 162) besuchen.

Abends: Sehr vornehm kann man in Bern's Steak House (➤ 173) essen; Weinkarte und Steaks sind vorzüglich. Oder besuchen Sie doch einmal das 5 **Tampa Theatre** (➤ 162), einen wunderschönen alten Kinopalast. Den Rest des Abends könnten Sie in 6 **Ybor City** verbringen (unten links; ➤ 158f). Wenn Sie nach dem Kino dort ankommen, brummt das Nachtleben schon.

Dritter Tag

Vormittags: Fahren Sie die I-275 südwärts nach St. Petersburg und gehen Sie dort gleich frühmorgens ins 13 **Salvador Dalí Museum** (links; ➤ 166). Vor dem Ansturm der Menge können Sie die Werke dieses verrückten Genies in aller Ruhe bewundern.

Das 12 **Florida Holocaust Museum** erinnert an ein dunkles Kapitel der Geschichte.

Nachmittags: Genießen Sie ein Essen am Meer im Renaissance Vinoy (501 5th Avenue N.E., Tel. 727/894 1000). Das Hotel wurde 1925 eröffnet und 1992 komplett restauriert. Heute sieht es schöner aus als jemals zuvor.

Viele wundern sich, warum das 11 **Florida International Museum** ausgerechnet nach St. Petersburg kam – ein Museum mit phantastischen Sammlungen, die hervorragend präsentiert werden (➤ 164).

Zur Abwechslung sollten Sie nach dem Museumsbesuch einen Spaziergang bis hinunter zum St. Petersburg Pier unternehmen. Wenige Touristen verirren sich in die Antiquitätengeschäfte der 4th Avenue. Unbedingt ansehen sollten Sie sich auch ein Baseballspiel der Tampa Bay Devil Rays – sie spielen im St. Petersburg's Tropicana Field (April–Okt.; www.devilrays.com).

Abends: Wenn Sie noch etwas erleben möchten, gehen Sie zum BayWalk in der Innenstadt mit 20 Kinosälen, Geschäften, Cafés und Restaurants.

Busch Gardens

Busch Gardens wirkt wie ein Stück Afrika mitten in Amerika und zieht seit mehr als 40 Jahren Touristen aus aller Herren Länder an. Diesen Vergnügungspark sollten Sie auf jeden Fall gesehen haben!

Busch Gardens ist ein bedeutender Themenpark, der von unzähligen Kettenrestaurants und Geschäften umringt ist. Betritt man jedoch den Zoo durch den afrikanisch gestalteten Eingang, hört man die Trommeln und sieht die afrikanischen Masken und Messingwaren in den Basaren, könnte man schwören, man sei nicht mehr in Florida. Nehmen Sie sich wirklich Zeit, sonst hetzen Sie nur durch einen Teil der Anlagen und verpassen das meiste. Hier sollten Sie einen ganzen Tag verbringen.

Die Parkplätze öffnen schon eine halbe Stunde vorher. Kommen Sie also pünktlich, um so früh wie möglich eingelassen zu werden. Dann können Sie in Ruhe den Lageplan studieren und sich den Park ohne große Menschenmengen ansehen. Vom Parkplatz aus führt auch eine Bahn direkt zum Eingang.

Außerdem sollten Sie natürlich genau wissen, welche Tickets Sie kaufen müssen – Sie können sie auch im Voraus bestellen. Am besten halten Sie sich an die Übersichtskarte und prägen sich die Uhrzeiten der Veranstaltungen ein.

Vormittags
Die einzelnen Abschnitte der Busch Gardens sind nach Re-

Große Tiere ganz nah – eine Begegnung in Busch Gardens

Anreise

Verlassen Sie Orlando westlich auf der I-4; dann auf die I-75. Nehmen Sie die Fowler-Avenue-Ausfahrt 265 und folgen Sie den Schildern nach Busch Gardens. Von Tampa aus auf der I-275, Ausfahrt 33 (Busch Boulevard) und dann den Schildern folgen.

✚ 224 B2
☎ 813/987 5082 oder 800/4-ADVENTURE;
www.buschgardens.com
🕐 tägl. 9.30–18 Uhr, im Sommer, in den Ferien und am Wochenende länger
💲 sehr teuer, Kombitickets erhältlich ▶ 81

Busch Gardens

gionen in Afrika benannt. Die meisten Besucher gehen erst rechts nach Ägypten mit der beliebten Achterbahn Montu und zum Edge of Africa, einer Art Safari. Trotzdem sollten Sie lieber links mit dem marokkanischen Dorf anfangen. Weiter rechts gelangen Sie zum Myombe Reserve. Schauen Sie sich alles in Ruhe an, Sie verpassen nichts.

Beim **Skyride** schweben Sie in einer Bahn über ein 26 ha großes Gelände, die **Serengeti Plain** mit Giraffen, Zebras, Löwen, Gazellen, Büffeln, Nashörnern, Nilpferden und noch vielen anderen afrikanischen Tieren. Dort oben bekommen Sie eine erste Vorstellung davon, wie riesengroß der Park eigentlich ist.

Die Bahn hat Sie auf angenehme Weise direkt zum **Congo** gebracht. Von der Skyride-Station geht es rechts zur Achterbahn **Kumba**, die ebenso beliebt wie die Achterbahn Montu ist. Drei Sekunden lang fühlen Sie sich in einem 33 m hohen Looping ganz schwerelos! Im Kumba dürfen Kinder nur ab einer bestimmten Größe mitfahren – doch es gibt kleinere und langsamere Achterbahnen für Kinder wie die **Python** im Congo und die **Scorpion** in Timbuktu. Versuchen Sie, so früh wie möglich in Congo zu sein – mittags sind hier immer sehr viele Leute, die sich in den Wasser-Attraktionen abkühlen wollen. In den **Congo River Rapids** sitzen Sie mit zwölf Personen in einem runden Floß. Halten Sie sich gut fest, wenn es über das schäumende Wasser saust. Neben dieser Attraktion gibt es noch die langsameren Wildwasserfahrten **Stanley Falls** in **Stanleyville** und die **Tanganyika Tidal Wave**.

Ganz neu ist R. L. Stines **Haunted Lighthouse**, ein 4-D-Kino (also ein 3-D-Kino mit zusätzlichen Effekten). Der Kinderbuchautor Stine hat die Geschichte zu

Tampa Bay und der Südwesten

Halten Sie Ihre Hüte fest: Nicht nur die Tiere sind in Busch Gardens wild!

diesem Film geschrieben, die von einem Schiffswrack, toten Kindern und anderen Kindern handelt, die versuchen, ihnen zu helfen. Der Film enthält einige spannende und lustige Szenen, es reicht aber, wenn man ihn einmal gesehen hat.

Sie können im Uhrzeigersinn weiter durch den Park gehen und das ein oder andere Fahrvergnügen genießen. **Timbuktu** ist voller exotischer Fahrgeschäfte und und Spiele und vor allem bei jüngeren Teenagern beliebt. Falls Sie wenig Zeit haben, sollten Sie gleich weitergehen.

In **Nairobi** gibt es keine Fahrgeschäfte, sondern Tiere zu bestaunen – Elefanten und Schildkröten. Jetzt ist es wahrscheinlich Mittag, und Sie haben wieder die Skyride-Station erreicht, an der Sie morgens aufgebrochen sind.

Östlich von Nairobi liegt die **Rhino Rally**. Sie fahren dort mit einem Geländewagen durch ein Safariland voller Überraschungen und können unterwegs Tiere beobachten: Elefanten, weiße Nashörner, Alligatoren, Kapbüffel, Zebras, Gazellen und Gnus. Spannend wird es, wenn Ihr Fahrzeug zwischen Stromschnellen auf einer beschädigten Pontonbrücke über einen Fluss fahren muss. Lassen Sie sich überraschen …

KLEINE PAUSE

Nun haben Sie sich eine Pause an einem der Imbissstände oder ein Mittagessen im **Crown Colony Restaurant** redlich verdient. Dieses Restaurant sieht aus wie eine Außenstelle des Britischen Empire; an den Wänden hängen Kricket- und Poloschläger und alte Fotos von Königin Victoria. Ganz untypisch für einen amerikanischen Themenpark ist auch das Essen hier: Im Gegensatz zum sonst üblichen Fast Food bekommen Sie wirklich schmackhafte Vorspeisen und riesige Portionen zu ganz moderaten Preisen. Es lohnt sich, ein paar Dollar mehr zu investieren und sich am Tisch bedienen zu lassen, vor allem, wenn Sie auf dem Balkon Platz nehmen und den schönen Blick auf die Serengeti Plain genießen.

Nachmittags

Nach dem Mittagessen treffen Sie auf die Menge der Menschen, die am Vormittag zunächst nach rechts abgebogen waren. Sie dagegen haben jetzt schon mehr als die Hälfte des Parks gesehen! Das Crown Colony Restaurant steht direkt am Eingang zum **Edge of Africa**, dessen Attraktionen man zu Fuß erkundet. Gleich nach dem Eingang kann man links hinter Glasscheiben Paviane, Flusspferde, Krokodi-

Busch Gardens

le und viele andere Tiere bewundern, die Sie auch schon beim Skyride gesehen haben. Wenn gerade Fütterungszeit ist, können Sie sogar beobachten, wie die Löwen ihre Hühnchen-Mahlzeit vertilgen oder wie die Flusspferde ihre vegetarischen »Gerichte« hinunterschlingen. Wer sonst keine Gelegenheit hat, im echten Afrika herumzufahren, fährt von hier aus eine halbe Stunde lang in einem Jeep durch die **Serengeti Plain** (Fahrtkosten: mittel).

Oder Sie wandern zu Fuß weiter, vorbei an Flamingos, um kurz darauf **Ägypten** im Südosten des Parks zu erreichen. **Montu**, die riesige Achterbahn mit Loopings, erkennen Sie schon von weitem am Schreien der Fahrgäste. Mit knapp 100 km/h ist diese Achterbahn sehr viel schneller als eine normale Bahn –

Gwazi

380 km Holz, zwei Schienenspuren, Beschleunigung auf 80 km/h: Das ist Gwazi, neben Kumba und Montu die dritte Achterbahn in Busch Gardens. Wie die meisten Bahnen in Florida hat auch diese ein bestimmtes Thema: Hier ist es das mythologische Tier mit dem Körper eines Löwen und dem Kopf eines Tigers. Das Ganze besteht aus zwei Bahnen, die sich manchmal scheinbar gefährlich nahe kommen. Gwazi ist die erste doppelte Achterbahn in Florida und die größte und schnellste aus Holz im Südosten des Landes.

Schwindel erregend und sicher nichts für jedermann! Die Hinweisschilder sind sehr ernst gemeint: »Falls Sie eine Arm- oder Beinprothese tragen, sorgen Sie bitte dafür, dass diese gut festgeschnallt sind!«

Jetzt haben Sie fast alle wichtigen Attraktionen gesehen – aber Sie waren immer noch nicht in der **Myombe Reserve**. Dort leben Schimpansen und Gorillas in Glaskäfigen. Diese Tiere sind auch dann höchst interessant, wenn sie scheinbar gar nichts tun oder auf den Baumstämmen schlafen.

Nun bleiben Ihnen nur noch die Eisshows, die Musicals aus den 1950er-Jahren oder die Vogel- und Delphinvorführungen. Auf jeden Fall sollten Sie versuchen, die neueste Darbietung zu erleben, **Ka Tonga** im herrlichen Marokkanischen Palast-Theater. Gezeigt werden riesige, farbenprächtige Figuren der afrikanischen Folklore, rhythmische Musik und afrikanische Tänze, die von Broadway-Regisseuren inszeniert wurden. Am Rand des Parks liegt das **Bird Gardens's Lory Landing**, ein großes Vogelhaus. Nektar für die Vögel kann man für 1 $ kaufen.

Wenn Sie Kinder dabeihaben, sind sie wahrscheinlich jetzt völlig erschöpft. Die beste Erholung ist das **Land of the Dragons**: Hier können die Kinder über hohe Stege durch ein prachtvolles Phantasieland aus Baumhäusern und Hütten laufen und klettern.

Ein langer Tag in Busch Gardens ist zu Ende; nun werden Sie sich erst einmal im Hotel erholen wollen.

BUSCH GARDENS: INSIDER-INFO

Top-Tipps: Wenn Sie Universal Orlando, die SeaWorld Orlando und Wet 'n Wild Orlando besuchen wollen, eignet sich vielleicht das **Orlando Flex Ticket** (▶ 81).

- Wenn Ihnen ein Tag für Busch Gardens nicht reicht, können Sie für 10,95 $ ein **Next Day Ticket** erwerben. Es ist **nur am folgenden Tag** gültig.
- Bei den meisten Fahrten, vor allem den Congo River Rapids, wird man wirklich nass. Deshalb sollten Sie Kleidung tragen, die schnell trocknet, oder etwas zum Wechseln mitbringen.
- Ziehen Sie wegen der Nässe keine Sandalen oder Schuhe mit Absätzen an. Am sichersten sind bequeme **Turnschuhe**.
- Obwohl das Essen hier nicht besonders teuer ist, können Sie eigenen Proviant mitnehmen. **Wasserflaschen und Rucksäcke sind erlaubt**, Kühltaschen jedoch nicht.

6 Ybor City

Ybor scheint tagsüber wie ausgestorben zu sein, dafür geht es nachts umso lebendiger zu. Die ehemalige Hauptstadt der Zigarrenindustrie von Tampa ist heute eine Stadt voller Piercing-Studios, Kaffeehäuser, Bierkneipen, Zigarrenbars und hervorragender Restaurants.

Vor einigen Jahren noch war Ybor eine triste Stadt wie viele andere auch. Dann wurde der Ort von Leuten mit Geld entdeckt, die die alten Häuser aufkauften, sie restaurierten und für viel Geld an Geschäftsleute vermieteten. Dieser erste Gründerzeit-Boom hat zwar wieder etwas nachgelassen, aber viele der Geschäfte gibt es auch heute noch. Grund genug, sich diese Stadt anzusehen! Ybor ist ein National Historic Landmark District, und die Behörden achten darauf, dass der spanisch-kubanische Stil bewahrt bleibt.

Dieses Erbe ist wirklich beeindruckend! Ende des 19. Jahrhunderts hatte Don Vicente Martinez Ybor, ein Zigarrenfabrikant aus Key West, die Vision, aus diesem unscheinbaren Dorf die Welthauptstadt der Zigarren zu machen. Spanier, Kubaner, Italiener, Deutsche und jüdische Immigranten kamen der Arbeitsplätze wegen hierher.

Ybor war zunächst nur Rauchern ein Begriff. Noch bekannter wurde der Ort, als Tampa im Spanisch-Amerikanischen Krieg um Kuba zum Flottenstützpunkt wurde. Als sich die Soldaten und die internationale Presse hier niedergelassen hatten, entdeckten sie mitten in Florida die multikulturelle Stadt Ybor City. Die Ladenbesitzer lebten damals direkt über ihren Läden wie in La Septima (7th Avenue), und die Zigarrendreher trafen sich abends in Casinos und in ihren karitativen Vereinen.

Wenn Sie die Stadt tagsüber besuchen, sollten Sie zunächst das **Ybor City State Museum** aufsuchen, das im Gebäude einer alten Bäckerei eingerichtet wurde (1818 E. 9th Avenue, Tel. 813/247 6323; www.ybormuseum.org; tägl. 9–17 Uhr; preiswert). Hier erhält man einen guten Überblick über die

Überall in Ybor City findet man prächtig bemalte Kacheln

Ybor City Chamber of Commerce
224 B2 1514 1/2 8th Avenue 813/248-3712; www.ybor.org

Ybor City

Entwicklung der Stadt, den viel versprechenden Anfang, die wirtschaftlichen Krisen und den Wiederaufstieg in jüngster Zeit. Ausgestellt sind interessante Exponate und Fotografien aus den Zigarrenfabriken; ein typisches Arbeiterwohnhaus, La Casita, wurde restauriert und möbliert und kann besichtigt werden (Di–Sa 10–15 Uhr).

Vielleicht gehen Sie zum Essen ins 1905 errichtete **Columbia Restaurant** (► 173). Die Räume des Restaurants und der Innenhof sind üppig mit handbemalten Kacheln dekoriert, und auf den Tisch kommen Köstlichkeiten aus Spaniens Küche. Ybor stand früher neben Havanna, Tampa und New York auf dem Tourneeprogramm großer Konzertveranstalter, und auch heute noch finden hier Flamenco-Aufführungen und klassische Gitarrenkonzerte statt.

Wenn man abends gegen 22 Uhr durch die Stadt geht, ist sie immer voller Menschen. Hier gibt es eine unglaublich große Auswahl an Clubs. Die meisten liegen an der E. 7th Avenue. **Centro Ybor** (1600 E. 7th Avenue, Tel. 813/242 4660; www.centroybor.com) ist ein typisches Vergnügungszentrum mit vielen modischen Geschäften, Restaurants und einem Kino mit 20 Sälen. Hier finden Sie Soul Clubs, Country Saloons, Schwulen-Bars und einen Tanzpalast für Techno-Pop.

Ybor City lebt heute von Zigarren und Touristen

YBOR CITY: INSIDER-INFO

Top-Tipps: HARTLine (www.hartline.org) fährt von Montag bis Freitag mit einem **Lunchtime Trolley Service** von Tampa nach Ybor City (etwa alle 15 Minuten, 11–14 Uhr; 1,25 $). Haltestellen an jedem zweiten Block.
- An Wochenenden wird die **7th Avenue zur Fußgängerzone**. Parken Sie Ihren Wagen außerhalb, wenn Sie früh kommen und spät wieder fahren wollen. Parkuhren müssen Mo–Sa von 8 bis 3 Uhr morgens benutzt werden (meist in Seitenstraßen).
- Entfernen Sie sich nicht zu sehr von der 7th Avenue. Die anderen Straßen sind **nicht unbedingt sicher**.
- Möchten Sie mitten in Amerika auf kubanischem Boden spazieren gehen? Dann besuchen Sie den Park El Parque Amigos de Marti. Er **gehört Kuba**.

16 Strände an der Tampa Bay

Das Wasser im Golf bleibt meistens ziemlich ruhig. Am Strand kann man sich deshalb herrlich entspannen; die Sandstrände haben weichen, feinsten Zuckersand und laden zum stundenlangen Verweilen ein (► 14ff).

Im Südwesten von St. Petersburg erstrecken sich 11 km lange Sandstrände bis hinunter zum **Fort deSotoPark**. Der North Beach ist bei den Einheimischen am beliebtesten. Wer nicht länger in der Sonne liegen will, kann das Fort besichtigen, am Pier fischen gehen oder einen schönen Strandspaziergang unternehmen. Viele Touristen bevorzugen allerdings den Strand St. Pete Beach. Vielleicht deshalb, weil man an den Stränden, die sich den Highway 699 (Gulf Boulevard) entlang erstrecken, häufig im flachen Wasser Stachelrochen beobachten kann. Das macht den Strand allerdings nicht unbedingt attraktiv: Man sollte im Wasser ganz langsam vorwärtsgehen und dabei Sand aufwirbeln, um die Rochen zu verscheuchen – nicht unbedingt ein unbeschwertes Strandvergnügen.

Einige Kilometer weiter nördlich gibt es eine Insel ohne Felsen und ohne Rochenplage. **Treasure Island** ist ein typischer Badeort, in dem man alles findet, was

Eines der Wahrzeichen von St. Petersburg: der rosafarbene Bau des Resorts Don CeSar

man sich für einen Tag am Strand mit Meer und Sonne vorstellt. Es gibt genügend Parkplätze, Imbissbuden und Umkleidekabinen. Hat man Appetit auf etwas anderes, gibt es gleich in der Nähe genügend Lebensmittelläden.

Weiter im Norden gelangt man durch John's Pass Village, den Boardwalk an der Madeira Beach und durch Badeorte wie **Redington Shores**, **Indian Rocks Beach** und **Belleair Shores** mit versteckten Zugängen zu ruhigeren Stränden.

Der schönste aller Strände ist **Clearwater Beach**. Die herrlichen blauen Strandkörbe erinnern an die französische Riviera, der Strand ist breit und bedeckt von weichem, feinem Sand. Alles Nötige findet man in unmittelbarer Nähe. Am Hafen werden Bootsfahrten oder Parasailing angeboten. In der Abenddämmerung geht man hinunter zum Pier 60, um dort den Sonnenuntergang zu bewundern.

Nach Lust und Laune!

Tampa

❷ Adventure Island
Das Wasser im Golf von Mexiko ist ruhig und salzig, weshalb dieser Süßwasser-Action-Park vielen Besuchern durchaus lieber ist: Hier kann man mit Booten durchs Wasser kurven, eine sieben Stockwerke hohe Wasserrutsche hinuntergleiten, die schäumenden Runaway Rapids hautnah erleben und am Calypso Coaster und an den Key West Rapids durch die Kurven sausen. Der 12 ha große Wasserpark besitzt insgesamt zwei Dutzend Wasserrutschen, beheizte Schwimmbecken, ein Wellenbad, Volleyballfelder und viele Imbissbuden. Man braucht mindestens fünf Stunden Zeit, um alles zu erkunden und auszuprobieren. Obwohl es viele Imbissstände gibt, sollte man vielleicht einen eigenen Picknickkorb mitbringen.

🗺 224 B2
✉ 4500 Bougainvillea Avenue, gleich neben Busch Gardens, Tampa Bay (► 154ff)
☎ 813/987 5600; www.adventureisland.com
🕐 Feb.–Okt., wechselnde Öffnungszeiten
💰 mittel; Parken preiswert

❸ Lowry Park Zoo
Entweder man unternimmt eine Weltreise durch vier Kontinente, oder man kommt hierher und sieht sich die Tiere an: Etwa 1600 Tiere haben hier eine Heimat gefunden – Tiger, Lemuren, Paviane, Schimpansen, Alligatoren, Panther und Schwarzbären leben hier im Florida Wildlife Center. Plumpe Seekühe schwimmen langsam durch riesige Wasserbecken. Im interaktiven Lorikeet Landing kommen die Vögel angeflogen und fressen den Besuchern aus der Hand. Nicht versäumen sollte man einen Besuch im 2,5 ha großen Safari Africa mit Zebras, Elefanten, Giraffen und Warzenschweinen.

🗺 224 A2
✉ 1101 W. Sligh Avenue, I-275, Ausfahrt 48, dann Schildern folgen
☎ 813/935 8552; www.lowryparkzoo.com
🕐 tägl. 9.30–17 Uhr 💰 preiswert

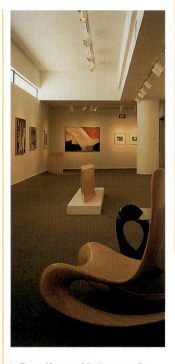

Im Tampa Museum of Art kann man eine herrliche Kunstsammlung bestaunen

❹ Tampa Museum of Art
Kunstliebhaber werden von dieser ungewöhnlichen Mischung klassischer und zeitgenössischer Kunst begeistert sein: Vasen und Büsten aus Griechenland und aus der Römerzeit, aber auch Werke der Pop-Art, abstrakte Ölgemälde und Skulpturen sowie eine Auswahl der Werke Ansel Adams. Im Museumsladen kann man Andenken kaufen, von der Galerie aus hat man einen herrlichen Blick auf den Hillsborough River und die University of Tampa.

🗺 224 B2 ✉ 600 N. Ashley Drive (Eingang bei Twiggs außerhalb von Ashley)
☎ 813/274 8130 🕐 Di–Sa 10–17, Do bis 20, So 13–17 Uhr
💰 preiswert; Kinder bis zu 5 Jahren frei

5 Tampa Theatre

Dieses 1926 errichtete und hervorragend restaurierte Bauwerk ist einer der schönsten Kinopaläste in Florida. 1973, kurz vor der Pleite, kaufte es die Stadt für einen symbolischen Dollar. Mit Hilfe von Schenkungen und Sponsoren konnte der prächtige Originalzustand wiederhergestellt werden, und seitdem wird das Theater im National Register of Historical Places aufgeführt. Ganz anders als bei den modernen gläsernen Kinopalästen ähneln seine Innenräume mediterranen Höfen bei Mondlicht. Überall funkeln Sterne, römisch inspirierte Statuen überragen die unzähligen Balkone voller Blumen, Weinreben und dekorativen Säulen. In so herrlichen Räumen kann es mitunter schwer fallen, sich auf die Leinwand zu konzentrieren. Gezeigt werden die Erstaufführungen ausländischer Filme und am Wochenende Klassiker wie *Casablanca*, *Vom*

Die University of Tampa mit ihren Zwiebelturm-Minaretten

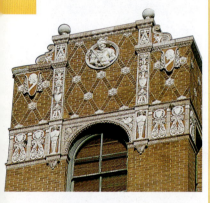

Das Tampa Theatre besitzt prachtvolle Innenräume

Wie viele alte Gebäude hat auch dieses *Winde verweht* oder *A Hard Day's Night*. Haus ein freundliches Gespenst: Foster »Fink« Finley, der Mann hinter dem Filmprojektor, starb hier und soll angeblich nachts auftauchen.

✚ 224 B2 ✉ 7111 Franklin Street
☎ 813/274 8981; www.tampatheatre.com
🕐 tägl. ab 7.30 Uhr, Sa, So und bei Vormittagsvorstellungen unterschiedliche Öffnungszeiten 💲 preiswert

7 Florida Aquarium

Die Erkundung der Ökosysteme in Florida beginnt hier mit einem 90 Minuten langen Rundgang. Mit mehr als 10 000 Tieren und Pflanzen aus Binnengewässern und Ozeanen und der neuen, von der Karibik inspirierten »Explore-A-Shore« auf dem familienfreundlichen Außengelände bietet es einen umfassenden Überblick über viele Ökosysteme. Die aufgestellten Tafeln sind nicht besonders informativ; mehr Hinweise geben die Audioführungen oder natürlich die Mitarbeiter, die über das Gelände führen. Da der Parkplatz etwa 400 m weit weg ist, sollte man seine Familie vorher am Eingang aussteigen lassen.

✚ 224 B2 ✉ 701 Channelside Drive
☎ 813/273 4000; www.flaquarium.org
🕐 tägl. 9.30–17 Uhr, geschl. Thanksgiving und am 25. Dez.
💲 preiswert

8 Henry B. Plant Museum/ University of Tampa

Das Tampa Bay Hotel wurde 1891 von Henry B. Plant errichtet. Sein Prestigeobjekt war das erste voll elektrifizierte,

Nach Lust und Laune! 163

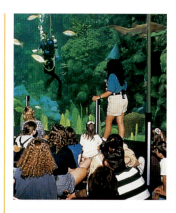

Korallenriffe im Florida Aquarium

mit Dampfheizung betriebene Hotel in Florida; es besaß sogar schon Aufzüge. Die seltsame Fassade aus einem Stilmix mit zahlreichen maurischen Elementen – mit Kuppeln, Spitzbögen, breiten Veranden und zwiebelförmigen Minaretten mit Halbmonden – macht das Haus zu einem der Wahrzeichen von Tampa. Nach Plants Tod wurde das ursprünglich drei Millionen Dollar teure viktorianische Wunderwerk für 125 000 Dollar an die Stadt verkauft. Die Besichtigung des Museums beginnt mit einem kurzen Videofilm, der an die viktorianischen Zeiten in Amerika erinnert.

Gleich daneben liegt die University of Tampa; der große runde Empfangssaal des Hotels und weitere Gemeinschaftsräume sowie das Musikzimmer und der Speisesaal gehören heute nicht mehr zum Museum, sondern werden von der Universität genutzt.

Broschüren mit Erläuterungen gibt es auch in deutscher Sprache.

🏠 224 A2 ✉ 401 W. Kennedy Boulevard
☎ 813/254-1891; www.plantmuseum.com
🕐 Di–Sa 10–16, So 12–16 Uhr
💰 preiswert

Das Florida Aquarium unter seiner futuristischen Glaskuppel ist eines der schönsten Aquarien der Vereinigten Staaten

Tampa Bay und der Südwesten

Florida vor dem Zeitalter der Fotografen: eine herrliche Landschaft im Museum of Fine Arts

St. Petersburg

❾ St. Petersburg Museum of History

Wenn Sie wissen wollen, was hier alles in den letzten 500 Jahren vor Ihrer Ankunft geschehen ist, dann sollten Sie sich dieses Museum zur Geschichte und Kultur des Landes ansehen. Das kleine Gebäude liegt gleich neben dem Pier (▶ 166); eine Ausstellung erinnert an Benoist Airboat, die erste kommerzielle Fluglinie der Welt. 1914 zahlte ein Fluggast 5 Dollar und konnte in 23 Minuten von St. Petersburg nach Tampa fliegen – mit dem Auto wäre er sechs Stunden lang auf den sumpfigen Straßen rund um die Bucht herum unterwegs gewesen. Interessant sind auch die Fotos aus den 1950er-Jahren, z.B. die alten Postkarten.

✚ 224 A2 ✉ 335 2nd Avenue N.E.
☎ 727/894 1052; www.museumof historyonline.com
🕐 Mo–Sa 10–17, So 12–17 Uhr
✋ preiswert

❿ Museum of Fine Arts

Liebhaber der traditionellen klassischen Kunst werden voll auf ihre Kosten kommen. Still wie in einer Bibliothek ist es hier, und man kann in aller Ruhe Meisterwerke wie Monets *Das Parlament in London*, O'Keeffes *Poppy*, Renoirs *Lesendes Mädchen* oder Berthe Morisots *Lesende* bewundern, die neben vielen Werken von Rodin, Cézanne und Gauguin besonders prominent gehängt sind. Außerdem findet man hier viele Flusslandschaften aus der Hudson River School, französische Möbel sowie eine vielfältige Auswahl moderner Kunst. Man sollte sich mindestens eine Stunde Zeit nehmen und zwischendurch den Museumsladen besuchen oder hinaus in den schönen Innenhof gehen.

✚ 224 A4 ✉ 255 Beach Drive N.E.
☎ 727/896 2667; www.fine-arts.org
🕐 Di–Sa 10–17, So 13–17 Uhr
✋ preiswert, Kinder bis zu 6 Jahren frei

⓫ Florida International Museum

Im ehemaligen größten Kaufhaus von St. Petersburg ist heute eines der interessantesten Museen des ganzen Staates untergebracht. Das Florida International Museum ermöglicht interaktive

Nach Lust und Laune!

Lernerfahrungen, bei denen die Besucher Szenen aus der Geschichte miterleben. Beeindruckend sind auch die Multimedia-Präsentationen.

Neben den hervorragenden Exponaten kann man sich eine ständige Ausstellung über die Kubakrise ansehen, die an den spannungsgeladenen Konflikt im Oktober 1962 erinnert. In einem authentischen Klassenzimmer jener Tage können Sie miterleben, wie die Nation damals auf einen Atomkrieg vorbereitet wurde. Wie nah man damals einem neuen Weltkrieg war, spürt man auch in Präsident Kennedys Rede an die Nation.

Oben: Fotos von Überlebenden des Holocaust im gleichnamigen Museum
Links: Amerika zur Zeit der Kubakrise – Teil der Dauerausstellung im Florida International Museum

Schließlich können Sie auch noch einen nachgebauten Atombunker besichtigen.
224 A2 · 100 2nd Street N.
727/822 3693 oder 800/777 9882; www.floridamuseum.org
Mo–Sa 11–17, So 12–17 Uhr, Führungen alle 10 Minuten
preiswert, Kinder bis zu 5 Jahren frei

12 Florida Holocaust Museum

Eigentlich werden in Museen nur schöne Dinge ausgestellt. Das gilt natürlich nicht für Holocaust-Museen bzw. -Gedenkstätten. Im Florida Holocaust Museum ist dies nicht anders. Es gibt jedoch einen Funken Hoffnung zwischen den düsteren Exponaten: Im Erdgeschoss führen Überlebende des Holocaust durch die Räume und erzählen ihre persönliche Geschichte. Einige von ihnen leben inzwischen am Ort. Die Kunstgalerie im ersten Stock zeigt Wechselausstellungen mit Kunstwerken, die dem Thema gewidmet sind. Im Stockwerk darüber sind ein Informationszentrum und ein Archiv zu Studienzwecken untergebracht. Ein beklemmendes Exponat ist der Zugwaggon Nr. 113-0695-5; in diesem Wagen wurden jüdische Bürger nach Auschwitz transportiert. Während der Überführung dieses Waggons nach Amerika kam ein Kinderring aus den 1940er-Jahren zum Vorschein – diesen Ring kann man nun ebenfalls sehen.

224 A2
55 5th Street S., an der 1st Avenue S., I-275 zur Ausfahrt 10, an der ersten Ampel (5th Street N.) rechts über die Central Avenue, dann auf der rechten Seite
727/820 0100 oder 800/960-7448
Mo–Fr 10–17, Sa–So 12–17 Uhr, letzter Einlass 16 Uhr · preiswert, Parken frei

Tampa Bay und der Südwesten

Die Besucher des Salvador Dalí Museum erhalten einen umfassenden Überblick über das Werk des Künstlers

⓭ Salvador Dalí Museum

Dalís traumverlorene, surrealistische Gemälde betören auch heute noch die Betrachter. Dieses Museum gibt einen chronologischen Überblick – von den Bildern des hoch talentierten 14-Jährigen bis hin zu Dalís Alterswerk. Die meisten Bilder gehören zu Dalís Meisterwerken, und das Museum birgt wirklich eine weltweit einzigartig umfassende Sammlung, darunter auch acht der 16 Hauptwerke. Dazu gehören *Hallucinogenic Toreador* und *die Entdeckung Amerikas durch Christoph Kolumbus*. Sehenswert sind auch das amüsante *Hummer-Telefon* und die *Venus von Milo mit Schubladen*.

Kommen Sie möglichst früh, bevor die Busse voller Touristen eintreffen. Im Museumsladen findet man viele interessante Bücher, Videos, Postkarten, T-Shirts und Schmuckstücke.

🞤 224 A2
✉ 1000 3rd Street S., I-275 South, Ausfahrt 9, den Schildern 175 East bis 4th Street S. folgen, dann rechts in die 11th Avenue S., dann links einen Block weiter bis zur 3rd Street S.
☎ 727/823 3767;
www.salvadordalimuseum.org
🕐 Mo–Sa 9.30–17.30 (Do bis 20), So 12–17.30 Uhr
💰 preisgünstig, Kinder bis zu 9 Jahren frei

⓮ The Pier

Das Pier ist eines der bekanntesten Wahrzeichen der Westküste Floridas. In der umgekehrten Pyramide befinden sich mehrere Fachgeschäfte, ein Aquarium, Restaurants und verschiedene Attraktionen. Von der Aussichtsplattform hat man einen herrlichen Blick. Im Winter ankert hier die HMS *Bounty*.

🞤 224 A2 ✉ 800 2nd Avenue N.E.
☎ 727/821 6164
🕐 Mo–Sa 10–22, So 11–20 Uhr

Progress Energy Park

Die wichtigsten Baseballspiele finden zwar im 1,6 km entfernten Tropicana Field statt, aber das Frühjahrstraining im März absolvieren die Devil Rays hier im Progress Energy Park, der nur ein paar Häuserblocks vom Pier entfernt liegt. Eintrittskarten, um beim Training zuzuschauen, kosten zwischen 9 und

Nach Lust und Laune!

15 $ – also weniger als bei einem richtigen Spiel.
- 224 A2
- 180 2nd Avenue S.E.
- 727/825 3250

15 Fort DeSoto Park

Ein Campingplatz mit Strand und attraktivem Preis-Leistungs-Verhältnis. Fünf miteinander verbundene Inseln mit insgesamt 445 ha Grund bieten alles, was man zum Sporttreiben und zum Erholen braucht. Der Campingplatz am Meer liegt im Schatten, im Süden der Halbinsel erstrecken sich die herrlichen Strände. Zu jedem der sehr begehrten 235 Plätze gehören ein Grill und ein Picknicktisch; Duschen und Toiletten befinden sich in der Nähe. Will man nur einen Tag lang bleiben, bleibt nur ein Picknick am nahe gelegenen East Beach oder etwas weiter ostwärts mit

dem grandiosen Blick auf die Sunshine Skyway Bridge. Hier kann man zwar nicht im Meer schwimmen, aber seine Angel auswerfen. Von einem 300 m langen Pier kann man die kleinen und großen Schiffe beobachten, die aus dem Golf hinaus und in die Tampa Bay hinein fahren. Weiter oben bietet das Fort DeSoto einen Einblick in die Geschichte des Landes. Das Fort steht hoch über dem alten Leuchtturm von Egmont Key. Wer sich das Beste bis zum Schluss aufheben will, sollte jetzt zum North Beach fahren.

- 224 A2
- 3500 Pinellas Bayway S.
- 727/582 2267
- mittel; nur Barzahlung. Campingplätze im Voraus reservieren: Tel. 727/582-2267 (mittel), nur Barzahlung

Fort DeSoto Canoe Outpost
- 727/864 1991; www.canoeoutpost.com
- Mo–Fr 10–17, Sa–So 9–17 Uhr
- mittel (Kanus und Kajaks tageweise)

Das Fort DeSoto, benannt nach dem spanischen Entdecker, wurde 1898 zum Schutz der Golfschifffahrt im Spanisch-Amerikanischen Krieg errichtet

🟧 John's Pass Village & Boardwalk

Entweder erlebt man dieses Dorf als eine einzige Touristenfalle oder als ein typisches hübsches Fischerdorf im Stil von Key West. Hier gibt es unzählige Fischrestaurants, Spielhallen, Souvenirshops und zahllose Verleiher von Surfausstattung am nördlichen Strand. Das künstliche Dorf hat alles, was Touristen lieben: Eisbuden, T-Shirt-Stände, Kunstgalerien mit Naturdarstellungen und natürlich viele Geschäfte mit Angelbedarf. Ausflugsschiffe fahren mit den Besuchern an der Küste entlang und aufs Meer hinaus zu romantischen Sonnenuntergangstouren. Wenn man selbst fahren möchte, kann man sich auch ein Boot, einen Jet-Ski oder eines der vielen anderen Wasserfahrzeuge mieten. Bei so vielen Verleihern sollten Sie versuchen zu handeln und bei den Preisen vor allem auf versteckte Zuschläge achten. Wenn Sie gerne angeln, können Sie auf Fischerbooten mitfahren und Ihren Fang dann in das Friendly Fishermen Restaurant bringen. Dort wird der Fisch gesäubert, filetiert und recht preiswert nach Ihrem Wunsch zubereitet – vorausgesetzt, Sie haben den Fisch auf einem hauseigenen Boot gefangen.

✚ 224 A2 ✉ 12901 Gulf Boulevard East, Madeira Beach 🕒 tägl.

🟧 Tarpon Springs

Der Ort wirkt, als hätte Poseidon ein griechisches Dorf hier herüber an Floridas Westküste verfrachtet – und eine Unmenge billiger T-Shirt-, Muschel- und Schwammläden hinzugefügt. Griechische Einwanderer kamen im 19. Jahrhundert der Schwämme wegen hierher. Heute rühmt sich die Stadt damit, der weltgrößte Handelsort für Schwämme zu sein. Jährlich werden mehr als fünf Millionen Dollar umgesetzt, obwohl in den 1940er-Jahren eine schreckliche Braunfäule viele Schwammgründe zerstört hat. Mit einem Ausflugsdampfer kann man von den Docks zu den Schwammgründen hinausfahren und alles vor Ort besichtigen.

Einen anderen Eindruck von der Stadt gewinnt man, wenn man ins Stadtzentrum fährt und die vielen Antiquitätengeschäfte, Handwerker- und Schmuckläden und die Glasbläser entdeckt.

Chamber of Commerce ✚ 224 A3
✉ 11 E. Orange Street (Ecke Alternate Highway 19 und Orange)
☎ 727/937 6109; www.tarponsprings.com

Echte Schwämme, von Tauchern gesammelt, werden hier vor dem Verkauf in Form gebracht

Nach Lust und Laune!

Etwas weiter weg

Von Sarasota nach Naples

Der schönste Weg nach Sarasota führt über die Sunshine Skyway Bridge. Folgen Sie der I-275 südlich von Tampa an St. Petersburg vorbei, wo sie in die I-75 mündet. Fahren Sie immer weiter in den Süden bis zum University Parkway, der Sie weiter nach Westen direkt ins Stadtzentrum von Sarasota bringt.

19 Sarasota

Früher war Sarasota vor allem als Winterquartier des berühmten Ringling Brothers Circus bekannt. Heute leben hier sehr viele Pensionäre, aber auch viele Studenten der **Ringling School of Art and Design**. Damit ist die Vielfalt der Stadt schon angedeutet. Beide, die Alten und die Jungen, treffen sich in der meistbesuchten Attraktion der Gegend, dem **John and Mable Ringling Museum of Art**.

Das Museum liegt an der Kreuzung des University Parkway und der US 41. Es war ein Teil des Vermächtnisses der Ringlings und liegt neben ihrer Winterresidenz, dem **Ca' d' Zan**. Bei seinem Tod im Jahre 1936 hinterließ John Ringling das gesamte Anwesen und die eindrucksvolle Kunstsammlung dem Staat Florida. Mehr als 500 Jahre Kunstgeschichte kann man hier bestaunen: Griechische und römische Plastiken, aber auch Gemälde von Rubens, Bonheur, Alfred Stevens und anderen. Wer Kunst mag, ist hier also genau richtig. Wenn Bilder Sie nicht so sehr interessieren, gehen Sie einfach hinüber ins Circus Museum oder ins Herrenhaus. Drei Architekten waren an diesem ausgefallenen Bau in venezianischem Stil beteiligt.

Nach dem Ausflug in die Kunstgeschichte können Sie auf der US 41 südwärts bis zum John Ringling Causeway fahren, dann rechts zu den Stränden und nach **St. Armands Keys**, dem schönsten Ort, um sich einen ersten Überblick zu verschaffen. Neben Restaurants, Straßencafés und hübschen Innenhöfen finden Sie hier den **St. Armands Circle**, ein berühmtes Einkaufszentrum mit Geschäften voller modischer Kleidung (Tel. 941/388 1554). Großartig an diesem Einkaufszentrum ist auch, dass man in ein paar Minuten an einem der schönsten Strän-

Das Gebäude des Kunstmuseums ist selbst ein Kunstwerk

Tampa Bay und der Südwesten

de Floridas sein kann. Die Sonnenuntergänge sind hier phantastisch, und wenn Sie von diesem Schauspiel nicht genug bekommen können, sollten Sie vielleicht auf dem Highway 789 Richtung Norden fahren und in einem der kleinen Motels oder einem Cottage am Strand übernachten. Wenn Sie beim Fremdenverkehrsamt anrufen (Tel. 941/955 8187; www.sarasotachamber.org), erfahren Sie, wann und wo die besten Opern-, Theater- und Ballettaufführungen oder Golfturniere stattfinden – aber meist ist es einfach schöner, nur am Strand zu liegen und den Himmel zu betrachten.

John and Mable Ringling Museum of Art
- 224 A1 ✉ 5401 Bay Shore Road
- ☎ 941/359 5700; www.ringling.org
- ⏲ tägl. 10–17.30 Uhr
- 💰 preiswert; Kinder bis zu 11 Jahren frei; Sa frei

Sarasota verlässt man am besten auf der US 41 in Richtung Süden. Die nächste größere Stadt ist **Venice**. Obwohl man bei diesem Namen zuerst an italienische Kunst und Kultur denkt, ist das amerikanische Venedig nur eine moderne Siedlung mit vielen Kanälen und schönen Stränden. Begehrt sind die versteinerten Zähne von Haien, die hier immer wieder angespült werden. Weiter südlich liegt **Caspersen Beach**.

Weiter geht es auf US 41 in südlicher Richtung nach Fort Myers. Hier herrscht immer sehr viel Verkehr, und man sollte sich an die Geschwindigkeitsbeschränkungen halten.

20 Fort Myers

Etwa eine Meile (1,6 km) westlich der Ausfahrt McGregor Boulevard an der US 41 liegt die Hauptsehenswürdigkeit: die **Edison-Ford Winter Estates**. In diesem Anwesen verbrachte Thomas A. Edison die Winter und arbeitete an seinem Phonographen; hier experimentierte er mit Pflanzen, um neue Grundstoffe für Gummi zu gewinnen. Sein Arbeitsraum ist noch unverändert erhalten, die Becher stehen immer noch dort, wo er sie hingestellt hat. Sein Wohnhaus gegenüber ist ein Beispiel dafür, wie die Häuser in Florida einst ausgesehen haben: Hübsch eingerichtet, die großen Fenster ließen viel Licht

In Edisons Haus gibt es keine Computer. Der große Erfinder nutzte nur seinen Geist

hinein, und auf der Veranda konnte man gemütlich sitzen und zum Caloosahatchee River hinuntersehen.

Richtig viele Exponate gibt es hier zwar nicht, aber Edisons Labor und Haus und das von Henry Ford gleich nebenan lohnen den Besuch.

Edison-Ford Winter Estates
- 226 B4
- ✉ 2350 McGregor Boulevard, Fort Myers
- ☎ 239/334 3614;
- www.edison-ford-estate.com
- ⏲ Mo–Sa 9–17.30, So 12–16 Uhr
- 💰 preiswert

Nach Lust und Laune! 171

21 Sanibel und Captiva

Gegenüber von Fort Myers liegen zwei von Floridas schönsten Inseln. **Sanibel** (226 B4) im Süden ist die größere der beiden, aber es gibt kaum eine gewerbliche Infrastruktur, weil etwa zwei Drittel der Insel unter Naturschutz stehen. Unbedingt sehenswert ist das **J.N. »Ding« Darling National Wildlife Refuge** (Tel. 941/472 1100; preiswert), weil man hier im Rahmen einer Führung auf einer Fläche von 2430 ha rosa Löffler, Pelikane, Fischadler und Alligatoren zu sehen bekommt. Wenn man sich ein Kanu oder ein Kajak mietet, kann man zwischen den Mangroven und in Flussmündungen paddeln. Auf der Insel gibt es mehrere öffentliche Strände. Das klare, ruhige Meer, der feine Sand und die schattigen Bäume laden zum Nichtstun ein. Hier findet man schöne Muscheln: ein hübsches und kostenloses Souvenir. Unzählige Muscheln dürfen Sie im **Bailey-Matthews Shell Museum** (Tel. 941/395 2233; preiswert) bestaunen. Die Exponate zeigen, wie wichtig Muscheln in der Natur, in Wirtschaft, Medizin, Literatur und als Nahrungsmittel waren und sind. Das klingt vielleicht langweilig, ist es aber ganz und gar nicht.

Einige Meilen weiter nördlich liegt die Insel **Captiva** (226 B4). Erholen Sie sich am Uferstrand des Blind Pass und gehen Sie dann die einsame Straße zum Dorf hinauf, in dem es einen Lebensmittelladen, mehrere hübsche Kunstgalerien und zwei ausgezeichnete Restaurants gibt. Direkt am Meer liegt **Mucky Duck** (Tel. 941/472 3434), berühmt für den leckeren Key Lime Pie und einen herrlichen Sonnenuntergang. **Bubble Room** (Tel. 941/472 5558) wird wegen seines ausgezeichneten Essens geschätzt; . Von **South Seas Resort** am nördlichen Ende kann man mit Charterbooten zu den Nachbarinseln übersetzen, etwa nach Cabbage Key. Wenn Sie sich während Ihres Floridabesuchs nur zwei Inseln ansehen können, dann sollten es Sanibel und Captiva sein.

Lee Island Coast Visitor and Convention Bureau
226 B4
2180 W. First Street, Suite 100, Fort Myers
239/338 3500 oder 888/231 6933; www.leeislandcoast.com

Sanibel-Captiva Islands Chamber of Commerce 226 B4
1159 Causeway Road, Sanibel
239/472 1080; www.sanibel-captiva.org

Tampa Bay und der Südwesten

22 Naples

Naples liegt etwa 265 km südlich von Tampa und ist eine der reichsten Gemeinden Floridas. Für Touristen wird hier viel geboten: Naples besitzt eine herrliche Altstadt. Die **Fifth Avenue South** ist eine breite, baumbestandene Geschäftsstraße voller eleganter Läden, Kunstgalerien und europäischer Bistros.

Einen hervorragenden Überblick über die Altstadt vermittelt eine zweistündige Stadtführung mit den **Naples Trolley Tours** (Tel. 239/262 7300), bei der man im Nachbau eines historischen Trolleys durch die Stadt gefahren wird. Die **Caribbean Gardens** (1590 Goodlette-Frank Road, Tel. 239/262 5409; www.caribbeangardens.com) sind ein Zoo, der auf dem Gelände eines alten botanischen Gartens (21 ha) eingerichter und Fotografen. Im Park leben Hunderte von Alligatoren und mehr als 200 Vogelarten. Ein 3,5 km langer Weg windet sich durch das Gelände, auf dem der älteste Zypressenwald des Landes und ein tropischer Dschungel mit Farnen, Orchideen und wilden Blumen wächst.

Naples wurde als Hafenstadt gegründet. Berühmt ist die Stadt allerdings für ihre kilometerlangen Strände, die sich an der Golfküste aneinander reihen. Fragen Sie die Einheimischen, welchen Strand sie am liebsten mögen, oder rufen Sie direkt bei den Strandwächtern an. Empfehlenswert sind auf jeden Fall: **Naples Beach** mit seinem 300 m langen Pier für Angler, **Lowdermilk Park** (Tel. 239/434 4698), **Vanderbilt Beach** (Tel. 239/597 6196), **Delnor-Wiggins Pass State Recreation Area** (Tel. 239/597 6196), **Clam Pass Park/Beach** und

Vornehm und fotogen: die Altstadt von Naples

tet wurde. Die Gärten existieren auch heute noch; Ende der 1960er-Jahre sind die Tiere dazugekommen. Hier kann man Boot fahren, Shows ansehen und einen Streichelzoo besuchen.

24 km weiter östlich der I-75 liegt das **Corkscrew Swamp Audubon Sanctuary** (375 Sanctuary Road West, Tel. 239/348 9151; preiswert), ein 4500 ha großes Naturschutzgebiet, das als eine Art »Kronjuwel« der National Audubon Society gilt. Das Gebiet ist eines der besten Reservate für Vogelbeobach-

Lely Barefoot Beach. Die meisten Strände besitzen Duschen, Grills, Picknicktische, Bootsstege, Toiletten, Parkplätze, Imbissbuden, Verleihstationen für Anglerbedarf und Strandstühle. Bei der Auswahl sollten Sie bedenken, dass einige Strände sehr weit abseits liegen, während andere vielleicht überlaufen sind, aber in unmittelbarer Nähe von Hotels liegen.

Naples Chamber of Commerce
- 226 B4
- 895 Fifth Avenue South, Naples
- 239/262 6141; www.napleschamber.org; www.naples-florida.com

Wohin zum ...
Essen und Trinken?

Die Preise gelten pro Person für eine Mahlzeit ohne Getränke:
$ unter 25 $ $$ 25–50 $ $$$ über 50 $

TAMPA

Tampas Lage direkt am Wasser machte den Ort zu einer florierenden Hafenstadt, die weltoffen Fremdes aufgenommen hat. Wie in anderen Städten Floridas findet man hier deutliche Einflüsse aus Spanien und Kuba, woher viele Einwohner stammen. Das zeigt sich auch am Essen, vor allem in Ybor City. Hier gibt es eine ganze Reihe sehr guter Restaurants mit Essen aus aller Herren Länder. Die Preise sind selbst in den edleren Lokalen meistens angemessen.

Jeans und Tennis- oder Sportschuhe sind verboten.
✚ 224 A2 ⊠ Hyatt Regency Westshore, 6200 Courtney Campbell Causeway
☎ 813/281 9165

▼▼ Armani's $$$

Liegt hoch über dem Grand Hyatt Tampa Bay (▶ 175) und bietet einen traumhaft schönen Blick über die Stadt. Das Ambiente ist stilvoll mit gedämpften, schwarzen Akzenten. Die Küche ist traditionell italienisch; aber man bekommt auch ausgefallene Gerichte wie Bresaola mit schwarzen Trüffeln, Rindfleisch mit Krabben und Langusten oder Thunfisch mit scharfer Pfefferkruste. Hinten im Restaurant gibt es eine lange Bar voller leckerer Antipasti. Noch schöner essen kann man auf der Terrasse, von der aus man einen herrlichen Blick auf Tampa genießt. Anzug erforderlich.

▼ Bernini of Ybor $$–$$$

Ein romantisches Restaurant in Ybor mit herrlichen Gerichten, die kunstvoll angerichtet werden. Die traditionelle italienische Küche bietet Köstlichkeiten, bei denen jedem das Wasser im Mund zusammenläuft: geschmorte Lammhaxe mit roten Johannisbeeren und Marsalasoße, Rinderfilet mit Gorgonzola oder ein Sorbet aus knallroten, in der Sonne getrockneten Tomaten. Die Speisekarte wechselt täglich. Bitten Sie um einen Tisch auf der Empore, dann haben Sie einen schönen Überblick.
✚ 224 B2 ⊠ 1702 E. 7th Avenue, Ybor City
☎ 813/248 0099

▼ Bern's Steak House $$$

Bern's Restaurant ist so einzigartig, dass man es nur schwer beschreiben kann. Das Ambiente mit seinen roten Wänden, goldenen Dekorationen, vielen Skulpturen und hohen Spiegeln schwankt zwischen Museum und Bordell. Auf der Speisekarte stehen hauptsächlich Rindfleischgerichte und Steaks, deren Herkunft minutiös beschrieben ist. Die Weinkarte ist berühmt, angeblich ist sie die umfangreichste auf der ganzen Welt. Die mehr als 6000 verschiedenen Weine werden zu günstigen Preisen angeboten. Nach dem Abendessen können die Gäste die Küche besichtigen, bevor sie ihre Nachspeise in einem der oberen Räume auswählen. Dieses Restaurant muss man unbedingt besucht haben! Bei der Auswahl des Essens sollten Sie sich auf die Steaks konzentrieren. Leider ist das Stadtviertel nicht das sicherste. Bestellen Sie sich ein Taxi, und warten Sie darauf im Restaurant.
✚ 224 B2 ⊠ 1208 S. Howard Avenue
☎ 813/251 2421;
www.bernsteakhouse.com

▼ Columbia Restaurant $$

Dieses seit 1905 existierende Restaurant wird von einer spanischen Fami-

Tampa Bay und der Südwesten

lie geführt und ist in ganz Tampa bekannt. Aus dem ursprünglichen Café an der Ecke ist ein riesiges Restaurant mit 1500 Sitzplätzen entstanden. Einer der schönsten Speiseräume in der Mitte des Lokals erinnert mit seinen Palmen und seinem Brunnen an den Hof einer spanischen Hazienda. Die anderen Räume sind dunkler und mit spanischen Kacheln dekoriert. Manchmal gibt es abends Live-Musik und Tanz. Die Speisekarte bietet spanische und südamerikanische Gerichte, natürlich Tapas, gute *caldo gallego* (Bohnensuppe mit Chorizo und Gemüse), Paella und das traditionelle *arroz con pollo* (Reis mit Hähnchen).

+ 224 B2
⌂ 2117 E. 7th Avenue, Ybor City
☎ 813/248 4961

Jim Strickland's Old Meeting House $

Dieses Lokal hat sich seit 1947 kaum verändert: die Resopaltische haben eine leichte Patina, die Portionen der herzhaften amerikanischen Küche sind riesig, die Preise erstaunlich niedrig, und Harold macht das Eis jeden Tag immer noch selbst. Herrlich altmodisch und gemütlich und trotz aller Einfachheit voller Charme! Die Spezialitäten wie Salisbury Steak mit Zwiebeln wechseln täglich.

+ 224 B2 **⌂** 901 S. Howard Avenue
☎ 813/251 1754

Kojak's House of Ribs $

Ein gutes Restaurant für ein gemütliches Barbeque und ein idealer Ort, um ungezwungen ins Gespräch zu kommen. Hervorragende Gerichte zu erstaunlich günstigen Preisen. Fährt man den Bayshore Drive hinauf, hat man einen herrlichen Blick auf das Stadtzentrum von Tampa.

+ 224 B2 **⌂** 2808 Gandy Boulevard
☎ 813/837 3774

Le Bordeaux $$$

Betritt man das schöne Bistro, fühlt man sich sofort wie in Frankreich mitten auf dem Land. Das Dekor ist hübsch und romantisch, mit Spitzenvorhängen, bemalten Wänden und schönen Tischlampen. Dazu passt perfekt die gehobene französische Küche mit traditionellen Gerichten wie Cassoulet, geschmortem Kaninchen, Schnecken und Rindfleischtopf. Im Left Bank daneben, einem hübschen Café, kann man einen Aperitif trinken und danach am überdachten Pool ein Dessert genießen.

+ 224 B2 **⌂** 1502 Howard Avenue
☎ 813/254 4387

Lonni's Sandwiches $

Bei Lonni bekommt man gesunde und wohlschmeckende Sandwiches aus hausgemachtem Brot. Das Brot aus wildem Reis ist im ganzen Umland bekannt. Die Bedienung ist überaus freundlich und hilfsbereit und beschreibt ganz detailliert die Unterschiede zwischen Ron's Sunny Bird (Putenfleisch mit überbackenem Käse, Sonnenblumenkernen und Sojabohnensprossen mit einem Dressing aus Mayonnaise und Honig) und einem der vielen anderen leckeren Brötchen, die im Angebot sind. Es gibt auch Suppen und Salate, gesunde Muffins und kleine, fettarm gebackene Kuchen. Ausgezeichnet geeignet, um sich für ein Picknick auszurüsten.

+ 224 B2 **⌂** 513 E. Jackson Street
☎ 813/223 2333

Mise en Place $$

Dutzende von Votivkerzen leuchten in diesem edlen, dunklen New American Restaurant. Das große Lokal ist in mehrere Räume aufgeteilt. Der Küchenchef Marty Blitz serviert kreative Kochkunst mit einer Speisekarte, die 20 Vorspeisen und 15 verschiedene kleine erste Gänge aufweist. Das Essen ist trotzdem erstaunlich preiswert, teilweise jedoch etwas zu raffiniert. Ein günstiges Fünf-Gänge-Menü ist sehr empfehlenswert.

+ 224 B2 **⌂** 442 W. Kennedy Boulevard
☎ 813/254 5375

ST. PETERSBURG

DISH $

Dies ist ein Restaurant, wie man es selten findet: Hier gibt es Grillabende wie in der Mongolei. Man nimmt sich

Wohin zum … Übernachten?

Für ein Doppelzimmer gelten pro Nacht folgende Preise:

$ unter 125 $ $$ 125–250 $ $$$ über 250 $

TAMPA

Holiday Inn Statefair Downtown $$

Das preiswerte Hotel liegt gleich rechts neben dem Tampa Bay Performing Arts Center und ist nicht weit vom Tampa Museum of Art entfernt. Die Räume sind mit elegantem Holzmobiliar und großen Bädern ausgestattet. Von den Räumen in den oberen Stockwerken hat man eine schöne Aussicht; viele Zimmer verfügen über eine Mikrowelle. Unten gibt es eine hübsche kleine Bar und ein Restaurant, das mittags und abends geöffnet ist.

✚ 224 B2 ⌂ 111 W. Fortune Street, Tampa
☎ 813/223 1351 oder 800/513 8940

Grand Hyatt Tampa Bay $$$

Das direkt am Flughafen von Tampa gelegene elegante Gebäude birgt das beste Hotel der Stadt. Zu den erstklassigen Angeboten des Hauses gehören das Restaurant Armani's (▶ 173), ein Swimmingpool, ein Fitnesscenter und ein Trimmpfad. Die Hotelzimmer sind gemütlich, wenn auch nicht mehr im neuesten Design ausgestattet. Die Konferenzräume und die Gemeinschaftsräume bieten jedoch alles, was man von einem Hotel dieser Größenordnung erwarten kann.

✚ 224 A2 ⌂ 6200 Courtney Campbell Causeway, Tampa
☎ 813/874 1234 oder 800/233 1234

Wyndham Harbour Island Hotel $$$

Das Hotel liegt auf seiner eigenen kleinen Insel, Harbour Island, unweit vom Festland. Trotzdem ist man schnell in der Innenstadt von Tampa oder am Convention Center. Die Hotelzimmer sind sehr groß. Gleich neben dem Hotel gibt es eine kleine Mall mit Restaurants und Geschäften. Leicht zu erreichen sind auch der Trimmpfad und die schönen Spazierwege entlang dem Bayshore Boulevard.

✚ 224 B2
⌂ 725 S. Harbour Island Boulevard, Harbour Island
☎ 813/229 5000 oder 800/WYNDHAM

ST. PETERSBURG

Don CeSar Beach Resort & Spa $$$

Das wohl schönste Hotel und Thermalbad an der Golfküste ist auch unter dem Namen »Pink Palace« bekannt. Zu ihm gehören zwei große Swimmingpools (einer besitzt eine Unterwasser-Musikanlage!), ein herrliches, exotisches Abendessen zaubert. Das wird ein ganz außergewöhnlicher Abend!

✚ 224 A2
⌂ 197 2nd Avenue N. (Baywalk)
☎ 727/894 5700

Fourth Street Shrimp Store $

Schon von weitem erkennt man das Restaurant an seinem farbenfrohen Gemälde über die ganze Eingangsfront: Der Restaurantbesitzer ließ eine ganze Tafel voller vergnügt essender Gäste an die Hauswand malen, um Passanten ins Lokal zu locken, das innen groß und bunt wie ein Lagerhaus wirkt. An einer Theke am Eingang findet man alle Sorten von Meeresfrüchten, die man in riesigen Portionen serviert.

✚ 224 A2
⌂ 106 4th Street N.
☎ 727/822 0325

einen Teller, sucht sich ein rohes Stück Fleisch oder einen Fisch aus, wählt sein Gemüse und die Soßen und gibt alles weiter an den Chefkoch, der aus den Zutaten ein herr-

Tampa Bay und der Südwesten

licher Strand, an dem man sich die Ausrüstung zu Wassersportarten leihen kann, und eine Thermalanlage.

🆔 224 A2
🏠 3400 Gulf Boulevard, St. Pete Beach
☎ 727/360 1881

⚜ Renaissance Vinoy Resort $$$

Dieses eindrucksvolle Hotel liegt etwa eine halbe Stunde südwestlich von Tampa. Hier fühlt man sich ganz in die Zeit um 1920 versetzt, als St. Petersburg einer der beliebtesten Touristenorte war. Anfang der 1990er-Jahre wurde das Hotel gründlich renoviert. Seitdem verfügen alle Zimmer über jeden Komfort. Auf dem Hotelgelände liegt auch ein gigantischer Wasserfall, der seine Ströme in einen der Swimmingpools ergießt. Natürlich gibt es auch Tennisplätze, einen Golfplatz und vieles mehr. Nicht zu vergessen drei Restaurants mit Terrassen.

🆔 224 A2
🏠 501 5th Avenue N.E. (Beach Street), St. Petersburg
☎ 727/894 1000 oder 800/HOTELS-1

Wohin zum... Einkaufen?

TAMPA

In und um Tampa gibt es viele Einkaufs-Malls, darunter auch The Shops an der Channelside, eine direkt am Wasser gelegene und leicht zu Fuß erreichbare Einkaufsmeile mit Restaurants. Ebenfalls dazu gehört Westfield Shoppingtown Citrus Park nördlich des Stadtzentrums von Tampa. Die schönsten Geschäfte am International Plaza in der Nähe des Flughafens sind Lord & Taylor, Neiman Marcus und Nordstrom. Seine Dollars kann man aber auch stilvoll im Old Hyde Park Village ausgeben, einem frisch restaurierten historischen Viertel bei Tampa.

Centro Ybor

Ein beliebter und stets familienfreundlicher Ort zum Einkaufen und Essen. Eines der Highlights ist Game Works mit vielen interaktiven Spielen. Eine Alternative sind der Improv Comedy Club oder das Muvico Theater mit 20 Kinosälen; dort werden auch Martinis, Bier und Wein ausgeschenkt, und man kann in eine Kleinigkeit zu essen bekommen. Neue amerikanische Küche bietet die Big City Tavern. Sehenswert ist auch die Pacheco Gallery.

🆔 224 B2 🏠 1600 E. 8th Street
☎ 813/242 4314; www.centroybor.com

Old Hyde Park Village

Diese Einkaufsmeile befindet sich mitten in Hyde Park, einer schönen alten Wohngegend mit Häusern aus dem späten 18. Jahrhundert. In den hübschen Straßen dieses Dorfes gibt es eine Vielzahl von Geschäften, Restaurants und Cafés. Zu den bekannten Kettenläden gehören Brooks Brothers, Ann Taylor, Williams-Sonoma, Godiva, Chico's, Tommy Bahama und Pottery Barn Kids. Es gibt aber auch noch viele Geschäfte in privater Hand, in denen es alles Mögliche zu kaufen gibt: Schmuck, mundgeblasenes Glas, Töpferwaren und Kleidung.

🆔 224 B2
🏠 Swann und Dakota Avenue, ab Bayshore Boulevard ☎ 813/251 3500

WestShore Plaza

Diese riesige Einkaufsstraße ist genau das, was man in Florida erwartet: Am Eingang voller Marmor und Palmen wartet bereits ein Parkservice. Hier gibt es mehr als 100 modische Geschäfte wie Victoria's Secret, Bebe, Nine West, American Eagle Outfitters, aber auch Kaufhäuser wie Saks Fifth Avenue, JC Penney und Dillard's. Außerdem finden Sie Friseure, Nagelstudios, Geschäfte mit Elektro- und Küchenartikeln und ein Kino mit 14 Sälen. Die Tampa Bay Devil Rays unterhalten hier ein Geschäft, in denen man Baseball-Artikel dieses legendären Teams kaufen kann. Besuchen Sie auch den riesigen Lebensmittelmarkt, der sogar französische

Wohin zum ...

und japanische Produkte anbietet. Natürlich fehlen auch Restaurants nicht. Probieren Sie das Eis von Tanya & Matt's Ice Creamist.

+ 224 A2 ✉ **250 Westshore Boulevard**
☎ **813/286 0790;**
www.westshoreplaza.com

The Shops at Channelside

Gleich neben dem Florida Aquarium direkt am Wasser liegt im Stadtzentrum dieses neue Einkaufs- und Unterhaltungsviertel mit vielen Geschäften und Restaurants.

+ 224 A2 ✉ **615 Channelside Drive**
☎ **813/223 4250**

ST. PETERSBURG

Auf dem Beach Drive bieten viele modische Geschäfte Kleidung, Tischwäsche und Kunsthandwerk an. Antiquitäten gibt es in der Central Avenue zwischen der 12. und 13. Straße in der **Gas Plant Antique Arcade** (1246 Central Avenue, Tel. 727/895 0368). Mehr als 100 Händler präsentieren hier ihre Waren.

Wohin zum ...
Ausgehen?

TAMPA

Einige der interessantesten Lokale in Tampa sind gar nicht so leicht zu finden, weil es außer der 7th Avenue in Ybor City kein wirkliches Vergnügungsviertel gibt. Mit etwas Glück findet jedoch jeder Besucher das Richtige für sich. Alle wichtigen Informationen zum Nachtleben von Tampa stehen in den Gratis-Broschüren der Touristenbüros.

Inside Tampa ist ein kostenloses wöchentliches Veranstaltungsmagazin, in dem alle interessanten und für Gäste relevanten Veranstaltungen des Stadtzentrums von Tampa aufgeführt sind. Auf der zweiten Seite findet man eine Liste aller Veranstaltungen, Konzerte, Theater, Kinos, Sporthallen, Museen und Ausstellungen.

Hier werden hauptsächlich kulturelle Highlights des offiziellen Kulturbetriebs aufgeführt. Das Gegenteil davon findet man in *Ink 19*, einem monatlich erscheinenden Heft der Off-Kultur der Musikszene in Florida. Ein recht umfangreicher Kalender im Heft listet alle Konzerte mit alternativer Musik auf. Zwischen diesen beiden Extremen angesiedelt ist *Weekly Planet* mit einer Auflistung zahlreicher Kulturveranstaltungen, vom Tanzabend mit amerikanischem Volkstanz bis hin zur besten Super Bowl Party der Stadt.

In den letzten Jahren hat die Stadt Tampa alles versucht, um das früher recht angeschlagene Image von Ybor City zu verbessern und mehr Leute dorthin zu locken. Mittlerweile haben sich an der 7th Avenue zahllose attraktive Bars und Restaurants angesiedelt. Während der Woche ist es allerdings ruhig, aber am Wochenende flanieren hier unzählige Leute, und die Atmosphäre erinnert an eine Collegeparty. Nicht versäumen sollten Sie **The Rare Olive** (1601 E. 7th Avenue, Tel. 813/248 2333), einen Martini- und Zigarrenclub mit Jazz, Reggae, Funk, Dance Music und einem bunt gemischten Publikum.

Auch in der Altstadt von Tampa findet man viele nette Bars und attraktive Nachtclubs. **Four Green Fields** (205 West Platt, Tel. 813/254 4444) ist ein typisch irischer Pub mit irischer Volksmusik und einer großen Auswahl an Bieren. **Newk's Café** (514 Channelside Drive, Tel. 813/307 6395) ist ein Fischrestaurant mit Bar, in dem man sich nach der Arbeit trifft.

Das sicher mit Abstand interessanteste Nachtleben bietet das **Centro Ybor** (1600 E. 8th Avenue, Tel. 813/242 4660) mit mehreren Nachtclubs: Im **Adobe Gila's** trinkt man Tequila, im **Barley Hopper's** Bier, im **Improv Comedy Club** gibt es viel zu lachen, und in der **Big City Tavern** trinkt man Wein und Ale.

ST. PETERSBURG

Brandaktuelle Informationen über die Veranstaltungen in St. Petersburg entnehmen Sie am besten der Wochenendbeilage in der Freitagsausgabe der *St. Petersburg Times* oder dem kostenlosen Wochenmagazin *Daily Planet*. Sie können Konzerte oder Nachtclubs besuchen oder ins Kino gehen: Eine gute technische Ausstattung und bequeme Sessel besitzt das **Muvico Baywalk 20** (151 2nd Avenue North, Tel. 727/502 0965). Zum Tanzen eignet sich das **Coliseum** (535 4th Avenue North, Tel. 727/892 5202), ein 75 Jahre alter Ballsaal, in dem jede Woche Big Bands aufspielen.

Sport

Angesichts der hiesigen Temperaturen ist es eigentlich kurios, dass sich ausgerechnet Eishockey in Tampa und anderswo in Florida seit einiger Zeit großer Beliebtheit erfreut. Das hängt vermutlich mit den vielen Zuwanderern aus den nördlichen Bundesstaaten zusammen. Die populäre Baseballmannschaft New York Yankees absolviert ihr Frühjahrstraining regelmäßig in Tampa, und Trainingsspiele sind immer ausverkauft. Karten für alle Sportveranstaltungen erhält man über **Ticketmaster**, Tel. 813/287 8844.

Eishockey

Im Eispalast spielt das Team Tampa Bay Lightning; das Stadion besitzt alles, was ein Sportfan sich nur wünschen kann, natürlich auch Bar und Restaurant. Das Lightning-Team hat 2003/04 den begehrten Stanley Cup gewonnen.

✚ 224 B2 ✉ **The Ice Palace**, 401 Channelside Drive, Tampa ☎ 813/229 8800

Football

Mit den Tampa Bay Buccaneers, die im Januar 2003 den Super Bowl XXXVII gewonnen haben, wird man in Zukunft noch rechnen können! Die Fans versammeln sich zu jedem Heimspiel im Raymond James Stadium und feuern ihre Mannschaft an.

✚ 224 B2 ✉ **Raymond James Stadium**, Tampa ☎ 813/879-BUCS; www.buccaneers.com

Baseball

Legends Field, eine verkleinerte Kopie des Yankee Stadium in New York, ist dennoch das größte Trainingsstadion Floridas. Die New York Yankees bestreiten hier im Februar und März ihre Vorsaison. Von April bis September gehört das Stadion der B-Mannschaft der Yankees. Zudem können hier junge, noch weitgehend unbekannte Talente bestaunen.

✚ 224 A2 ✉ 1 Steinbrenner Drive, Tampa ☎ 813/875 7753; Tickets 727/287 8844

Die sehr erfolgreich gestarteten Devil Rays, eine neue Baseballmannschaft, spielen im Tropicana Field Stadium von St. Petersburg.

✚ 224 A2 ✉ **Tropicana Field**, 1 Stadium Drive, St. Petersburg ☎ 727/825 3137; www.devilrays.com

Golf

Eine Fachzeitschrift erklärte 1998 den 90 Minuten von Tampa entfernten **World Woods Pine Barrens Golf Course** (17590 Ponce de Léon Boulevard, Brooksville, Tel. 352/796 5500; www.worldwoods.com) zum besten Platz in Florida.

Auch **Rolling Oaks**, näher an der Stadt gelegen, ist nicht schlecht. Zu den städtischen Golfanlagen zählen **Babe Zaharias Municipal Course** (11412 Forest Hills Drive, Tel. 813/631 4374) und **Rogers Park Municipal Golf Course** (7910 N. 30th Street, Tel. 813/673 4396).

Golfstunden erteilt das **Arnold Palmer Golf Academy World Headquarters** in Saddlebrook Resort (5700 Saddlebrook Way, Wesley Chapel, Tel. 813/973 1111).

Der Panhandle und Nordflorida

Erste Orientierung 180
In fünf Tagen 182
Nicht verpassen! 184
Nach Lust und Laune! 191
Wohin zum … 194

Der Panhandle und Nordflorida

Erste Orientierung

Der Norden mit dem Panhandle (»Pfannenstiel«) erstreckt sich von Jacksonville am Atlantik bis nach Pensacola an der Grenze zu Alabama. Diese Region – viele halten sie für die schönste – nimmt ungefähr ein Drittel des gesamten Staates ein; dennoch verirren sich nur selten Touristen hierher. Die meisten kennen den Norden gar nicht: Sie fliegen ins Zentrum, besuchen Walt Disney World®, fahren mit dem Mietwagen an den Strand und glauben, alles Wichtige in Florida gesehen zu haben.

Diesen Besuchern entgeht eine ganze Menge – nämlich das alte, noch weitgehend ursprüngliche Florida. Auf dem Panhandle gibt es wunderbar entlegene Straßen, z.B. die Highways 20 und 90 oder die Küstenstraße 98. An die Zeit vor dem Bürgerkrieg erinnern Kleinstädte wie Quincy, Havana, Monticello und DeFuniak Springs. Es gibt riesige Wälder und zahlreiche schöne Strände am Golf von Mexiko. Hier im Norden findet man kristallklare Quellen und den berühmten Suwannee River, hier liegen die Bundeshauptstadt Tallahassee, St. Augustine, die älteste Stadt der USA, und Daytona Beach.

Wenn Sie genügend Zeit haben, sollten Sie diesen Teil Floridas nicht aussparen. Denn hier bekommen Sie eine Ahnung davon, wie man in Florida einst lebte und arbeitete. Damals gab es noch überall die echte, viel gepriesene Gastfreundschaft des Südens, die sich heute vielfach zur »Tourismusindustrie« gewandelt hat. Der Panhandle liegt zudem in direkter Nachbarschaft zu Georgia und Alabama, und nur selten ist man weiter als eine Autostunde von einem hervorragenden Strand entfernt.

Auf dem Panhandle schlägt noch das alte Herz der amerikanischen Südstaaten. Der Rhythmus ist langsamer als im Trubel von Miami, alles ist ländlicher und weniger dicht besiedelt. Wer sich darauf einlässt, kann hier wunderbare Urlaubstage verleben.

Erste Orientierung 181

★ Nicht verpassen!
- **1** St. Augustine ➤ 184
- **5** Tallahassee ➤ 186
- **8** Pensacola ➤ 188
- **10** Panama City Beach ➤ 190

Nach Lust und Laune!
- **2** Jacksonville ➤ 191
- **3** Amelia Island/Fernandina Beach ➤ 191
- **4** Daytona Beach ➤ 191
- **6** Marianna/Florida Caverns State Park ➤ 192
- **7** Ponce de León Springs State Recreation Area ➤ 192
- **9** Grayton Beach ➤ 192
- **11** Apalachicola und die Barrier Islands ➤ 193
- **12** Suwannee River State Park ➤ 193
- **13** Cedar Key ➤ 193

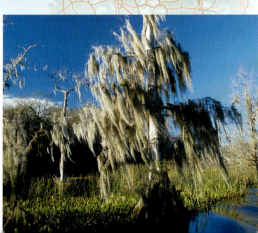

Das Spanische Moos auf diesen Eichen ist in Wirklichkeit kein Moos, sondern gehört zu den Ananasgewächsen

Der Panhandle und Nordflorida

Wenn Ihr Floridabild nur aus Freizeitparks und Stränden besteht, sollten Sie es auf dieser Fahrt korrigieren und erweitern. Allein schon der Panhandle ist mit so vielen unterschiedlichen Reisezielen unbedingt einen Besuch wert.

Panhandle und Nordflorida in fünf Tagen

Erster Tag

Vormittags: Beginnen Sie morgens in ❶**St. Augustine**, einer spanischen Gründung von 1563. Auf der Promenade gelangen Sie zum **Castillo de San Marcos** (links), der nie eroberten Festung an der Matanzas Bay. Versetzen Sie sich auf den mächtigen Mauern einmal in die Zeit vor 400 Jahren, als man die Ankunft der gefürchteten französischen Flotte erwartete.

Nachmittags: Lauschen Sie den Kommentaren eines Führers auf einer Trolley-Rundfahrt durch die **historische Altstadt**. Lange nach Abzug der Spanier richtete Henry M. Flagler in St. Augustine einen Bahnhof der East Coast Railroad nach Miami ein. Die von ihm errichteten Kirchen und Grand Hotels gibt es immer noch. Das Mittagessen kann man in einem seiner Hotels, der Casa Monica (▶ 196) an der Cordova 95, einnehmen.

Abends: Ein perfekter Abschluss des Tages: eine romantische Bootsfahrt in der Bucht.

Zweiter Tag

Vormittags: Mit dem Auto sind Sie in einer Stunde im südlich gelengenen ❹**Daytona Beach** (▶ 191) oder auf ❸**Amelia Island** im Norden. Alternativ können Sie auf der I-95 westwärts in die Hautptstadt ❺**Tallahassee** (▶ 186) fahren.

Nachmittags: Über die Entstehungsgeschichte des modernen Florida informiert das **Museum of Florida History** (▶ 186). Anschließend können Sie das 22-stöckige **Capitol** mit seiner Aussichtsterrasse besuchen.

Abends: Die Universitätsstadt Tallahassee hat viele schöne Bars und Kneipen.

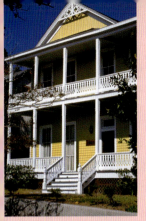

Dritter Tag

Vormittags/nachmittags: Brechen Sie nach ❽ **Pensacola** (links; ➤ 188) auf. Der wenig befahrene Highway 90 führt durch die hübschen Städte Quincy, ❻ **Marianna** (➤ 192), DeFuniak Springs und Crestview.

Abends: Suchen Sie sich in Pensacola ein Hotel für die Nacht. Wenn Sie noch ausgehen möchten, lohnt sich der **Seville Historic District**.

Vierter Tag

Vormittags: Besichtigen Sie den **Seville Historic District** mit seinen alten Häusern, viele stammen noch aus der gegen Ende des 16. Jahrhunderts angelegten Siedlung.

Nachmittags: Einige Meilen entfernt lädt das **National Museum of Naval Aviation** (rechts; ➤ 188f) in der Naval Air Station zur Besichtigung alter Flugzeuge ein.

Abends: Für das Abendessen bieten sich der **Seville Square Historic District** oder alternativ ein Strandrestaurant an.

Fünfter Tag

Vormittags: Genießen Sie die schönen Sandstrände auf **Perdido Key** oder **Santa Rosa Island**.

Nachmittags: Fahren Sie auf dem Highway 98 nach Osten und beenden Sie die Rundfahrt in Destin, Seaside, ❿ **Panama City Beach** (rechts; ➤ 190) oder **Apalachicola** (➤ 193).

Abends: Verbringen Sie einen entspannten Abend in einem dieser Badeorte am Golf – etwa in einem Restaurant mit Blick auf den Sonnenuntergang. Und vielleicht wollen Sie Ihren Aufenthalt ja auch verlängern?

St. Augustine

Wer glaubt, Amerikas älteste Stadt müsste ein knappes halbes Jahrtausend nach ihrer Gründung gewissermaßen zur Ruhe gekommen sein, der irrt. St. Augustine hat viele Gesichter; man entdeckt sie zum Beispiel in versteckten Innenhöfen, in Antiquitätenläden oder in den kopfsteingepflasterten Gassen.

Anfang des 20. Jahrhunderts entwickelte sich St. Augustine, nur zwei Stunden von Orlando entfernt, zum beliebten Ferienort am Atlantik. Heute wiederholt sich diese Geschichte: Elegante moderne Gebäude entstehen neben älteren, traditionelleren. Man findet noble Restaurants ebenso wie rustikale Bars; Sie können in einem luxuriösen Grand Hotel oder in einem gepflegten Motel übernachten, einen Familienurlaub an Touristenstränden verleben oder auf stillen Wegen zur Ruhe kommen.

Zwischen dem **Castillo de San Marcos** im Norden und dem kleinen, hübschen Yachthafen im Süden liegt die historische Altstadt. Hier beginnen viele Besucher ihren Ausflug in die Vergangenheit, der zumeist am Castillo startet. Die Spanier errichteten dieses nie eroberte Fort mit seinen 7 m dicken Mauern zwischen 1672 und 1695. Sie können sich im Rahmen einer kostenlosen Führung alles in Ruhe anschauen. Touristenbahnen und Trolleys verkehren zwischen Stadt und Fort und fahren die wichtigsten Sehenswürdigkeiten an. Kaum zu Fuß zu erreichen ist der **Fountain of Youth**. Entgegen der Beschilderung war dieser Ort weder der Ankerplatz von Ponce de León noch der Jungbrunnen des Entdeckers. Der Platz liegt im Schatten mächtiger Eichen, auf dem Friedhof finden sich Gräber spanischer Siedler und von Timucua-Indianern. Direkt südlich der Quelle erhebt sich die beschauliche **Mission de Nombre de Dios** mit ihrem 85 m hohen Kreuz; an dieser Stelle soll die erste Messe auf amerikanischem Boden gefeiert worden sein.

Das Lightner Museum war einst eines von Flaglers Luxushotels

Die **San Marco Avenue** führt zurück zur Altstadt; unterwegs kommt man an dem hervorragenden Antiquariat **Wolf's Head Books** (48 San Marco Avenue, Tel. 904/824 9357) vorbei.

An der Küste, und zwar westlich von Brücke und Yachthafen, liegt die **Plaza de la Constitución**. Donnerstags können Sie ein Open-Air-Konzert genießen.

Schlendern Sie von hier aus zwei Blocks Richtung Westen am Cathedral Place entlang bis zur Cordova Street; dort erblicken Sie das alte **Ponce de León Hotel**. Henry M. Flagler errichtete diese schlossartige Anlage 1888. Heute beherbergt der Bau das **Flagler College**. Das ungewöhnliche Hochschulgelände kann man im Rahmen von Führungen besichtigen.

Auf der anderen Straßenseite steht ein weiteres Zeugnis der flaglerschen Bautätigkeit, das Hotel Alcazar; heute sind darin die

St. Augustine

Auch fast 500 Jahre nach seiner Ankunft taucht Ponce de León immer wieder in St. Augustine auf …

Stadtverwaltung und das **Lightner Museum** untergebracht. Egal, ob Sie viel Zeit für das Museum aufwenden wollen oder nicht – das Gebäude sollten Sie auf jeden Fall einmal kurz besuchen.

An der Ecke Cordova und King Street fällt das **Casa Monica Hotel** (▶ 196) ins Auge. Das von Franklyn Smith im Jahr 1888 erbaute Hotel wurde bereits drei Monate nach seiner glanzvollen Eröffnung von Flagler übernommen. In den 1960er-Jahren diente es eine Zeit lang als Gerichtsgebäude, ehe es 1997 wieder in ein Hotel umgewandelt wurde. Hier gehen Sie am besten nach Norden, am Casa Monica vorbei und über den Campus des Flagler College, dann östlich durch den Altstadtbezirk. Legen Sie eine erholsame Pause in einer der Bars ein, z. B. im **Scarlett O'Hara's** (▶ 194; 70 Hypolita Street, Tel. 904/824 6535), bevor Sie zur **St. George Street** weiterspazieren: Tagsüber eine belebte Fußgängerzone, ist sie abends ein stiller Ort für romantische Spaziergänge.

Ein paar Blocks entfernt stehen an der Bucht Pferdekutschen bereit; ihre Laternen tauchen die Umgebung in ein weiches Licht. Wenn Sie einsteigen, können Sie bequem den Beginn des Old Spanish Trail »erfahren«, der rund 4800 km entfernt in San Diego endet. Während Sie über das alte Pflaster rollen, wird der Kutscher Ihnen Geschichten und Anekdoten aus St. Augustine erzählen. Und Sie werden merken, dass etwas Wahres in der Legende von Ponce de León und dem Fountain of Youth steckt: Man fühlt sich jung in St. Augustine!

Castillo de San Marcos 223 F2 ✉ One S. Castillo Drive ☎ 904/829 6506; www.nps.gov/casa ⏱ tägl. 8.45–17.15 Uhr; Gelände 0–5.30 Uhr geschl. 💰 preiswert
Fountain of Youth ✉ 11 Magnolia Avenue ⏱ tägl. 9–17 Uhr; Führungen alle 15–20 Minuten ☎ 904/829 3168 oder 800/356 8222; www.fountainofyouthflorida.com 💰 preiswert
Flagler College ✉ 74 King Street ☎ 904/829 6481 ⏱ Führungen stündlich 10–15 Uhr
Lightner Museum ✉ 75 King Street ☎ 904/824 2874; www.lightnermuseum.org ⏱ tägl. 9–17 Uhr 💰 preiswert

ST. AUGUSTINE: INSIDER-INFO

Hilfe bei der Reiseplanung erhält man beim **St. John's Visitors and Convention Bureau** (88 Riberia Street, Tel. 800/653 2489; www.visitoldcity.com). Das **St. Augustine/St. John's County Visitor Information Center** (10 Castillo Drive, Tel. 904/825 1000; www.oldcity.com; tägl. 8.30–18.30 Uhr) befindet sich direkt gegenüber dem Fort. Hier kann man Führungen, Tische in den Restaurants und Wassersportangebote buchen oder Unterkünfte reservieren. Neben kleinen Snacks kann man Filme oder kalte Getränke erwerben, auch Toiletten sind vorhanden.

5 Tallahassee

Tallahassee wurde 1824 zur Hauptstadt Floridas gewählt, weil es auf halbem Weg zwischen den beiden wichtigen Orten Pensacola und St. Augustine liegt. Tallahassee ist die einzige Südstaaten-Hauptstadt, die vom Bürgerkrieg verschont blieb.

Noch heute erinnert Tallahassee an ruhigere, weniger hektische Tage, sodass ein Besuch zum entspannenden Vergnügen wird. Die ländlich geprägte Stadt überrascht mit dichten Alleen und schattigen Wegen, an denen sich typische Provinzläden aneinander reihen. Die sprichwörtliche Gastfreundschaft des Südens ist hier noch zu spüren. Ein guter Ausgangspunkt ist das **Old Capitol** an der Kreuzung US 27 und Monroe Street (Tel. 850/487 1902). Das Bauwerk von 1842 beherbergt ein Museum zur politischen Geschichte Floridas und die alten Räumlichkeiten des Obersten Gerichts und des Senats.

Hinter dem Old Capitol erhebt sich der zentrale Blickfang der Hauptstadt, das neue 22-stöckige **Capitol** (Tel. 850/488 6167). Das Büro des Gouverneurs befindet sich im Erdgeschoss, Parlament und Senat tagen im vierten Stock. Vom obersten Stockwerk aus genießen Gäste einen hervorragenden Blick auf die Florida State University, die City Hall, das León County Courthouse und andere Sehenswürdigkeiten.

Unbedingt sehenswert ist auch das **Museum of Florida History** (Eintritt frei); es gibt einen Überblick über die letzten 12 000 Jahre. Zu den Exponaten zählen die Überreste eines Riesenmastodons und ein altes Kanu, auf dem einst Indianer ins Innere von Florida vordrangen. Über dem Museum sind die **Florida State Archives and Library** (Archiv und Staatsbibliothek; Tel. 850/487 2073) untergebracht. Dort werden Regierungsakten, Manuskripte, genealogische Aufzeichnungen und andere Unterlagen für die Forschung aufbewahrt.

Museum of Florida History 221 F3 ✉ 500 South Bronough Street ☎ 850/245 6400; www.flheritage.com 🕐 Mo–Fr 9–16.30, Sa 10–16.30, So 12–16.30 Uhr 💰 frei

Mission San Luís Archeological and Historic Site 221 F3 ✉ 2020 W. Mission Rd. ☎ 850/487 3711 🕐 Mo–Fr 9–16.30, Sa 10–16.30, So 12–16.30 Uhr 💰 frei

Tallahassee Museum of History and Natural Science 221 F3 ✉ 3945 Museum Drive ☎ 850/576 1636; www.tallahasseemuseum.org 🕐 Mo–Sa 9–17, So 12.30–17 Uhr 💰 preiswert

Was gibt es sonst auf dem Panhandle?

Antiquitätenliebhaber stöbern ganz besonders gern in drei Städten: **Havana**, 32 km nördlich von Tallahassee am Highway 27 gelegen, bietet die größte Auswahl an Antiquitätenläden; daneben findet man einige Straßencafés und Teestuben. In **Monticello**, 32 km östlich am Highway 90, konzentriert sich alles rund um den Marktplatz. Es gibt zwar weniger Geschäfte, aber die gut erhaltenen viktorianischen Wohnhäuser sind auf jeden Fall einen Besuch der Stadt wert. Die interessanteste Stadt ist **Quincy**, etwa 16 km westlich von Tallahassee am Highway 90 gelegen. Man sieht es der Stadt zwar nicht an, aber angeblich gibt es hier im Verhältnis zur Gesamtbevölkerung mehr Millionäre pro Kopf als irgendwo anders in den USA. Der Grund: Vor etwa 100 Jahren riet die örtliche Bank ihren Kunden, in ein recht unbekanntes neues Getränk zu investieren. Der Name: Coca Cola ...

Gegenüber: Mächtige Säulen zieren das neoklassizistische Old Capitol

Nachdem Sie die Altstadt erkundet haben, sollten Sie auch das **Tallahassee Museum of History and Natural Science** nicht auslassen. Das relativ versteckt gelegene Zoo-Museum betreut verletzte und ausgesetzte Tiere und bietet ihnen einen relativ großzügigen, naturnahen Lebensraum. Den stark bedrohten Florida-Panther kann man aus sicherer Höhe beobachten. Kinder lieben die Big Bend Farm aus dem 19. Jahrhundert wegen der Tiere, darunter Maulesel, Hühner, Truthähne und Enten.

Falls Sie sich für American Football interessieren, sollten Sie einen Samstag im Herbst nutzen und sich um ein Ticket für die **Florida State University Seminoles** (Tel. 850/644 3246) im Doak Campbell Stadium bemühen.

Zu den Pluspunkten Tallahassees zählen die vielen gut erhaltenen Zeugnisse der Vergangenheit Floridas in der nahen Umgebung. Im Umkreis von rund 50 km liegen sehenswerte Orte wie die **Mission San Luís Archeological and Historic Site**; hier feierte der Entdecker Hernando de Soto das erste Weihnachtsfest in der Neuen Welt.

In einer halben Stunde erreicht man von Tallahassee aus die Sonnenstrände der Golfküste. Wenn Sie etwas weiter fahren, können Sie in Apalachicola ein Austerngericht bestellen oder an der naturbelassenen Küste des **St. George Island State Park** (Tel. 850/927 2111) Delphine beobachten. Innerhalb einer Stunde erreichen Sie auch das Naturschutzgebiet **Wakulla Springs State Park** (Tel. 850/922 3633). Eine Lodge im spanischen Stil bietet zwar keinen 4-Sterne-Komfort, aber im friedlichen Gelände der Lodge kann man sich bei einem Spaziergang unter den Eichen wunderbar entspannen.

Der kleinen Hauptstadt Tallahassee mit nur 125 000 Einwohnern ist es hervorragend gelungen, ihren hergebrachten Charakter zu bewahren. Hier findet man beides: Florida und das Erbe der alten Südstaaten.

TALLAHASSEE: INSIDER-INFO

Weitere Informationen über Events, Unterkünfte, Attraktionen und die »überdachten« Alleen *(canopy roads)* erhält man im **Tallahassee Area Convention and Visitors Bureau**, Tel. 800/628 2866 oder 850/413 9200; www.seetallahassee.com. Man kann sich natürlich auch direkt an die jeweilige Einrichtung wenden.

8 Pensacola

Pensacola liegt weit entfernt vom Touristenzentrum Orlando und von den dicht besiedelten Städten Südfloridas. Die Bewohner der westlichsten Stadt Floridas haben Zeit und Muße genug, ihre wunderschönen Flüsse, die stillen Lagunen und weiß leuchtenden Strände, aber auch ihre gut erhaltene Altstadt und die vielen Kulturveranstaltungen zu genießen. In Pensacola grenzt ein sehenswerter Bezirk an den nächsten.

Einen Rundgang beginnt man am besten in der Nähe der Innenstadt an der schönen Bucht im **Seville Square Historic District** (Tel. 850/595 5985; www.historicpensacola.org). Als die Stadt 1559 gegründet wurde, befand sich das Zentrum an dieser Stelle. Straßen mit Namen wie Barracks, Government und Church Street erinnern an die ursprüngliche Bestimmung.

Einige Blocks von Seville entfernt liegt der **Palafox Historic District**, ein überraschend lebendiges Viertel: Hier finden Sie Musikläden, Theater, Kaufhäuser und Museen, darunter das **T.T. Wentworth Museum** (330 S. Jefferson Street, Tel. 850/595 5585). Es zeigt Kunsthandwerk und alte Fotografien und besitzt ein Discovery Center für Kinder. Die Stadt blickt auf eine wechselvolle Geschichte zurück, und viele Zeugnisse der Seefahrtsgeschichte über die der Indianer bis hin zum multikultu-

rellen Erbe der Stadt werden im **Pensacola Historical Museum** ausgestellt. Nicht weit von hier lädt das **Saenger Theatre** von 1925 zu einem Besuch ein (118 S. Palafox, Tel. 850/444 7686; www.pensacolasaenger.com). Das Haus im Stil des spanischen Barock bietet den Aufführungen des örtlichen Sinfonieorchesters und der Oper eine altertümlich wirkende Kulisse.

Falls Sie nicht zum 15 Minuten entfernten Strand fahren möchten, können Sie sich die **Pensacola Naval Air Station** ansehen. Eine besondere Sehenswürdigkeit auf diesem Militärgelände ist das 28 000 m² große **National Museum of Naval Aviation**, eines der drei größten Luftfahrtmuseen der Welt. Eine Attraktion der Gemeinde Gulf Breeze, auf halbem Weg

Oldtimer in der Altstadt: Der alte Feuerwehrwagen wirkt wie ein Teil des Seville Historic District

Eine typische Villa im Seville Historic District von Pensacola

zwischen Fort Walton und Pensacola, ist **The ZOO**, ein 12 ha großer Zoo mit rund 700 Tieren, die in großen, relativ naturnah gestalteten Gehegen (halbwegs) frei umherstreifen. Sie können hier sogar Afrikanische Wildhunde beobachten – es gibt nur 18 Zoos in den USA, in denen diese Tiere gehalten werden. Das Gelände lässt sich mit einer kleinen Safaribahn bequem durchqueren. Neben den Tiergehegen gibt es im ZOO auch einen Botanischen Garten.

Ein absolutes Muss sind natürlich die Strände: Auf 84 km bedeckt leuchtend weißer Sand die Küste, und auf einer schönen Barriere-Insel südlich der Stadt sind viele sportliche Aktivitäten möglich. Der Santa Rosa Island's Pensacola Beach gehört zur **Gulf Islands National Seashore** (Tel. 850/934 2600); auf diesem Gelände steht **Fort Pickens** (Tel. 850/934 2600), ein Fort aus der Zeit vor dem Bürgerkrieg, das während des Konflikts von den Truppen der Union besetzt war.

Ruhiger und weniger überfüllt sind die hervorragenden Strände von **Perdido Key** (Tel. 850/492 4660 oder 800/328 0107; www.perdidochamber.com) 24 km südwestlich von Pensacola. Einige Annehmlichkeiten bietet die **Perdido Key State Recreation Area** (Tel. 850/492 1595), ein weitläufiges Gelände mit Zugang zum Strand.

PENSACOLA: INSIDER-INFO

Weitere Auskünfte über Veranstaltungen, Unterkünfte, Sehenswürdigkeiten, Strände und Alleen erteilt das **Pensacola Area Convention and Visitors Bureau** (1401 E. Gregory Street, Tel. 800/874 1234 oder 850/434 1234; www.visit pensacola.com). Über die Strände der Perdido Key State Recreation Area, Santa Rosa, Casino, Langdon, Opal und Quietwater informiert das **Pensacola Beach Visitor Center** (Tel. 850/932 1500 oder 800/635 4803; www.visitpensacola beach.com).

Pensacola Historical Museum 220 A3 115 E. Zaragoza Street ☎ 850/433 1559; www.pensacolahistory.org Mo–Sa 10–16.30 Uhr

National Museum of Naval Aviation 220 A3 1750 Radford Boulevard ☎ 850/453 2389 oder 800/327 5002; www.naval-air.org tägl. 9–17 Uhr

The ZOO 220 A3 5701 Gulf Breeze Parkway ☎ 850/932 2229; www.the-zoo.com tägl. 9–18 Uhr (letzter Einlass 17 Uhr) preiswert

Panama City Beach

Der Badeort Panama City Beach sollte auf einer Rundreise nicht fehlen. Lange weiße Sandstrände und ein warmer, weicher Sand haben dem Ort zu großer Beliebtheit verholfen. Die Qualität der Strände hat jedoch auch ihre Schattenseiten: Im Frühjahr und Sommer herrscht hier Massenandrang, ganz besonders aber zwischen Juni und August, wenn die Collegestudenten und Familien aus Georgia, Alabama und Mississippi hier ihre Ferien verleben.

Die Schönheit von Panama City Beach zieht unzählige Gäste an, die hier einen unglaublich weißen Sand, ein gutes Segelrevier und ein großes Sportangebot vorfinden. Überall am Strand kann man Umkleidehäuschen, Sonnenschirme, Schwimmflossen oder Segelboote mieten. Wagemutige, die einen spektakulären Blick aus der Vogelperspektive auf den Strand werfen wollen, können sich einen Fallschirm anlegen und sich dann als Parasailer von einem Schnellboot aufs Meer und in die Luft ziehen lassen. Auch Tauchen und Schnorcheln erfreuen sich in diesen klaren Gewässern großer Beliebtheit. Sie können sogar zwischen Schiffswracks tauchen, die hier versenkt wurden, um künstliche Korallenriffe entstehen zu lassen.

Wenn Sie die Unterwasserwelt lieber mit festem Boden unter den Füßen erleben wollen, besuchen Sie doch einfach den **Gulf World Marine Park** (15412 Front Beach Road, Tel. 850/234 5271; www.gulfworldmarinepark.com). Der Park ist zwar nicht mit SeaWorld in Orlando vergleichbar, doch können Sie auch hier Seelöwen, Papageien, tropische Gärten und eine Delphinshow bewundern.

Am östlichen Rand des Panama City Beach liegt die **St. Andrews State Recreation Area** (4607 State Park Lane, Tel. 850/233 5140; preiswert). Das 510 ha große Gelände umfasst Strände, kleine Wälder und Feuchtgebiete, aber auch Zeltplätze, Badezonen, Stege für Angler und Wanderwege. Von hier aus verkehren Fähren nach **Shell Island** (280 ha).

Ein Vergnügen für Groß und Klein: der Shipwreck Island Water Park

PANAMA CITY BEACH: INSIDER-INFO

Auskünfte über Veranstaltungen, Unterkünfte, Sehenswürdigkeiten und Strände erteilt das **Panama City Beach Convention and Visitors Bureau** (221 D3; 17001 Panama City Beach Parkway, Tel. 850/233 6503 oder 800/722 3224; www.800pcbeach.com).

Nach Lust und Laune!

2 Jacksonville

Unter den Vierteln der Innenstadt sind die Bezirke Avondale, San Marco und Riverside am interessantesten; hier finden Sie eine angenehme Mischung aus Cafés, Antiquitätenläden und modischen Boutiquen. Das **1927 Florida Theatre** (128 E. Forsyth Street, Tel. 904/355 2787; www.floridatheatre.com) gilt als schönes Beispiel eines Konzertsaals im Mediterranean-Revival-Stil. Konzerte kann man hier immer noch hören, einen Höhepunkt erlebte der Saal aber sicher 1956, als Elvis Presley hier gastierte. **Jacksonville Landing** (Tel. 904/353 1188; www.jacksonvillelanding.com) am Ufer des St. John's River ist ein großes Veranstaltungs- und Einkaufszentrum. Falls Sie sich für Sport interessieren: Die **Jacksonville Jaguars** (Tel. 904/633 2000; www.jaguars.com) treten zwischen August und Dezember im Alltel Stadium zu ihren Football-Heimspielen an.

Jacksonville Visitors Bureau
🗺 223 E3 ✉ 550 Water Street, Suite 10 000
☎ 904/798 9111; www.jaxcvb.com

3 Amelia Island/Fernandina Beach

Amelia ist eine Insel direkt an der Nordgrenze Floridas, und Fernandina ist ihre einzige Stadt. Die »Garnelen-Hauptstadt« Floridas ist der einzige Ort in Amerika, über dem in den letzten 50 Jahren acht verschiedene Flaggen wehten. Die Atlantikküste bietet schöne Strände; der Ort besitzt ein historisches Viertel. Souvenirshops, Pubs, Läden und Restaurants findet man vor allem an der **Centre Street**. Der **Palace Saloon** (117 Centre Street, Tel. 904/261 6320) gilt als der älteste im Staat, und das **Amelia Island Museum of History** (233 S. Third Street, Tel. 904/261 7378) ist eines der besten Regionalmuseen Floridas. Schließlich lohnt auch der **Fort Clinch State Park** (Tel. 904/277 7274) einen Besuch; das Fort war während des Bürgerkriegs in der Hand von Unionstruppen. Führer in historischer Kleidung informieren über die Hintergründe. Ansonsten lockt das Gelände mit schönen Wanderwegen und der Möglichkeit zum Angeln von Meeresfischen vom 460 m langen Pier.

Wolkenkratzer als Kulisse am St. John's River

Amelia Island Chamber of Commerce
🗺 223 F3 ✉ 961687 Gateway Boulevard, Suite 101G
☎ 904/261 3248; www.islandchamber.com
🕐 Mo–Fr 9–17 Uhr

4 Daytona Beach

Die Stadt mit Amerikas angeblich berühmtestem Strand ist besonders bekannt für das große Frühlingsfest, das Collegestudenten aus dem gesamten Land hier alljährlich veranstalten. Vorangegangen ist dann bereits die **Bike Week** im Februar, ein Treffen von rund einer halben Million Motorradfahrern aus aller Welt. Die meisten Touristen strömen auf den kilometerlangen Sandstrand. Ein paar Meilen landeinwärts liegt die Rennstrecke **Daytona International Speedway** (Tel. 386/253 7223; www.daytonaspeedway.com). Hier findet das legendäre Daytona 500 statt; Motorsportfans können die Strecke und ein Museum besichtigen.

Daytona Beach Chamber of Commerce
🗺 225 D5 ✉ 126 East Orange Avenue
☎ 386/255 0981

Der Panhandle und Nordflorida

Eisenoxid hat die Tropfsteinfiguren in Marianna gelborange gefärbt

typische Landschaften Floridas wider: Sanfte Hügel, Wälder, Sümpfe und kleine Bäche, die in den Choctawhatchee River münden, laden zum Wandern ein.

- 220 C4
- bei Highway 90 am SR 181A, Ponce de León
- 850/836-4281
- tägl. 8 Uhr bis zur Dämmerung
- preiswert

❻ Marianna/ Florida Caverns State Park

Wegen der wasserführenden Schichten dicht unter der Oberfläche besitzen die wenigsten Häuser in Florida einen Keller. Um dieses Phänomen besser zu verstehen, sollten Sie sich einer Höhlentour anschließen: Bei einer Wanderung durch diese unterirdische Tropfsteinwelt zeigt man Ihnen eindrucksvolle Stalaktiten, Stalagmiten, Säulen, steinerne Vorhänge und andere ausgefallene Formen. Der Park bietet darüber hinaus stille Wanderwege, Zelt- und Angelplätze und die Möglichkeit, im Chipola River zu schwimmen oder mit dem Kanu zu fahren. Marianna ist ein hübscher Ort und liegt nahe am Park.

- 221 E4
- 3345 Caverns Road (bei Highway 90 an der Route 166), Marianna
- 850/482 1228
- Führungen tägl. 9.30–16 Uhr
- preiswert (Höhlen nicht im Parkticket enthalten)

❼ Ponce de León Springs State Recreation Area

Das 180 ha große Erholungsgebiet verbindet zwei dünn besiedelte Bezirke des Panhandle (Holmes und Walton). In diesem Gebiet treffen zwei unterirdische Flüsse aufeinander, pro Tag treten hier 53 Millionen Liter klares Quellwasser an die Oberfläche. Erfreuen Sie sich an dem 20 °C warmen Wasser. Der Park spiegelt einige

❾ Grayton Beach

Die kleine Stadt mit ihren schmalen Gassen und den verwitterten Holzhäusern (viele davon werden an Gäste vermietet) liegt abseits des Highway 98 inmitten von Nadelwäldern. Ein kleiner Markt und einige Restaurants sind die einzigen modernen Elemente in dem ansonsten sehr schlichten Dorf. Die Hauptattraktion ist die **Grayton Beach State Recreation Area** (460 ha). Dieser unberührte Park zeigt Florida von seiner schönsten Seite: Salzmarschen, sanft geschwungene Dünen mit Strandhafer und leuchtend weißen Sand am blaugrünen Wasser des Golfs. Hier können Sie baden, angeln, schnorcheln und zelten.

Grayton Beach State Recreation Area
- 220 C3 357 Main Park Road (bei 30A)
- 850/231 4210
- tägl. 8 Uhr bis zur Dämmerung
- preiswert

Die State Parks

Die Parks des Bundesstaates Florida sind in der Regel von 8 Uhr bis zum Einbruch der Dunkelheit geöffnet. Für 43,40 $ pro Person (Familien: 85,80 $) erhält man eine Jahreskarte, die für die meisten dieser Parks gültig ist. Auskünfte unter www.florida-state-parks.org (Tel. 850/245 2157). Anmeldungen zum Zelten: www.reserve-america.com.

Nach Lust und Laune! 193

11 Apalachicola und die Barrier Islands

Apalachicola kann sich gleich mehrerer Besonderheiten rühmen: Im 19. Jahrhundert war die Stadt der südlichste Hafen für die Dampfschifffahrt in Florida. Zum anderen sind die Austern, die hier vor der Küste gesammelt werden, in ganz Amerika bekannt. Und schließlich hat die Stadt einen berühmten Sohn: 1851 tüftelte der Arzt John Gorrie an einem Apparat, der die Körpertemperatur von Gelbfieberpatienten senken sollte – und erfand dabei zufällig die Eismaschine. Näheres dazu erfahren Sie im **John Gorrie State Museum** (Tel. 850/653 9347; Di und Mi geschl.).

Der Küste vorgelagert ist **St. George Island** mit geschützten Buchten und klarem Wasser – ein Paradies für Schwimmer und Angler. Ganz im Osten der Insel stellt der St. George Island State Park einen 15 km langen völlig naturbelassenen Strand unter Schutz; durch die Dünen führen Wanderwege.

Westlich von St. George Island liegt das Schutzgebiet **St. Vincent National Wildlife Refuge** (Tel. 850/653 8808). Diese unberührte Insel direkt vor der Mündung des Apalachicola River ist besonders artenreich: Hier wachsen Zwergeichen, Kohlpalmen und Karibische Kiefern, man findet den Aristoteleshirsch ebenso wie Wanderfalken oder den Weißkopfseeadler.

St. George Island State Park
- 221 E2
- 1900 E. Gulf Beach Drive
- 850/927 2111
- tägl. 8 Uhr bis zur Dämmerung
- preiswert

12 Suwannee River State Park

Stephen Fosters Lied *Old Folks at Home* machte den Suwannee River im ganzen Land bekannt. Der 730 ha große Park

So lernt man den Suwannee River am besten kennen

umfasst ein schönes Stück seiner Flusslandschaft. Kanus und Kayaks werden an vielen Stellen vermietet, und kleine Blockhäuser stehen Übernachtungsgästen zur Verfügung. Im Park vereinigt sich der **Withlacoochee River** mit dem **Suwannee**; bewaldete Hügel prägen die Landschaft. Zeltplätze werden für 15 $ pro Nacht vergeben.

- 222 C3
- 20185 County Road 132, 21 km westlich von Live Oak an der US 90
- 386/362 2746
- tägl. 8 Uhr bis zur Dämmerung
- preiswert

13 Cedar Key

Cedar Key liegt 40 km abseits des Highway 19 und sogar 6 km vom Festland entfernt im Golf von Mexiko – dennoch finden überraschend viele Besucher in diesen abgeschiedenen Ort. Als Endstation der Eisenbahn war Cedar Key einmal für Florida sehr bedeutend: Von hier aus wurden Fisch und Holz Richtung Norden transportiert. Heute schätzen Künstler die friedliche Atmosphäre des Ortes. Im Zentrum des Dorfes findet man Läden und Galerien, in Nebenstraßen verstecken sich kleine Restaurants, in denen man frische Meeresfrüchte genießt.

Cedar Key Chamber of Commerce
- 222 C1
- P.O. Box 610, Cedar Key
- 352/543 5600;
- www.cedarkey.org

Wohin zum ... Essen und Trinken?

Die Preise gelten pro Person für eine Mahlzeit ohne Getränke:
$ unter 25 $ $$ 25–50 $ $$$ über 50 $

ST. AUGUSTINE

Gypsy Cab Company $

Das Restaurant jenseits der Bridge of Lions (unweit vom Nordende von Anastasia Island) hat einen guten Ruf. Es lohnt sich, hier auf einen freien Tisch zu warten. Der Stil nennt sich *Urban Cuisine*, und die Karte mit Fisch, Steaks, Kalbfleisch oder Hähnchen wechselt beinahe täglich. Alles schmeckt köstlich – ganz besonders die Cajun-Shrimps.
+ 223 F2
✉ 828 Anastasia Boulevard
☎ 904/824 8244

Scarlett O'Hara's $–$$

Das Holzhaus in der historischen Altstadt eignet sich gut für eine erholsame Mittagspause. Nach einem Stadtbummel gibt es einfach nichts Besseres, als dort auf der Veranda zu sitzen und sich mit einem einfachen Hamburger oder roten Bohnen mit Reis zu stärken. Die Bedienung ist gut, die Preise sind angemessen.
+ 223 F2 ✉ 70 Hypolita Street
☎ 904/824 6535

A1A Aleworks $

Dieses Brauereirestaurant ist vor allem bei jüngeren Leuten aus der Gegend überaus beliebt. Sie werden auf Ihre Kosten kommen – egal, ob Sie die Küche (mit karibischem Einschlag) genießen wollen oder eher die flüssige Nahrung bevorzugen. Besonders schön sind die Tische auf dem Balkon mit Blick auf Bucht und Brücke.
+ 223 F2 ✉ 1 King Street
☎ 904/829 2977

AMELIA ISLAND

Beech Street Grill $–$$

In einem gemütlichen alten Wohnhaus, das zum Restaurant umgebaut wurde, serviert eine aufmerksame Bedienung frische Meeresfrüchte mit Kräutern, leckeren Soßen und Chutney. Die Gerichte sind einfallsreich, aber nicht pompös, die Weinkarte ist außerordentlich umfangreich.
+ 223 F3
✉ Beech Street, Fernandina Beach
☎ 904/277 3662

Palace Saloon $–$$

Schon 1903 standen hier Barkeeper an den Zapfhähnen, um Seeleute, Fischer und Touristen mit kühlem Bier zu versorgen. Zu essen gibt es heute Shrimps, Burger und Sandwiches, aber auch Lachs, Steak in Salzkruste oder Lamm. Häufig Live-Musik.
+ 223 F3
✉ 117 Centre Street, Fernandina Beach
☎ 904/491 3332

APALACHICOLA

Boss Oyster $

In diesem Restaurant am Fluss direkt neben dem Apalachicola's River Inn werden Austern auf unendlich viele Arten zubereitet – griechisch, mexikanisch, englisch, gebraten, mit Knoblauch, mit Shrimps, mit Krabben, Spargel oder Peperoni, mit Sherry etc. Wenn Sie keine Austern mögen, können Sie problemlos ausweichen: auf Riesengarnelen, Krabben, Muscheln, Barsch aus dem Golf, Steaks oder Pizza.
+ 221 E2
✉ 123 Water Street
☎ 850/653 9364

Wohin zum ... 195

▶︎ Nola's Grill (Gibson Inn) $

Nola's betreibt das Restaurant im historischen Gibson Inn und bietet von Mittwoch bis Sonntag Frühstück, Mittag- und Abendessen. Beliebt sind frische Apalachicola-Shrimps, Austern und Vorspeisen wie Barsch auf Florentiner Art, chicken portabella oder Filet Mignon mit Krabbenfleisch und ofenfrischem Brot; als Dessert empfiehlt sich das beliebte Key Lime Pie. Das gepflegte Lokal ist ein wenig altmodisch eingerichtet.

☩ 221 E2 ✉ 51 Avenue C
☎ 850/653 2191

PANAMA CITY BEACH

Capt. Anderson's $-$$

Wenn man frühzeitig kommt und trotzdem selbst in der Nebensaison schon Dutzende andere auf Einlass warten, muss es hier etwas Besonderes geben – nämlich außergewöhnlich frische Meeresfrüchte. Das Restaurant besitzt einen großen Speisesaal und mehrere kleine Räume. Durch die Fenster kann man die einlaufenden Fischerboote beobachten. Zu den Hauptgerichten zählen gegrillter Barsch, Amberfisch, Gelbflossenthunfisch, Riesengarnelen und großzügig bemessene Portionen auf dem Meeresfrüchteteller. Die Bedienung ist freundlich.

☩ 221 D3 ✉ 5551 N. Lagoon Drive
☎ 850/234 2225

Picolo Restaurant & Red Bar $

Das Picolo am abgelegenen Grayton Beach ist das Lieblingslokal vieler Einheimischer und Touristen, sicherlich nicht zuletzt wegen der originellen Dekoration: Alte Plattenhüllen, Poster, Puppen, Schuhe u.a. schmücken Wände und Decke. Die Küche bereitet geräucherten Lachs zu, außerdem Shrimps, diverse andere Fische und gebackene Auberginen. In der Red Bar spielt häufig eine Jazz-Band. Kreditkarten werden nicht akzeptiert.

☩ 220 C3 ✉ 70 Hotz Avenue, Grayton Beach
☎ 850/231 1008

PENSACOLA

Marina Oyster Barn $

Das Lokal am Yachthafen wirkt noch wie ein Stück altes Florida aus der Zeit vor Disney. Sie können frische Austern bestellen, die hier lange als beliebteste Delikatesse galten – roh, gedünstet, gebraten oder im Rockefeller-Stil. Vergessen Sie auch die Hauptgerichte nicht: Fisch, Shrimps oder in Maismehl panierte Austern. Ein echtes kulinarisches Südstaaten-Erlebnis zu moderaten Preisen!

☩ 220 A3 ✉ 505 Bayou Boulevard
☎ 850/433 0511

▶︎ Mesquite Charlie's $-$$

Wenn Sie von den typischen Fischgerichten der Golfküste genug haben, kommen Sie doch einmal in dieses beliebte Lokal im Western-Saloon-Stil. Hier gibt es Fleisch – vom kleinen Filet bis zum 0,9-kg-Stück.

☩ 220 A3 ✉ 5901 N. W. Street
☎ 850/434 0498

TALLAHASSEE

Nicholson Farmhouse $-$$

Wenn Sie ein echtes amerikanisches Restauranterlebnis suchen, sind Sie hier genau richtig. Das 18 ha große Anwesen verfügt über einen ganzen Komplex aus Speise- und Partysälen mit insgesamt 650 Plätzen. Serviert werden Steaks, Hähnchen, Fisch, Schweinelende, Barsch und Shrimps.

☩ 221 F3 ✉ State Road 12, Havana
☎ 850/539 5931

Wakulla Springs Lodge $

Im Blockhaus des Wakulla Springs State Park (▶ 187) finden Sie einen großen, hellen Speisesaal, von dem aus man auf Grünanlagen mit Brunnen blickt. Die Küche ist natürlich die der Südstaaten: Es gibt Bohnensuppe, Muffins, gebratene Meeresfrüchte, Shrimps, Austern und Hähnchen mit Pekannuss-Kruste.

☩ 221 F3
✉ 550 Wakulla Park Drive,
Wakulla Springs
☎ 850/224 5950

Wohin zum ... Übernachten?

Für ein Doppelzimmer gelten pro Nacht folgende Preise:
$ unter 125 $
$$ 125–250 $
$$$ über 250 $

ST. AUGUSTINE

Casa Monica Hotel $$

Das großartige Hotel von 1888 liegt im Zentrum der Innenstadt. Die alten Dekorelemente im neomaurischen Stil sind noch überall zu erkennen. Das Hotel besitzt 137 Zimmer und Suiten und thematisch gestaltete Speisesäle, einen Pool, Cafés und Läden.

✚ 223 F2 ✉ 95 Cordova Street
☎ 904/827 1888; www.casamonica.com

AMELIA ISLAND

Elizabeth Pointe Lodge $$

In dieser direkt am Meer gelegenen Frühstückspension fühlt man sich wie in Neuengland. Die großen Terrassen eignen sich wunderbar zum Entspannen. Und wer nicht schwimmen oder ein Sonnenbad nehmen mag, kann Fort Clinch oder das historische Viertel in der Nähe besuchen.

✚ 223 F3
✉ 98 South Fletcher Avenue
☎ 904/277 4851;
www.elizabethpointelodge.com

APALACHICOLA

Gibson Inn $-$$

Das Haus steht auf der Liste historischer Stätten und ist leicht an den aufgereihten Terrassen und seinem Gitterkerstil zu erkennen. Besonders reizvoll sind die Himmelbetten und die schönen alten Schränke. Die Zimmer sind geräumig und mit alten Möbeln ausgestattet. Frühstück inklusive.

✚ 220 A3 ✉ 600 S. Palafox Street
☎ 850/432 4111

TALLAHASSEE

Calhoun Street Inn Bed & Breakfast $

Das einzige Bed & Breakfast in der Innenstadt von Tallahassee liegt nicht weit von den wichtigsten Sehenswürdigkeiten der Stadt entfernt. Große, helle Räume mit altem Mobiliar (vier mit eigenem Bad).

✚ 221 F3 ✉ 525 N. Calhoun Street
☎ 850/425 5095

Governors Inn $$

Das umgebaute alte Lagerhaus ist vor allem bei Politikern, Journalisten und Lobbyisten sehr beliebt. Nach einer Besichtigung der nahe gelegenen Attraktionen kann man sich hier in den gemütlichen Zimmern wunderbar erholen.

✚ 221 F3 ✉ 209 S. Adams Street
☎ 850/681 6855

✚ 221 E2
✉ 51 Avenue C
☎ 850/653 2191; www.gibsoninn.com

PANAMA CITY BEACH

Flamingo Motel $-$$

Ein beheizter Pool liegt mitten in einem tropischen Garten, und von der Sonnenterrasse aus blickt man auf den Golf von Mexiko. Die sauberen Zimmer verfügen über voll ausgestattete Küchenzeilen mit Kühlschränken und Mikrowelle. In der Nähe des Motels findet man Suiten mit Esszimmern, großen Tischen und separater Küche.

✚ 221 D3 ✉ 15525 Front Beach Road
☎ 850/234 2232;
www.flamingomotel.com

PENSACOLA

New World Inn $$

Das kleine Hotel im Stil der Kolonialzeit hat nur 15 Zimmer und liegt ideal zwischen der schönen Bucht und der historischen Altstadt. Die Zimmer

Wohin zum ...
Einkaufen?

AMELIA ISLAND

Centre Street in Fernandina Beach ist das wichtigste Einkaufsviertel der Insel. Hier findet man die meisten Buchhandlungen, Antiquitäten-, Andenken- und Süßwarenläden sowie Boutiquen. In den Kunstgalerien werden viele Arbeiten angeboten, die einen Bezug zur Seefahrt haben.

APALACHICOLA

Wer Apalachicola besucht, möchte in dieser Küstenstadt vielleicht nach einem Souvenir Ausschau halten, das etwas mit dem Meer zu tun hat. Im **William Trotter Lighthouse Maritime Studio** (257 Highway 98, Tel. 850/653 1042) können Sie unter Hunderten von Leuchtturmbildern wählen oder sich für einen Kunstdruck mit Motiven aus dem alten Apalachicola entscheiden. Oder stöbern Sie einfach in der **Apalachicola Antiques Mall** (117 Market Street, Tel. 850/653 3894). In einem alten Krämerladen befindet sich heute der **Grady Market** (76 Water Street, Tel. 850/653 4099); dazu gehören mehr als ein Dutzend Antiquitätenläden, Boutiquen und Restaurants.

PANAMA CITY BEACH

Natürlich besucht niemand einen großartigen Strand, um dort einkaufen zu gehen – aber vielleicht reizt es Sie ja trotzdem, einmal die **Panama City Mall** (2150 Martin Luther King Jr. Boulevard, Tel. 850/785 9587) aufzusuchen. In den über 100 Läden werden Sie bestimmt etwas Passendes entdecken.

PENSACOLA

Der Palafox District im Herzen der Altstadt ist der ideale Ort für einen Einkaufsbummel. Kunstliebhaber werden sich über die Galerien freuen, in denen Arbeiten aus Glas, Holz oder Metall, Bilder und Schmuck zu erwerben sind. Die **Quayside Art Gallery** (15–17 E. Zaragoza Street, Tel. 850/438 2363) ist die größte Co-op-Galerie im Südosten der Stadt. In diesem Viertel finden Sie natürlich auch viele andere Geschäfte. 16 km nördlich liegt die **Cordova Mall** (5100 N. Ninth Avenue, Tel. 850/477 5563) mit ihren drei Kaufhäusern, 140 Fachgeschäften und fast einem Dutzend Restaurants.

ST. AUGUSTINE

In St. Augustine finden Sie die meisten Läden in der **St. George Street** mitten in der Altstadt. Die beliebte Fußgängerzone ist Tag und Nacht belebt; hier wechseln sich kleine Restaurants mit Souvenirläden, Süßwarenläden und Geschäften mit Bademode ab. Ein paar Blocks entfernt, hinter dem **Lightner Museum** (75 King Street, Tel. 904/824 2874), verkaufen Antiquitätenhändler ihre Waren: alte Karten und Bücher, Silber, Kristall und viele andere schöne Dinge. Noch weiter nördlich, an der **San Marco Avenue**, findet man weitere Antiquitätenläden sowie andere Geschäfte. Als eines der besten Antiquariate des Staates gilt **Wolf's Head Books** (Tel. 904/824 9357).

TALLAHASSEE

Hübsche Mitbringsel entdecken Sie vielleicht in den Andenkenläden im **Old Capitol** und im **Museum of Florida History**. Zahlreiche andere Geschäfte sind in der **Governors Square Mall** (1500 Apalachee Parkway, Tel. 850/671 4636) konzentriert. Ein Einkaufserlebnis garantiert die 32 km entfernte Kleinstadt **Havana**. Alte Fabrikgebäude wurden in Antiquitäten-Malls umgewandelt; angeboten werden typisch amerikanische Waren. Ebenfalls außerhalb von Tallahassee liegt **Bradley's Country Store** (10655 Centerville Road, Tel. 850/893 1647).

Der Panhandle und Nordflorida

Wohin zum ... Ausgehen?

AMELIA ISLAND

Neben dem **Palace Saloon** (▶ 194) am Ende der Centre Street in Fernandina Beach besitzt auch **Brett's Waterway Café** (1897 Island Walk Way, Tel. 904/261 2660) eine Bar im Freien direkt am Amelia River mit Blick nach Georgia. Die Strandbar **Sandy Bottoms** (2910 Atlantic Avenue, Tel. 904/277 0814) im Norden der Insel steht tatsächlich mitten auf dem Strand.

APALACHICOLA

Die besten Bars finden Sie hier in den Restaurants (▶ 194). Aber warum nicht einmal ins Theater gehen? Das **Dixie Theatre** (21 Avenue E, Tel. 850/653 3200) aus dem Jahr 1913 dient heute, nach gründlicher Renovierung, wieder als Bühne: Zwischen Juni und September wird ein Sommerrepertoire aufgeführt, ansonsten wechseln Schauspiel, Musical und Musikfestspiele einander ab.

PANAMA CITY BEACH

Das **Martin Theatre** (409 Harrison Avenue, Tel. 850/763 8080) dient das ganze Jahr über dem traditionellen Sprechtheater und Konzertveranstaltungen als Aufführungsort. Mit Sicherheit kein Ort für einen Familienausflug ist hingegen der **Club La Vela** (8813 Thomas Drive, Tel. 850/234 3866), der größte Nachtclub Amerikas. Er umfasst 15 Clubs, besitzt einen Pool und einen eigenen Strand.

PENSACOLA

Im Mittelpunkt des Nachtlebens von Pensacola steht eindeutig der **Seville Square Historic District** (130 E. Government Street, Tel. 850/434 6211). Mit seinen sieben Räumen, neun Bars und zwei Innenhöfen wird er den unterschiedlichsten Anforderungen gerecht. **Rosie O'Grady's Goodtime Emporium** ist ein Jazzclub im Stil der 1920er-Jahre mit Live-Bands und Saloon-Girls; **Phineas Phoggs** ist eine Disko, in **Apple Annie's Courtyard** kann man einen gängiger Folk-Musik lauschen, und **Fast Eddie's Billiard Parlor** hält, was der Name verspricht. Ein gehobeneres Programm erleben Sie in der **Pensacola Opera** (75 S. Tarragona Street, Tel. 850/433 6737) und beim **Pensacola Symphony Orchestra** (205 E. Zaragoza Street, Tel. 850/435 2533).

ST. AUGUSTINE

A1A Aleworks (▶ 194) ist eine gut besuchte Brauereigaststätte, die neben einigen anderen kleinen Pubs und Bars an der **St. George Street** (▶ 185) auf jeden Fall einen Besuch lohnt. Auch die **Tradewinds Lounge** (124 Charlotte Street, Tel. 904/829 9336) in der Altstadt hat einen exzellenten Ruf, seit 1964 löschen hier Anwohner, Touristen, Studenten und Strandbesucher ihren Durst. **O. C. White's** (118 Avenida Menendez, Tel. 904/824 0808), ein Restaurant mit hübschem Innenhof, liegt ein wenig weiter südlich.

TALLAHASSEE

Tallahassee ist nicht nur Hauptstadt, sondern auch Hochschulort – mit viel Glück werden Sie also vielleicht zu einer Party auf dem Campus der **Florida State University** eingeladen. Leichter zugänglich sind jedoch die öffentlichen Konzerte der Abteilung für Musik – erkundigen Sie sich bei der School of Music (Tel. 850/644 4774). Die Schauspiel-Abteilung (Tel. 850/644 7234) genießt wegen ihres Repertoires hohes Ansehen.

Spaziergänge & Touren

1 Winter Park 200
2 Space Coast 203
3 Art Deco District
  und South Beach 206
4 Die Florida Keys 209

WINTER PARK
Spaziergang

LÄNGE: 1,6 km **DAUER:** 2 Stunden (empfohlen: mit Pausen zum Einkaufen, dann 4 Stunden)
START: Nordende der Park Avenue ⊞ 228 E6
ZIEL: Südliches Ende der Park Avenue ⊞ 228 E6

Im Winter Park von Greater Orlando locken Straßen mit rotem Ziegelpflaster, das im Sonnenuntergang schimmert, ein angenehm kühler und wunderschöner Park und viele Geschäfte. Entlang der Avenue gibt es viele Cafés, Eisstände, Antiquitätengeschäfte, Läden mit Kunsthandwerk und Andenken, Boutiquen mit modischer Kleidung, Parfümerien und Juweliere.

Zur Park Avenue gelangen Sie vom Stadtkern aus ostwärts auf der I-4 bis zur Ausfahrt 87 (Fairbanks Avenue); dort fahren Sie nochmals 2,5 km ostwärts. Fahren Sie links nach (Norden) und zwei Blocks weiter und parken Sie Ihren Wagen auf der Avenue oder in einer der Seitenstraßen.

1–2
Beginnen Sie Ihren Spaziergang an der Ecke Park Avenue und Comstock Avenue und schauen Sie sich den herrlichen Laden der Kette **Restoration Hardware** (400 S. Park Avenue, Tel. 407/622

Die Leafy Park Avenue erinnert an eine Straße in Europa

1052) an. Weiter geht's in nördlicher Richtung auf der rechten Seite der Park Avenue. Überqueren Sie die New England Avenue, dann die Welbourne Avenue. Gleich hinter der Welbourne Avenue gelangen Sie zum **Greeneda Court** und dem Buchladen **Brandywine Books**, einem Buchantiquariat (114 S. Park Avenue, Suite E, Tel. 407/644 1711, Mo–Sa 10–17.30 Uhr). Wieder zurück auf der Park Avenue, gehen Sie weiter nördlich auf dem Morse Boulevard und biegen dann rechts (östlich) ab.

2–3
Der Morse Boulevard führt zum Lake Osceola und zur Schiffsanlegestelle für die beliebte **Winter Park Scenic Boat Tour** (312 E. Morse Boulevard, Tel. 407/644 4056; preiswert). Der einstündige Bootsausflug führt am Ufer entlang. Hier sieht man stattliche Villen inmitten großer Parkanlagen und zahllose kleine Kanäle.

3–4
Gehen Sie wieder zurück auf die Park Avenue und biegen Sie rechts ab. Essen Sie im **Briar Patch Restaurant** (252 N. Park Avenue, Tel. 407/628 8651) zu Mittag. Danach sollten Sie sich die Kettenläden wie Talbot's, Ann Taylor und Victoria's Secret ansehen. Zu **The Garden Shops** (324 Park Avenue) gehören viele Souvenirläden und Geschäfte mit Innendekoration.

1 Winter Park

museum.org; Di–So; preiswert). Für wenig Geld sehen Sie hier die größte Sammlung mit Glas von Louis Tiffany, darunter auch die einzige Innenausstattung von Tiffany: eine Kapelle, die er 1893 für die Chicago World's Columbian Exposition entwarf. Bilder, Skulpturen und Kunsthandwerk von anderen Künstlern aus der Zeit von 1850 bis 1930 kann man in diesem Museum ebenso bewundern.

5–6

Nun gehen Sie auf der Westseite der Park Avenue weiter in Richtung Süden. Auf der rechten Seite zwischen der Canton Avenue und der New England Avenue liegt der **Central Park**. Dieser lauschige Park ist vor allem bei jungen Leuten und Familien sehr beliebt. Der Winter Park fungiert auch als eine Art Marktplatz des Winter Park, weil hier Konzerte und Kunstfestivals stattfinden.

6–7

An der Ecke der Park Avenue und der New England Avenue liegt das **Park Plaza Hotel** (307 S. Park Avenue, Tel. 407/647 1072), ein schönes kleines Hotel mit vielen Geschäften. Das Hotel ist ganz gemütlich

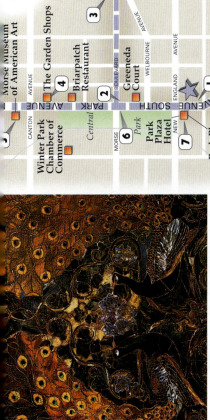

Im Charles Hosmer Morse Museum of American Art können Sie Gläser von Tiffany bewundern

4–5

Kehren Sie wieder zur Park Avenue zurück und spazieren Sie weiter nach Norden bis zur Canton Avenue. Überqueren Sie die Straße und gehen Sie auf ihrer westlichen Seite weiter zum **Charles Hosmer Morse Museum of American Art** (445 N.

202 Spaziergänge & Touren

mit Holzvertäfelungen und einem offenen Kamin ausgestattet. Im schönen Innenhof liegt das **Park Plaza Gardens Restaurant** (319 S. Park Avenue, Tel. 407/645 2475), in dem man fürstlich speist. Campus des **Rollins College** (Tel. 407/646 2000). Das College wurde 1885 für die Kinder der wohlhabenden Einwohner gegründet. Auch heute noch lieben die Studenten die prächtige mediterrane Architektur des College und seine Gärten. Am Ende der Park Avenue gelangen Sie zur Holt Avenue. Gehen Sie hier nach links und auf der roten Ziegelstraße weiter bis zur **Knowles Chapel**, in der im Frühjahr das beliebte Bach Festival stattfindet. Hier kann man manchmal berühmte Persönlichkeiten wie Ex-Präsident Carter oder den Schriftsteller John Berendt bei Vorträgen hören.

8–9
Bleiben Sie hinter der Knowles Chapel weiter auf der Holt Avenue, dann gelangen Sie zum **Cornell Fine Arts Museum** (Tel. 407/646 2526; www.rollins.edu/cfam), einem der schönsten Museen Floridas (bis Herbst 2005 wegen Renovierung geschlossen). Hier kann man Gemälde, Skulpturen und Fotografien von der Klassik bis zur Moderne bewundern. Hinter dem Cornell Museum liegt der Lake Virginia.

9 bis zum Ausgangspunkt
Wenn Sie sich richtig ausgeruht haben, können Sie zur Holt Avenue und dann rechts auf die Park Avenue zurückkehren, Ihr Auto holen und sich wieder

Der Campus des Rollins College

7–8
Wenn Sie auf der Park Avenue weiter nach Süden

2 Space Coast

Tour

LÄNGE: Rundtrip von Orlando aus, etwa 210 km **DAUER:** ein ganzer Tag für die Raumfahrt-Themen
START: Kennedy Space Center ✚ 225 E3
ZIEL: U.S. Austronaut Hall of Fame (oder Atlantik) ✚ 225 E3

Ausgangspunkt ist das Kennedy Space Center (9 Uhr bis zur Dämmerung, www.KennedySpaceCenter.com). Von Orlando aus erreicht man es auf dem Highway 50 in östlicher Richtung. An der ersten Ampel jenseits der I-95 fährt man rechts ab auf dem Highway 404/Columbia Drive. Bleiben Sie bis über die US 1 hinaus auf dem Columbia Drive, dann liegt das Kennedy Space Center etwa 11 km weiter östlich. Vom Disney oder International Drive aus nehmen Sie den Beeline Expressway (Highway 528, eine Mautstraße) in Richtung Osten zum Highway 407, der zum Highway 405 führt. Fahren Sie hier rechts und dann den Schildern nach.

1–5

Im **Visitor Complex** des Kennedy Space Center (▲ 96) können Sie die weltweit größte Sammlung von Raumschiffen und Ausrüstungen bestaunen. Die Ausstellung ist ganz aufregend und unterhaltsam präsentiert. Hinter der Kasse sollten Sie gleich rechts zum Bus gehen, der Sie über das gesamte Gelände zum **Vehicle Assembly Building** bringt, in dem die Raketen zusammengebaut werden, und der dann zur 18 m hohen Abschussrampe, dem Launch Complex 39 Observation Gantry, fährt.

Die nächste Haltestelle ist das Firing Room Theater, das **Apollo/Saturn V Center**, in dem die Mission der Apollo 8 nach-

Mit einem vollen Tank könnte die Saturn V wieder starten

204 Spaziergänge & Touren

gebaut ist. Bei der Präsentation und einem Film über die Apollo-8-Mission von 1968 hat man das Gefühl, man sei selbst dabei gewesen.

Nach einem simulierten Start der Apollo 8 gelangt man zu einer 111 m langen **Saturn V**, die ursprünglich für eine Reise zum Mond vorgesehen war. Sie liegt lang gestreckt da und nimmt die ganze Länge des Gebäudes ein. Es gibt auch einen Stein vom Mond zu sehen.

Die nächste Show ist eine der besten in ganz Central Florida. Im **Lunar Surface Theater** kann man die aufregende Landung der Apollo 11 verfolgen. Ein Vor-sion der Columbia-Kapsel im Jahr 1969, als mehrere Kontrolloffiziere versuchten, wieder Funkkontakt zur Rakete herzustellen, die Bildschirme jedoch nur noch »Loss of Signal«, »kein Funkkontakt«, meldeten. Die Szene wirkt wie eine düstere Vorwegnahme der Explosion im Space Shuttle Columbia im Februar 2003. – Mit großartigen Bildern wird man dann an die erste Mondlandung am 20. Juli 1969 erinnert, als der Bordcomputer von Neil Armstrong und Buzz Aldrin bei der Landung der Fähre aussetzten und sie mit dem letzten Tropfen Treibstoff die Mondfähre per Hand landen mussten. Wenn Sie jetzt Hunger haben, sollten Sie sich im Moon Rock Café stärken.

5–6

Nachdem Sie mit dem Bus wieder zum Haupteingang zurückgekehrt sind, soll-

2 Space Coast

Alive oder *Space Station 3-D*. Der *Space-Station*-Film ist ein aufregendes Dokument der 3-D-Technik: Die fesselnden Bilder, fast in Lebensgröße präsentiert, wurden von Astronauten und Kosmonauten aufgenommen.

6–7

Vor dem Kino liegt der vom KSC angelegte **Rocket Garden**, der aus einer Ansammlung von kleineren Raketen und Zubehör von den frühen Atlas-Raketen aus den späten 1950er-Jahren bis zur Saturn 1 von 1967 besteht. Vor der Apollo-Raumkapsel befindet sich der echte Servicearm, der einst zur Apollo 11 führte.

7–8

Ein paar Schritte weiter liegt das Museum of Early Space Exploration, das wichtige Zeugnisse aus der Frühzeit der Raumfahrt zeigt; interessant ist u.a. ein Nachbau der ersten mit flüssigem Treibstoff betriebenen Rakete in Originalgröße. Hier findet man auch viele Exponate aus der glorreichen Zeit der Mercury- und der Gemini-Missionen.

8–9

Nun sollten Sie das **Astronaut Encounter** besuchen, einen Pavillon in der Nähe des Eingangs. Jeden ständlichen Worten beantwortet. Noch mehr können Sie erfahren, wenn Sie einen *Lunch with an Astronaut*, ein Mittagessen mit einem Astronauten, buchen, das inklusive Eintritt und Essen etwa 60 $ kostet.

9–10

Bevor Sie das Gelände verlassen, sollten Sie sich noch das **Astronaut Memorial** ansehen. Hier wurden die Namen der Besatzungsmitglieder der Columbia-Fähre in einem 60 t schweren Marmorgedenkstein verewigt, außerdem die Namen von 17 weiteren Astronauten, die ihr Leben in der Raumfahrt verloren.

11–12

Schließlich gelangen Sie zum beliebtesten Platz des Cocoa Beach, dem **Ron Jon Surf Shop** (4151 N. Atlantic Avenue, Tel. 321/799 8820; www.ronjons.com). Dieser Surf Shop ist legendär! Touristen aus aller Welt kaufen hier nicht nur Surfbretter, sondern auch T-Shirts und alle möglichen Andenken an Ron Jon.

Einen Block östlich der A1A liegt die Ridgewood Avenue. Meilenweit gibt es hier Zugänge zu den schönsten Stränden Floridas. Ein paar Blocks weiter nördlich von Jon liegt der **Cocoa Beach Pier** (401 Meade Avenue, Tel. 321/783 7549), an dem Sie etliche Geschäfte, Bars und Restaurants vorfinden.

12–13

Nach dem Sonnenbad am Strand können Sie auf dem Highway 520 nach Orlando zurückkehren. Etwa 10 km hinter der I-95 sollten Sie am rustikalen **Lone Cabbage Fish Camp** (Tel. 321/632 4199) anhalten und eine Fahrt mit einem Luftkissenboot unternehmen.

13–14

Am Beeline Expressway (Highway 528) fahren Sie nun in östlicher Richtung, um wieder auf den **International Drive** oder zum **Walt Disney World Resort**® zu gelangen.

Space Coast Office of Tourism
🏠 8810 Astronaut Boulevard, Suite 102, Cape Canaveral, FL 32920
☎ 321/668-1126; 800/872-1969; 800/93-OCEAN;
www.space-coast.com

Kennedy Space Center
☎ 321/449-4400; www.kennedyspacecenter.com;
Nasa Launch Hotline:
800/572-4636

206 Spaziergänge & Touren

3 Art Deco District und South Beach

Spaziergang

LÄNGE: 2,5 km **DAUER:** 4 Stunden
START: Lincoln Road und Collins Avenue, Miami ✚ 230 C3
ZIEL: Delano Hote ✚ 230 C3

Die Straßen und Strände des Art Deco District (▶ 114ff) sind so schön, dass man sie genauer ansehen sollte. Auf Anhieb ist man fasziniert von den gebräunten Menschen, den weißen Sandstränden, dem blauen Wasser und den Pastellfarben der Art-déco-Hotels. Daneben findet man viele modische Geschäfte, Buchläden und kleine Cafés.

Nach Einbruch der Dunkelheit öffnen Dutzende von Nachtclubs, in denen man sich Adrenalinstöße holen kann. Wir wollen Ihnen jedoch erst einmal einen gemütlichen Spaziergang bei Tag durch schöne und ruhige Straßen vorschlagen.

scheint wie der Ocean Drive oder die Collins Avenue, ist sie trotzdem sehr interessant. Beginnen Sie Ihren Spaziergang am östlichen Ende der Lincoln Road (Collins Avenue), wählen Sie die linke (südliche) Straßenseite und sehen Sie sich die herrlichen Schaufenster an.

Daneben gibt es hier Palmen und viele Brunnen und Galerien wie etwa **Britto Central** (818 Lincoln Road, Tel. 305/531 8821; www.britto.com). Die bunten Pop-Art-Bilder von Romero Britto kommen hier bestens zur Geltung.

1–2

Obwohl die Lincoln Road Mall nicht

3 Art Deco District und South Beach

Die Cafés sind in Miami beliebte Treffpunkte. Eines der bekanntesten ist das Van Dyke an der Lincoln Road Mall

2–3
Gehen Sie weiter nach Westen zur Kreuzung der Lincoln Road und der Jefferson Avenue, dann gelangen Sie zum beliebten **Van Dyke Café** (▶ oben), in dem Sie sich ein wenig ausruhen können.

Kleine Pause
Das **Van Dyke Café** ist eines der attraktivsten Straßencafés an der Lincoln Road Mall. Wenn die Sonne scheint, was meistens der Fall ist, sollten Sie den Tag hier ganz langsam angehen, sich ins Straßencafé setzen und es sich gut gehen lassen. Empfehlungen sind hier überflüssig: Alle Gerichte sind hervorragend und der Service ebenso.
🏠 **846 Lincoln Road** 📞 **305/534 3600**

Das Essen kann man am besten bei einem flotten Spaziergang verdauen. Hier finden Sie eine Reihe von außergewöhnlichen Geschäften, die Sie sich unbedingt unterwegs ansehen sollten.

Ähnlich wie die Landschaften des Mississippi hat auch die Stadt Miami unzählige Künstler angezogen. Die Werke von mehr als 40 Künstlern, deren wahre Bedeutung oft noch unentdeckt ist, können Sie im **ArtCenter/South Florida** (924 Lincoln Road, Tel. 305/674 8278; www.artcentersf.org) bewundern. Die Galerie finden Sie ganz in der Nähe der Lincoln Road 800.

Books & Books (933 Lincoln Road, Tel. 305/532 3222) liegt genau gegenüber dem Art Center/South Florida und führt Bücher und Zeitschriften zu fast allen Themen. Diese Buchhandlung müssen Sie sich unbedingt ansehen! Im kleinen, gemütlichen Laden kann man auch Snacks, Kaffee oder meistens einen Espresso bekommen. Meistens hat der Inhaber auch einen Tisch mit reduzierten Büchern, vor allem über Kunst, Geschichte und Architektur Miamis, aufgebaut. Ein gutes Buch in einer so quirligen Stadt zu lesen ist ein echtes Ferienvergnügen.

3–4
Bevor Sie weitergehen, sollten Sie sich zu einem kurzen Umweg entschließen. Etwas weiter östlich liegt die Meridian Avenue, an der Sie links abbiegen. Gehen Sie drei Blocks weit bis zum Ende der Straße zum **Holocaust Memorial** (1933–1945 Meridian Avenue, Tel. 305/538 1663). Hier müssen Sie sich wirklich etwas Zeit nehmen und nicht nur kurz hineinschauen. In der Halle finden Sie die Chronologie des Holocaust dargestellt. Hinten links gelangen Sie zu einem 13 m hohen Denkmal, der *Skulptur von Liebe und Schmerz*; dargestellt sind jüdische Opfer des Terrors. Hier ist es vollkommen still – es ist wirklich ein ganz eigentümlicher Ort!

Miamis Art-déco-Architektur

4–5

Wieder zurück auf der Lincoln Road, biegen Sie links ab. Dann stehen Sie direkt vor **Tropical Cigars** (vormals **Condal & Peñami**; 741 Lincoln Road, Tel. 305/673 3194), dem wohl bekanntesten Zigarrengeschäft der Stadt. In sanft-braunen Terrakotta-Farben gehalten, erinnert sein Verkaufsraum an eine italienische Villa. Raucher freuen sich über die große Auswahl an Aschenbechern, Zigarrenmessern, Klimakisten und den »Zigarrenkeller«.

5–6

Nach diesem angenehmen Tag, an dem Sie gegessen und getrunken, ein Buch gelesen und eine Zigarre geraucht haben, brauchen Sie jetzt nur zur Collins Avenue zu gehen, dann links ab zur Ecke der 17. Straße und ins **Delano Hotel**, das Sie sofort an seinen ausgefallenen Türmen erkennen ▶ 142. Hier können Sie alles erleben, was die Stadt an Kreativität und Exzentrizität zu bieten hat. Genießen Sie den Aufenthalt bei einem Drink an der Poolbar: Hier stehen Sitzmöbel im Pool und Spiegel auf dem Rasen. Bald schon werden Sie das Gefühl haben, Teil

Vor der Zerstörung gerettet

In den 1980er-Jahren hielten viele Leute die farbenfrohen Fassaden im Art Deco District für altmodisch, und viele sprachen sich für eine Umgestaltung aus. Die Aktivistin Barbara Baer Capitman stellte sich jedoch an die Spitze einer Bewegung, die um die Erhaltung der Bauten kämpfte. Schließlich konnte der Stadtteil in seiner alten Pracht erhalten bleiben.

Heißer Tipp

Mit der **ELECTROWAVE** (Tel. 305/843 9283; ▶ 40) kommen sie am besten über die Strände von Miami Beach. Die elektrisch betriebenen Trolleys fahren durch ganz SoBe und kosten nur 25 Cent. Wenn Sie sich für die historischen Hintergründe des Art Deco District interessieren, sollten Sie einen der ausgezeichneten Führer buchen oder an einer *audio walking tour* teilnehmen, die am **Art Deco District Welcome Center** beginnt (1001 Ocean Drive, Tel. 305/531 3484; www.mdpl.org; tägl. 11–18 Uhr). Die 90 Minuten langen Audio-Rundgänge gibt es auch auf Deutsch. Geführte Touren donnerstags um 18.30 Uhr und samstags um 10.30 Uhr (preiswert). Reservierungen sind nicht notwendig.

4 Die Florida Keys

DIE FLORIDA KEYS
Tour

LÄNGE: 408 km
DAUER: mindestens zwei Tage
START/ZIEL: Miami ✚ 227 F3

Die Florida Keys gelten als Inselparadies mit azurblauem Wasser, weißen Sandstränden und den besten Schnorchel-, Tauch- und Fischgründen der Welt. Natürlich sind die Keys das alles tatsächlich, aber zum Bild gehören auch verstopfte Straßen, alte, liegen gebliebene Wohnwagen und Touristenfallen an der 177 km langen Strecke von Key Largo nach Key West. Am Weg liegen aber auch schöne Parks, Tauchschulen und viele Restaurants. Die einzelnen Orte am Weg hinunter nach Key West sind klar ausgeschildert mit kleinen grün-weißen Meilenangaben, die bei MM 127 südlich von Florida City beginnen und mit MM 0 in Key West enden.

1–2

Nach **Florida City**, dem Ausgangspunkt für die Fahrt zu den Florida Keys, gelangen Sie von Miami aus auf einer der zwei südlichen Straßen. Die US 1 ist die Hauptstrecke, auf der aber meist sehr

viel Verkehr herrscht. Auf Florida's Turnpike ist weniger los, und Sie kommen schneller voran, obwohl diese Straße im Westen von Miami liegt und man eine kleine Straßengebühr entrichten muss. Hier fällt die Wahl schwer.

2–3

Jetzt gelangen Sie nach Florida City, das sich 31 km von MM 127 bis zum MM 108 erstreckt und als Pufferzone zwischen Miami und dem Hinterland bei **Key Largo** dient. Fahren Sie besonders vorsichtig, denn trotz der Geschwindigkeitsbegrenzungen auf 88 km/h fahren einige Autofahrer hier leider äußerst rücksichtslos. Aus Sicherheitsgründen sollten Sie auch immer mit Licht fahren.

Gönnen Sie sich eine Pause am Strand

Ihre erste Rast sollten Sie bei MM 106 machen. Hier finden Sie auf der rechten Seite das **Key Largo Chamber of Commerce and Florida Keys Visitor Center** (Tel. 305/451 1414; www.keylargochamber.org; tägl. 9–18 Uhr), in dem Sie sich mit Broschüren, Lageplänen und verbilligten Tickets ausrüsten können. Man reserviert Ihnen hier auch gern ein Zimmer oder versorgt Sie mit Prospekten der 30 Tauchschulen auf den Keys. Die meisten Tauchschulen bieten relativ ähnliche Schnorcheltouren und Tauchfahrten an (Schnorcheln: mittel; Tauchen: teuer; Bescheinigung erforderlich, Ausrüstung kann geliehen werden). Spencer Slate im **Atlantis Dive Center** (51 Garden Cove Drive, MM 106.5, Tel. 305/451 3020 oder

Spaziergänge & Touren

800/331 3483) kennt das Meer hier wie seine Westentasche. Berühmt ist er, weil er unter Wasser Trauungen vornimmt.

Fahren Sie weiter nach Süden bis MM 102.5 und achten Sie links auf den Eingang zum **John Pennekamp Coral Reef State Park** (Tel. 305/451 1202; www.pennekamppark.com). Vom Ufer aus erstreckt sich das Naturschutzgebiet 5 km weit ins Meer hinein und zieht sich auf insgesamt 34 km die Südküste der Keys entlang. Hier stehen viele Korallenarten und Fische unter Naturschutz.

Hat man den Eintritt (preiswert) bezahlt, kann man bis zum Visitor Center (tägl. 8–17 Uhr) fahren, in dem ein kleine Ausstellung über das Naturschutz in Florida und über John Pennekamp informiert. Pennekamp war Herausgeber einer Zeitung und der Mitbegründer dieses Naturschutzgebietes.

Gleich neben dem Visitor Center gibt es einen Souvenirladen, eine Imbissbude und einen Fahrkartenschalter, in dem Sie Bootsausflüge buchen können. Sie können schnorcheln, tauchen, in einem Glasbodenboot fahren oder Kanus und Kajaks mieten. Unter Wasser liegen etliche Schiffswracks, die Sie erforschen können; ein beliebtes Ziel ist die Unterwasser-Statue *Christ of the Deep*. Wenn Sie keine Zeit zum Tauchen haben, können

Fahren Sie weiter nach Süden und halten Sie am **Dolphin Cove Research Education Center** (Tel. 305/451 4060; www.dolphinscove.com) auf der rechten Seite bei MM 101.9. Mit Delphinen zu schwimmen ist eine sehr beliebte, aber auch sehr teure Freizeitbeschäftigung auf den Keys. Deshalb sollten Sie im Voraus buchen und bezahlen. Während der Bootsfahrt und beim Training lernen Sie, wie Sie mit den Delphinen kommunizieren können, bevor Sie tatsächlich mit ihnen schwimmen. Tatsächlich ist man dann nur etwa eine Viertelstunde mit den Tieren zusammen im Wasser – ein sehr teures, aber unvergessliches Vergnügen.

Weiter südlich bei MM 100 sollten Sie anhalten und sich das Boot ansehen, das Humphrey Bogart und Audrey Hepburn weltberühmt gemacht haben: die ***African Queen***. Sie liegt in einem Kanal gleich neben dem Holiday Inn vor Anker. Daneben ankert ***Thayer IV***, das Boot, das die Hepburn in *Am goldenen See* benutzte. Wenn Sie das alles gesehen haben, haben Sie wirklich einen guten Eindruck von Key Largo

Auf die Spuren von Jacques Cousteau begeben Sie sich im **World Watersports** (MM 99, Tel. 305/451 0118; www.diversdirect.com), angeblich Amerikas größtem Laden für Tauchausrüstungen. Hier finden Sie alles, was Sie für einen Tag unter Wasser benötigen. Die Verkäufer beraten Sie gut und wissen alles über die Unterwasserwelt der Umgebung.

3–4
Immer weiter in Richtung Süden kommen Sie an Einkaufsmeilen und Fischkuttern vorbei, bis Sie zum Windley Key und zum Eingang der *Islamorada*

4 Die Florida Keys

...gelangten. Als die Spanier hier an Land gingen, fanden sie die violetten Gehäuse der Janthina-Schnecken und nannten die Inseln deshalb *islas moradas*, Purpurinseln. Hier gibt es wenig zu sehen, aber wenn Sie gern angeln, werden Sie sicher auf Ihre Kosten kommen.

Bei MM 86.7 weist links eine riesige Languste auf ein gutes Dutzend Geschäfte hin; viele halten jedoch vor allem wegen dieser originellen Statue.

Auf halbem Weg hinunter zur Spitze der Keys liegt bei MM 84.5 das **Theater of the Sea** (Tel. 305/664 2431), ein altes Aquarium, in dem Sie Shows mit Delphinen und anderen Meeresbewohnern erleben können. Es ist nicht so eindrucksvoll gefeites Unterhaltungsangebot, dafür wird mehr getrunken. Erwarten Sie nicht zu viel: Es geht eher zu wie in einem Film der 1960er-Jahre.

Eine halbe Meile (0,8 km) weiter südlich bei MM 81.5 kommen Sie zum **Green Turtle Inn** (Tel. 305/664 9031; www.greenturtleinn.com; Di–So 12–21 Uhr), wo seit 1947 Fisch und Meeresfrüchte serviert werden. Sie müssen unbedingt den Key Lime Pie, einen Zitronenkuchen, probieren.

Wenige Meilen weiter liegt bei MM 82.5 in einem alten Zugwaggon das **Islamorada Chamber of Commerce** (Tel. 305/664 4503; Mo–Fr 9–17, Sa 9–16, So 9–14 Uhr). Hier erhalten Sie alle Informationen über die größte Attraktion weit und breit: das Sportfischen.

Bei MM 82 sollten Sie auf die riesige Meerjungfrau auf der rechten Seite achten. Gleich gegenüber liegt das Restaurant **Lorelei** (Tel. 305/664 4656; www.loreleirestaurant.com; tägl. 7–22 Uhr). Wenn Sie am Abend ankommen, können Sie einen ähnlich schönen Sonnenuntergang wie in Key West erleben. Hier gibt es jedoch kein ausgewie Sea World, aber hier können Sie immerhin mit einem Delphin schwimmen, einen Seelöwen küssen oder in einem Boot fahren.

Weiter südlich bei MM 81.1 liegt **Tarpon Flats**, wo Ex-Präsident George Bush sen. zum Angeln ging, wenn er auf den Keys war. Profiangler behaupten, hier sei einer der besten Plätze der Welt.

4–5

Und weiter geht es in Richtung Süden: Von Key zu Key verläuft die US 1 entlang der alten Eisenbahnlinie, die vorbei an smaragdgrünen Lagunen, tiefblauem Meer und im Wind schwankenden Palmen führt. Hier wimmelt es von Tieren: Halten Sie Ausschau nach Reihern, rosafarbenen Löfflern, Pelikanen, Seemöwen und Fischadlern. Die Inseln werden immer schmaler, sodass man jetzt praktisch direkt über den Ozean fährt. Genießen

Spaziergänge & Touren

Sie die Aussicht! Bei MM 61 liegt der Eingang zu einem großen Seebad, **Hawk's Cay** (Tel. 305/743 7000). Hier gibt es einen Verleih für Motorboote, Wassersportausrüstungen, aber auch für Wasserskier und Gleitschirme. Sie könnten hier auch eine »Begegnung mit einem Delphin‹ buchen, da Sie aber nicht mit ihm schwimmen, sondern nur neben den Tieren im Wasser stehen, ist der Reiz nicht so groß.

5–6

Gleich hinter Duck Key gelangen Sie zum Punkt MM 59, Grassy Key, und zum **Dolphin Research Center** (Tel. 305/289 0002 oder 289/1121; www.dolphins.org; tägl. 9–16 Uhr). Wenn Sie auf einem Delphin schwimmen wollen, der schon berühmte Leute wie Jimmy Carter, Sandra Bullock, Jimmy Buffett und Arnold Schwarzenegger auf seinem Rücken getragen hat, dann sind sie hier richtig. Die Delphine schwimmen mit Ihnen, oder Sie lassen sich in die Lagune hinausziehen. Sie sollten rechtzeitig im Voraus buchen und 115 $ für dieses Vergnügen übrig haben.

Wenn Sie, anstatt schwimmen zu gehen, lieber etwas an Land erleben möchten, können Sie auch Seelöwen und Delphine vom sicheren Grund aus betrachten (Erwachsene 17,50 $, Kinder 11,50 $). Die Führung dauert etwa 30 Minuten. Nachher sollten sie sich in den voll klimatisierten Souvenirläden wieder gut abkühlen.

6–7

Ab hier geht es nur noch südwärts zur nächsten Insel Marathon mit viel Verkehr, aber mit nichts wirklich Sehenswertem. Bei MM 47 allerdings kommt die Hauptattraktion, die berühmte **Seven Mile Bridge**, eine eindrucksvolle Brücke, die nach Bahia Honda Key führt. Unterwegs sehen Sie vor allem eines: Wasser.

7–8

Wenn Sie die Brücke überquert haben, wird die Szenerie düsterer. Das Gras ist von der Sonne verbrannt, und viele Autowracks liegen an den Straßenrändern. Nur bei MM 36.5, wenn Sie Bahia Key verlassen und im Deer Territory, dem Wildreservat, ankommen, wird es wieder interessanter. Hier leben etwa 300 Weißwedelhirsche (Virginiahirsche), die sich vom Verkehr kaum stören lassen. Sie sollten langsam fahren und Ihre Augen offen halten, dann sehen Sie vielleicht eines der Tiere.

8–9

Bei MM 10 können Sie am **Key West Information Center** (Tel. 888/245 5397; www.keywestinfo.com) anhalten und sich mit Informationsmaterial versorgen. Oder Sie fahren einfach weiter geradeaus, mitten hinein ins schöne und lebendige Key

Kleine Pause

Wenn Sie einen Tag lang in Key Largo getaucht haben und nicht mehr Auto fahren wollen, sollten Sie in der **Largo Lodge** (MM 101.7, Tel. 305/451 0424; www.largolodge.com; preiswert) übernachten. Hier sieht es noch so aus wie um 1940. Die kleine Ferienanlage mit Cottages ist erstaunlich preisgünstig. Nur 95–125 $ kosten die hübschen Häuser mit Balkendecken, kleinen Küchen, einem großen Wohnraum, einem Schlafzimmer und einer überdachten Veranda. Wenn Sie Ruhe brauchen, können Sie sich hinter das Haus setzen und den herrlichen Ausblick aufs Meer genießen.

Die Keys

Die Keys sind eine Kette von Inseln, die bis 1912 nur mit Booten zu erreichen waren. Dann ließ Henry M. Flagler eine Eisenbahn bauen, die alle 29 Inseln von Homestead südlich von Miami bis hinunter nach Key West miteinander verband. Später wurde auch noch eine Straße, die US 1, angelegt.

Praktisches

INFORMATION VORAB

Websites
- Visit Florida: www.flausa.com
- Orlando Tourist Information Center: www.go2orlando.com
- Greater Miami C&VB: www.miamiandbeaches.com
- Kissimmee/St Cloud Convention & Visitors Bureau: www.floridakiss.com
- Tampa Visitor Information Center: www.gotampa.com
- Key West Welcome Center: www.fla-keys.com

REISEVORBEREITUNG

WICHTIGE PAPIERE

- ● Erforderlich
- ○ Empfohlen
- ▲ Nicht erforderlich

Die Bestimmungen können sich schnell ändern. Zurzeit ist eine Einreise nur mit maschinenlesbarem Pass gestattet; ein digitaler Fingerabdruck und ein Digitalfoto werden archiviert.

	Deutschland	Österreich	Schweiz
Pass	●	●	●
Visum	▲	▲	▲
Weiter- oder Rückflugticket	●	●	●
Impfung (Tetanus und Polio)	▲	▲	▲
Krankenversicherung	○	○	○
Reiseversicherung	○	○	○
Führerschein (national)	●	●	
Kfz-Haftpflichtversicherung	●	●	
Fahrzeugschein	●	●	

REISEZEIT

Central Florida/Orlando

Hauptsaison / Nebensaison

JAN	FEB	MÄRZ	APRIL	MAI	JUNI	JULI	AUG	SEPT	OKT	NOV	DEZ
22°C	23°C	25°C	27°C	27°C	30°C	32°C	32°C	30°C	28°C	25°C	22°C
Sonnig	Bedeckt	Bedeckt	Sonnig	Regnerisch	Regnerisch	Regnerisch	Regnerisch	Wechselhaft	Wechselhaft	Sonnig	Sonnig

Die angegebenen Temperaturen bezeichnen die **durchschnittlichen täglichen Höchstwerte** für jeden Monat. Nachts fallen die Temperaturen auf 21–24 °C.

Florida hat subtropisches Klima. Im Winter ist es warm und im Sommer sehr heiß und feucht. Frische Seebrisen mildern die Hitze in Miami und Tampa ein wenig (25–30 °C). Im Winter sind die Temperaturen in Central Florida etwas kühler als im südlichen Teil des Landes. In **Orlando** ist die Sommerhitze drückender, und es kann unerträglich schwül werden. Im Sommer (Juni–Sept.) ist es morgens meist sonnig, am Nachmittag ziehen jedoch häufig Gewitter mit etwas kühleren Temperaturen auf. Nur im Februar und im März ist es an manchen Tagen durchgehend bewölkt. Die besten Zeiten für einen Besuch in Orlando sind Anfang Mai und Oktober.

In Deutschland
Botschaft der Vereinigten
Staaten von Amerika
Neustädtische Kirch-
straße 4–5
10117 Berlin
☎ (030) 83 05-0

In Österreich
Botschaft der Vereinigten
Staaten von Amerika
Boltzmanngasse 16
1090 Wien
☎ (01) 3 13 39-0

In der Schweiz
Botschaft der Vereinigten
Staaten von Amerika
Jubiläumsstrasse 93
3005 Bern
☎ (031) 3 57-70 11

ANREISE

Mit dem Flugzeug: Da Florida zu den auch in Europa sehr beliebten Ferienzielen gehört, bieten viele Fluggesellschaften eine große Auswahl an Flügen dorthin an. Die internationalen Flüge landen in Miami, Tampa, Orlando, Sanford, Daytona Beach, Jacksonville und Tallahassee. Es gibt Charterflüge nach Orlando, einige auch nach Fort Lauderdale und Fort Myers. Am einfachsten ist Orlando zu erreichen. Orlando ist nicht weit von den Vergnügungsparks entfernt, und von hier aus kann man beide Küsten besuchen, außerdem Südflorida, Daytona und St. Augustine. Auch viele innneramerikanischen Fluggesellschaften fliegen Flughäfen in Florida an.

Flugpreise: Die Preise sind im Sommer, an Ostern und an Weihnachten sehr hoch. Suchen Sie sich bei den Fluggesellschaften, im Reisebüro, bei Last-Minute-Agenturen, im Reiseteil der Zeitungen oder im Internet die Sonderangebote heraus. Wenn Sie Flugtickets kaufen, bei denen Sie **umsteigen** müssen, können Sie eventuell viel Geld sparen. Tickets für kurze Aufenthalte sind meist teurer, wenn kein Samstag eingeschlossen ist.

Pauschalangebote: Komplettangebote mit Flugticket, Mietwagen, Unterkunft und verbilligten Städtetouren sind recht beliebt. **Charterflüge** sind in der Regel recht preiswert, allerdings sind die Maschinen häufig bis auf den letzten Platz besetzt.

Mit Bus und Bahn: Gute Alternativen für Reisende aus Kanada oder den übrigen Regionen Amerikas sind die **Amtrak-Züge** (Tel. 800/872 7245; www.amtrak.com). Auch von weit entfernten Städten in den USA fahren **Greyhound-Busse** nach Florida (Tel. 800/231 2222; www.greyhound.com).

ZEIT

Florida gehört zur Eastern Standard Time, die sechs Stunden hinter der Mitteleuropäischen Zeit zurückliegt. Nur der Panhandle westlich des Apalachicola River orientiert sich an der Central Standard Time (MEZ – 7 Stunden).

WÄHRUNG

Die Währung der USA ist der Dollar ($). Ein Dollar hat 100 Cent. Geldscheine gibt es mit den Werten 1, 5, 10, 20, 50 und 100 Dollar. Alle **Geldscheine** sind grün und haben dieselbe Größe, man kann sich also nur am aufgedruckten Wert orientieren. **Münzen** sind als 1 Cent (Penny), 5 Cent (Nickel), 10 Cent (Dime), 25 Cent (Quarter) und 50 Cent (half Dollar) im Umlauf. Es gibt auch Ein-Dollar-Münzen.

Dollars dürfen in beliebiger Höhe ein- und ausgeführt werden.

In Dollar ausgestellte **Reiseschecks** sind die beste Art, Geld mit sich zu tragen; sie werden fast überall wie Bargeld angenommen (nicht in Taxis), ebenso wie **Kreditkarten** (American Express, VISA, MasterCard, Diners Card).

Umtausch: Am besten wechseln Sie Ihr Geld in Florida in einer Bank. Wechselstuben gibt es auch in den Flughäfen; mobile Wechselstände sollten Sie wegen der hohen Gebühren allerdings meiden. Mit Ihrer Kreditkarte können Sie auch an Geldautomaten Bargeld erhalten; erkundigen Sie sich aber vor der Abreise, um sicher zu sein. In einigen Banken, vor allem in ländlichen Gegenden, kann der Umtausch von Bargeld eventuell schwierig sein.

Praktisches 215

ZEITUNTERSCHIED

GMT	Fast ganz Florida	Panhandle	Westküste USA	Deutschland	Australien
12 Uhr	7 Uhr	6 Uhr	4 Uhr	13 Uhr	22 Uhr

DAS WICHTIGSTE VOR ORT

KONFEKTIONSGRÖSSEN

Deutschland	USA	
46	36	**Anzüge**
48	38	
50	40	
52	42	
54	44	
56	46	
41	8,5	**Schuhe**
42	9	
43	10,5	
44	10,5	
45	11	
46	11,5	
37	14,5	**Hemden**
38	15	
39/40	15,5	
41	16	
42	16,5	
43	17	
34	8	**Kleider**
36	10	
38	12	
40	14	
42	16	
44	18	
36	5,5	**Schuhe**
37	6	
38	7	
39	7,5	
40	8,5	
41	9	

FEIERTAGE

1. Jan.	Neujahr
3. Mo im Jan.	Martin Luther King Day
3. Mo im Feb.	Presidents' Day
März/April	Ostern
Letzter Mo im Mai	Memorial Day
4. Juli	Independence Day
1. Mo im Sept.	Labor Day
2. Mo im Okt.	Columbus Day
11. Nov.	Veterans' Day
4. Do im Nov.	Thanksgiving
25. Dez.	Weihnachten

Der 2. Weihnachtsfeiertag ist in den USA kein Feiertag. Manche Geschäfte haben an den Feiertagen geöffnet, Sehenswürdigkeiten können geschlossen sein.

ÖFFNUNGSZEITEN

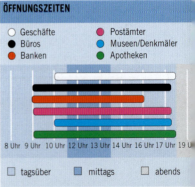

○ Geschäfte ● Postämter
● Büros ● Museen/Denkmäler
● Banken ● Apotheken

☐ tagsüber ■ mittags ☐ abends

Geschäfte: Die meisten Geschäfte haben von Mo bis Sa geöffnet, in den Fußgängerzonen dann meistens von 10 bis 19 Uhr und sonntags von 12 bis 17 Uhr.
Banken: Einige größere Banken haben samstags von 8 bis 12 Uhr einen Autoschalter geöffnet. In allen Freizeitparks gibt es Geldautomaten.
Postämter: Einige Postämter haben samstags von 9 bis 12 Uhr geöffnet.
Museen und Parks: Freizeitparks passen ihre Zeiten der Saison an. Viele Museen sind Mo geschlossen.

POLIZEI 911

FEUERWEHR 911

NOTARZT 911

AUTOBAHNPOLIZEI (vom Notruftelefon) *FHP

SICHERHEIT

Man sollte gegen Kriminalität und Unfälle Vorsorge treffen:
- Öffnen Sie nie die Tür Ihres Hotelzimmers, wenn Sie nicht wissen, wer davor steht.
- Verschließen Sie immer Ihre Haustüre(n), bevor Sie schlafen gehen oder wenn Sie das Haus verlassen.
- Beim Autofahren sollten alle Türen grundsätzlich verriegelt sein.
- Wenn Sie sich verfahren haben, erkundigen Sie sich am besten in gut beleuchteten Tankstellen, Hotels, Restaurants oder Geschäften.
- Gehen Sie nie zu nahe an einen Alligator heran.

Polizei:

 911 von jedem Telefon

TELEFONIEREN

Öffentliche Telefone finden Sie in den Eingangshallen der Hotels, in Apotheken, Restaurants, an Tankstellen und an den Straßen. Wählen Sie für günstige Auslandstarife die Vorwahl von AT&T (1-800-225-5288), bevor Sie die eigentliche Nummer eintippen. Telefonkarten erhalten Sie in Drogerien und in Visitor Centers. Die Gespräche kosten damit etwa 30 Cent pro Minute. Bei öffentlichen Telefonen müssen Sie eine 0 vorwählen, wenn Sie die Vermittlung wünschen. Bei US-Nummern wählen Sie eine 1 plus die Vorwahl des Ortes. Die Telefonauskunft für USA und Kanada hat die Nummer 411.

Internationale Vorwahlen:
Deutschland: 0 11 49
Österreich: 0 11 43
Schweiz: 0 11 41

POST

Briefmarken erhalten Sie an Automaten, sie sind dort aber teurer. Die Postämter haben meist zwischen 9 und 17 Uhr geöffnet. Auch in Hotels und Sehenswürdigkeiten können Sie oft Briefmarken erwerben und Post aufgeben.

ELEKTRIZITÄT

Die normale Spannung beträgt 110/120 Volt (60 Hz). Die Steckdosen sind für flache Zweipolstecker ausgelegt. Für zwei- oder dreipolige runde Stecker braucht man einen Adapter. Europäische Geräte benötigen einen Transformator.

TRINKGELD

Trinkgelder werden für jede Dienstleistung erwartet. Als Richtlinie gilt:

Restaurant	15–20 %
(Bedienung nicht eingeschlossen)	
Service an der Bar	15 %
Stadtführer	nach Belieben
Friseur	15 %
Taxis	15 %
Zimmermädchen	2 $ pro Tag
Gepäckträger	1 $ pro Gepäckstück

Praktisches

BOTSCHAFTEN UND KONSULATE

Deutschland Österreich Schweiz
(202) 298 81 40 (202) 895 67 00 (202) 745 79 00
(305) 358 02 90

GESUNDHEIT

 Krankenversicherung: Eine Krankenversicherung mit einer Schadensdeckung von mindestens 1 Mio. $ ist sehr zu empfehlen. Wenn Sie in einen Unfall verwickelt sind, werden Sie von den Notärzten sofort versorgt und müssen erst später bezahlen.

 Zahnarzt: Die Auslandskrankenversicherung sollte auch eine zahnärztliche Versorgung abdecken, die Sie überall erhalten. Einige Zahnärzte akzeptieren Kreditkarten, aber die meisten wünschen Bargeld oder Reiseschecks.

 Wetter: Die meisten Beschwerden verursacht in Florida die Sonne. In Orlando ist es im Sommer sehr heiß und schwül, die Sonne brennt überall den ganzen Tag. Bleiben Sie lieber im Schatten und trinken Sie viel.

 Medikamente: Medikamente erhalten Sie in den Apotheken und Drogerien, wobei einige Medikamente, die in anderen Ländern ohne Rezept abgegeben werden, in den USA verschreibungspflichtig sind. Acetaminophen ähnelt unserem Paracetamol. Ask-a-Nurse (Tel. 407/897 1700) gibt rund um die Uhr medizinische Ratschläge.

 Trinkwasser: In ganz Florida kann man das Leitungswasser trinken. Mineralwasser ist billig und überall erhältlich.

ERMÄSSIGUNGEN

Studenten/Kinder: Mit einem internationalen Studentenausweis erhält man an vielen Orten eine Ermäßigung. Kinder unter drei Jahren sind generell frei. Bis zu 12 Jahren gibt es spezielle Tickets für Kinder. Teenager müssen meist den vollen Eintrittspreis wie Erwachsene zahlen. Auch in Vergnügungsparks erhalten Kinder unter 17 Jahren Ermäßigungen. Im Wald Disney World® Resort müssen Kinder ab 9 Jahren den vollen Eintrittspreis entrichten.

Senioren: Senioren erhalten in vielen Einrichtungen und in Freizeitparks eine Ermäßigung, auch in Hotels in der Nebensaison. Als Senioren gelten Leute ab 55 oder 65 Jahren.

EINRICHTUNGEN FÜR BEHINDERTE

Seit dem Disabilities Act von 1990 müssen Hotels, öffentliche Verkehrsmittel und sonstige Einrichtungen auf Behinderungen Rücksicht nehmen. Manche Fahrten in den Vergnügungsparks sind jedoch für Behinderte nicht möglich. Fragen Sie bei einer Behinderung nach einem geeigneten Zimmer.

KINDER

In Orlando gibt es in den größeren Hotels spezielle Kinderprogramme. Miami hat für Kinder wenig zu bieten, dafür sind die Strände von Tampa und die Busch Gardens sehr kinderfreundlich. In den meisten Vergnügungsparks gibt es Wickelräume und Kindertoiletten. In vielen Restaurants werden Kindermenüs angeboten.

TOILETTEN

Die saubersten Toiletten finden Sie in Hotels, in Kaufhäusern, in Geschäften und in den Highwayraststätten.

FUNDSACHEN

Wenn Sie in einem Freizeitpark etwas verloren haben, wenden Sie sich ans Lost and Found Office.

Wenn etwas aus Ihren Auto oder Ihrem Hotelzimmer gestohlen wurde, sollten Sie das der Polizei melden (Tel. 911)

Reiseatlas

Kapiteleinteilung: siehe Übersichtskarte auf den Umschlaginnenseiten

Reiseatlas

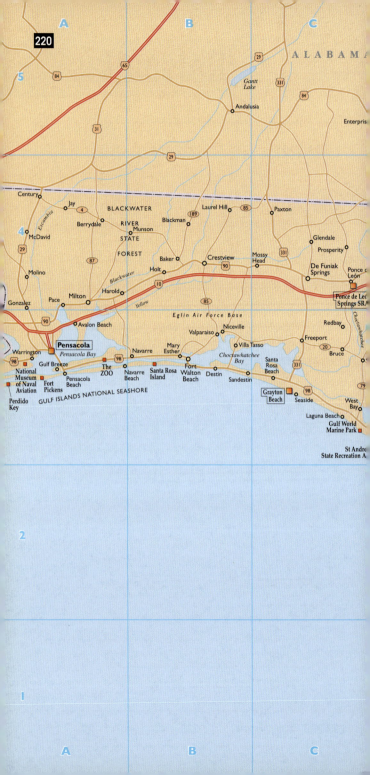

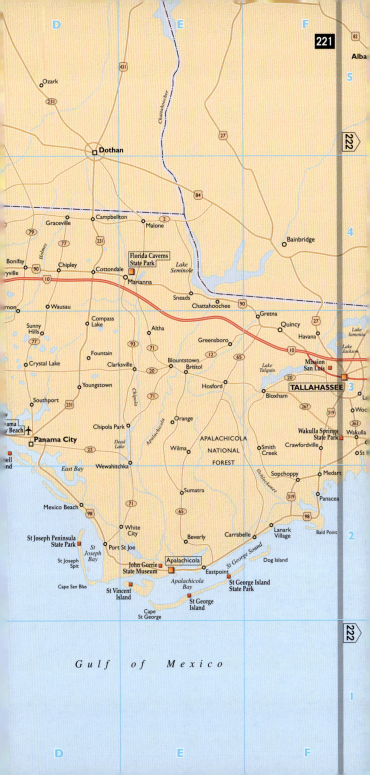

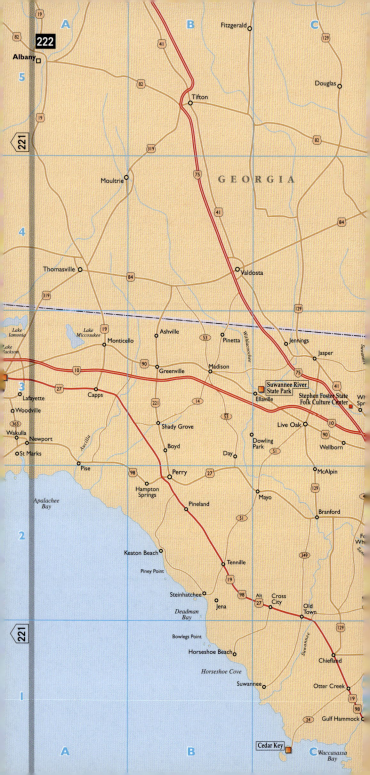

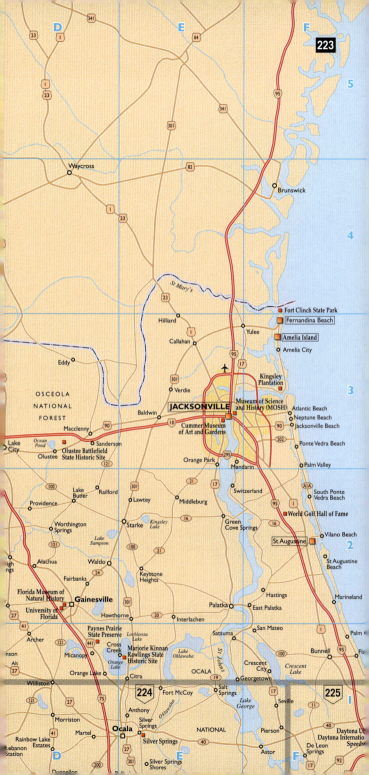

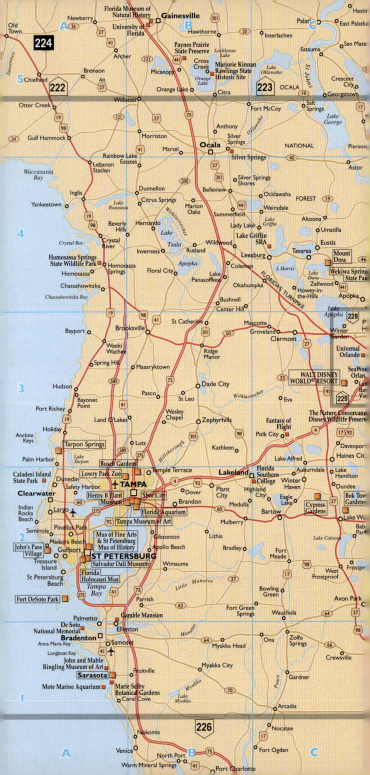

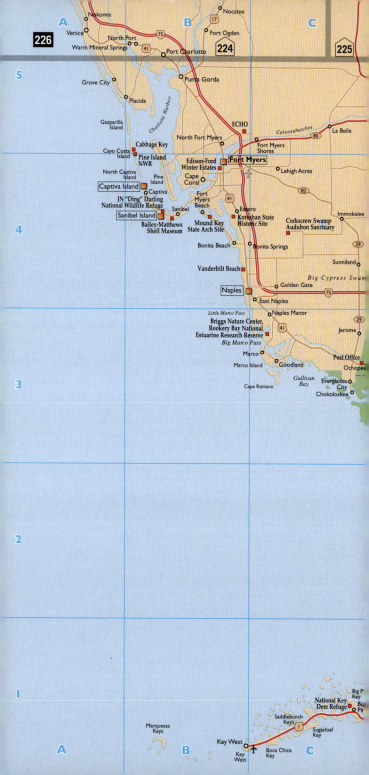

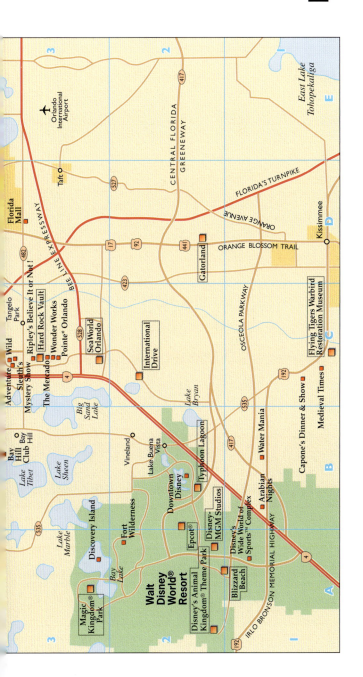

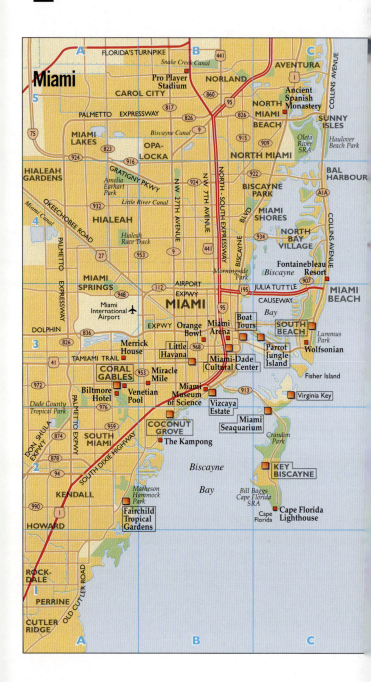

Adventure Island 161
African Queen 210
Alligatoren und Krokodile 34, 93, 121, 217
Amelia Island 25, 26, 191
  Fort Clinch State Park 25, 191
  Museum of History 191
  Palace Saloon 25, 191
American Football 148, 178, 187
Anhinga Trail 19
Antique Row (Einkaufen) 89f
Apalachicola 193
Apartments 43
Apollo/Saturn V Center 96, 203f
Apotheken 216
Art Deco District 14, 115, 206ff
  ArtCenter/South Florida 207
  Delano Hotel 208
  Holocaust Memorial 207
  Rundgänge 208
ArtCenter/South Florida 207
Ärztliche Behandlung 218
Astronauts Memorial 97, 205
Ausgehen 47f
  Miami und der Süden 146ff
  Orlando 106ff
  Panhandle und Nordflorida 198
  Tampa Bay und der Südwesten 177f
Auto fahren 41, 214

Bailey-Matthews Shell Museum 171
Bal Harbour 130
Banken 216
Barrier Islands 193
Baseball 148, 178
Basketball 148
Bed & Breakfast (Frühstückspensionen) 42f
Behinderungen, Reisen mit 218
Belleair Shores 16, 160
Belz Factory Outlet World 92
Berühmtheiten 32

Besucherinformation 41, 214, 215
Bethune, Mary McLeod 22
Big Cypress National Preserve 133
Big Pine Key 135
Bill Baggs Cape Florida SRA 15, 123
Biltmore Hotel 127
Biscayne National Park 134
Blizzard Beach 76
Boca Raton 132
Bok Tower Gardens 95
Bootsfahrten 124, 137, 171
Botschaften und Konsulate 218
Breakers 132
Bridge of Lions 24
Busch Gardens 154ff
Busse 41

Cabbage Key 171
Caladesi Island 16
Cape Florida Lighthouse 15, 123
Capitol 186
Captiva 171
Caribbean Gardens 172
Caspersen Beach 170
Castillo de San Marcos 25, 184
Cedar Key 193
Charles Hosmer Morse Museum of American Art 95, 201
Charles, Ray 22
Chiles, Lawton 23
Clearwater Beach 16, 160
Cocoa Beach 205
Coconut Grove 117ff
Conch Republic 27ff
Coral Castle 22f
Coral Gables 126ff
Coral Gables Merrick House and Gardens 127f
Corkscrew Swamp Audubon Sanctuary 172
Cornell Fine Arts Museum 202
Crandon Park 15, 122f
Crane Point Hammock 135
Curry Mansion 137
Cypress Gardens 95

Dania 130
Daytona Beach 191
Daytona International Speedway 191
Delano Hotel 116
Delphine 135, 210, 211, 212
Disney, Walt 6-8
Disney's Animal Kingdom Theme Park 71ff
Disney-MGM Studios 66ff
Disston, Hamilton 21

Eco Pond 19
Eden Roc 129
Edison, Thomas 23, 170
Edison-Ford Winter Estates 170
Einkaufen 46, 216
  Miami und der Süden 144ff
  Orlando 104f
  Panhandle und Nordflorida 197
  Tampa Bay und der Südwesten 176f
  Walt Disney World Resort 104f
Einreisedokumente 214
Eintrittspreise 41
Eishockey 148, 178
Elektrizität 217
Epcot 62ff
Ermäßigungen 218
Ernest F. Coe Visitor Center 18, 120, 121
Essen und Trinken 44f
  AAA-Klassifizierungen 45
  Miami und der Süden 44, 139ff
  Orlando 44, 98ff
  Panhandle und Nordflorida 194f
  Tampa Bay und der Südwesten 44, 173ff
  Walt Disney Resort 44
Essen und Trinken 44f, 46
Everglades National Park 17ff, 120f

Factory Outlets 46, 92
Fairchild Tropical Gardens 128

Feiertage 216
Festkalender 47f
Filmindustrie 35f
Fine Arts, Museum of 164
FKK-Strand 16
Flagler College 24, 184f
Flagler Museum 132
Flagler, Henry 21, 22, 132, 184
Florida Aquarium 162
Florida Caverns State Park 192
Florida City 209
Florida History, Museum of 26, 186
Florida Holocaust Museum 165
Florida International Museum 164f
Florida Keys 134ff, 209ff
Florida State Archives and Library 186
Florida-Panther 19, 133
Flughäfen 38f, 215
Flying Tigers Warbird Air Museum 94
Fontainebleau Resort 129
Football siehe American Football
Ford, Henry 170
Fort DeSoto Park 15, 160, 167
Fort Lauderdale 130f
Fort Myers 170
Fort Pickens 189
Fort Zachary Taylor State Historic Site 138
Fundsachen 218

Gatorland 93
Geld 215
Geldwechsel 215
Gesundheit 214, 218
Golf 108, 148, 178
Golfstrom 32
Grayton Beach 192
Green, Benjamin 21
Gulf Islands National Seashore 189
Gulf World Marine Park 190

Hard Rock Vault 91
Harry P. Leu Gardens 90

Register 231

Harry S. Truman
 Little White
 House Museum
 136
Haulover Beach Park
 130
Havana 187
Hawk's Cay 212
Hemingway Home
 and Museum 137
Hemingway, Ernest
 34, 48
Henry B. Plant
 Museum 162f
Historical Museum
 of Southern
 Florida 125
Holocaust Memorial
 207
Hotels und Resorts
 42

Indian Creek 129
Indian Rocks Beach
 16, 160
International Drive
 92
Islamorada 210f
Islands of Adventure
 82ff

J.N. »Ding« Darling
 National Wildlife
 Refuge 171
Jackson, Andrew
 22
Jacksonville 38, 191
John and Mable
 Ringling Museum
 of Art 169
John Gorrie State
 Museum 193
John Pennekamp
 Coral Reef State
 Park 134, 210
John's Pass Village
 and Boardwalk
 168
Jugendherbergen 43

**Kennedy Space
 Center 96f,**
 203ff
Apollo/Saturn V
 Center 96, 203f
Astronaut
 Memorial 97, 205
Firing Room
 Theater 96
Lunar Surface
 Theater 97, 204
Museum of Early
 Space Exploration 97, 205
Kennedy, John F.
 165

Key Biscayne 122f
Key Largo 134, 209f
Key West 27f, 32,
 135ff
 Conch Tour Train
 136
 Bootsfahrten 137
 Curry Mansion
 137
 Harry S. Truman
 Little White
 House Museum
 136
 Hemingway
 Home and
 Museum 137
 Key West Lighthouse 138
 Mel Fisher Maritime Museum
 136
 Old Town Trolley
 136
 Ripley's Believe It
 or Not! 138
 Sloppy Joe's Bar
 138
 Sonnenuntergänge 137
 Übernachten 138,
 144
Kinder 218
Klima und Jahreszeiten 214
Konfektionsgrößen
 216
Kreditkarten 215

Lake Eola Park 90f
Leedskalnin, Edward
 22f
Lightner Museum
 185
Lincoln Road Mall
 115
Little Havana 125f
Loch Haven Cultural
 Center 89
Lone Cabbage Fish
 Camp 205
Lowry Park Zoo
 161
Lummus Park 14,
 114

**Magic Kingdom
 Park** 56ff
Main Public Library
 125
Malls 46
Marathon 135
Marianna 192
Marjory Stoneman
 Douglas Biscayne
 Nature Center
 122
Medikamente 218

Mel Fisher Maritime
 Museum 136
Miami Art Museum
 125
Miami Beach 14f
Miami Circle 33
Miami Metrozoo
 128
Miami Museum of
 Science and
 Planetarium 18
Miami Seaquarium
 122
Miami und der
 Süden 14f, 109ff
 Art Deco District
 14, 115, 206ff
 Ausgehen 146ff
 Big Cypress National Preserve
 133
 Biscayne National
 Park 134
 Boca Raton 132
 Bootsfahrten 124
 Coconut Grove
 117ff
 Coral Gables
 126ff
 Einkaufen 144ff
 Essen und Trinken 44, 139ff
 Everglades National Park 17ff,
 120f
 Fairchild Tropical
 Gardens 128
 Flughäfen 39
 Fort Lauderdale
 130f
 In drei Tagen
 112f
 Karte 110f
 Key Biscayne
 122
 Keys 134ff, 209ff
 Little Havana
 125f
 Palm Beach und
 West Palm Beach
 132f
 Parrot Jungle
 Island 124
 South Beach
 114ff
 Übernachten
 142ff
 Unterwegs 40
 Virginia Key 122
 Vizcaya Estate
 and Gardens 118,
 126
Miami-Dade Cultural Center 124f
Micanopy 25f
Miccosukee Indian
 Village 121
Mietwagen 41
Miracle Mile 126f

Mission San Luís
 Archeological and
 Historic Site 187
Monticello 187
Motels und Motor
 Inns 42
Mount Dora 25, 26,
 94

Naples 172
Caribbean
 Gardens 172
Corkscrew
 Swamp Audubon
 Sanctuary 172
Narvaez, Panfilo de
 20
NASA 10, 11, 12f
National Key Deer
 Refuge 135
National Museum of
 Naval Aviation
 188f
Nixon, Richard 33
Norton Museum of
 Art 133
Notruf 217

»Oben ohne« 14
Öffnungszeiten 46,
 216
Old Capitol 186
Oleta River SRA 130
Orange Avenue 90
Orange County
 Regional History
 Museum 90
Orlando 49ff
 Antique Row
 (Einkaufen) 89f
 Ausgehen 106ff
 Belz Factory
 Outlet World 92
 Einkaufen 104ff
 Essen und
 Trinken 44, 98ff
 Flughäfen 38f
 Flying Tigers
 Warbird Air
 Museum 94
 Gatorland 93
 Greater Orlando
 94ff
 Hard Rock Vault
 91
 Harry P. Leu
 Gardens 90
 In sieben Tagen
 52f
 International
 Drive 92
 Karte 50f
 Lake Eola Park
 90f
 Loch Haven
 Cultural Center
 89

232 Register

Orange Avenue 90
Orange County Regional History Museum 90
Ripley's Believe It or Not! 92
SeaWorld Orlando 86ff
Thornton Park 90
Übernachten 102ff
Universal Orlando 77ff
Unterwegs 40
Walt Disney World Resort 6ff, 54ff
Wet 'n Wild 92
Winter Park 200ff
WonderWorks 92f
Orlando Museum of Art 89
Orlando Science Center 89

Palm Beach und West Palm Beach 132f
Panama City Beach 190
Panhandle und Nordflorida 40f, 179ff
Amelia Island 25, 26, 191
Apalachicola 193
Ausgehen 198
Barrier Islands 193
Cedar Key 193
Daytona Beach 191
Einkaufen 197
Essen und Trinken 194f
Florida Caverns State Park 192
Grayton Beach 192
In fünf Tagen 182f
Jacksonville 38, 191
Karte 180f
Marianna 192
Panama City Beach 190
Pensacola 38, 188f
Ponce de León Springs SRA 192
St. Augustine 24–25, 26, 32, 184f
Suwannee River State Park 193

Tallahassee 26, 33, 38, 186f
Übernachten 196
Parrot Jungle Island 124
Pass-a-Grille 15
Pensacola 38, 188f
National Museum of Naval Aviation 188f
Pensacola Historical Museum 188
Pensacola Naval Air Station 188
T.T. Wentworth Museum 188
ZOO, The 189
Perdido Key 189
Pier 166
Plant, Henry 22
Playalinda 16
Plymouth Congregational Church 119
Polizei 217
Ponce de León Springs SRA 192
Ponce de León, Juan 24
Post 216, 217
Progress Energy Park 166f

Quincy 187

Raumfahrtprogramm 9ff
Redington Shores 16, 160
Reiseschecks 215
Rentner in Florida 30f
Rice, Ron 21
Ringling School of Art and Design 169
Ripley's Believe It or Not! 92, 138
Rollins College 202
Ron Jon Surf Shop 205

St. Andrews SRA 190
St. Armands Key 169
St. Augustine 24f, 26, 32, 184f
Castillo de San Marcos 184
Flagler College 24, 184f
Lightner Museum 185

St. George Island State Park 187, 193
St. John's River 32
St. Petersburg 164ff
Essen und Trinken 174f
Florida Holocaust Museum 165
Florida International Museum 164f
Museum of Fine Arts 164
Pier 166
Progress Energy Park 166f
St. Petersburg Museum of History 164
Salvador Dalí Museum 166
Übernachten 175f
St. Vincent National Wildlife Refuge 93
Salvador Dalí Museum 166
Sanibel 171
Bailey-Matthews Shell Museum 171
J.N. »Ding« Darling National Wildlife Refuge 171
Sarasota 169f
John and Mable Ringling Museum of Art 169
Ringling School of Art and Design 169
St. Armands Key 169
Schnorcheln und Tauchen 210
Schwämme 168
Schwulen-Szene 14
SeaWorld Orlando 86ff
Seminole Indian Reservation 133
Senioren 218
Seven Mile Bridge 135, 212
Shell Island 190
Sicherheit 217
Skylab 12
Sonnenschutz 218
Sonnenuntergänge 137
South Beach 114ff
South Seas Resort 171
Space Coast 16, 203ff
Cocoa Beach 205

Kennedy Space Center 96f, 203ff
Lone Cabbage Fish Camp 205
Ron Jon Surf Shop 205
Space Shuttles 13
Sport 108, 147f, 178
Strände 14ff, 160, 172, 190
Strömungen 15
Studenten 218
Superstores 46
Surfside 130
Suwannee River State Park 193

T.T. Wentworth Museum 188
Tallahassee 26, 33, 38, 186f
Capitol 186
Florida History, Museum of 26, 186
Florida State Archives and Library 186
Old Capitol 186
Tallahassee Museum of History and Natural Science 187
Tampa Bay und der Südwesten 15f, 149ff
Adventure Island 161
Ausgehen 177f
Busch Gardens 154ff
Captiva 171
Einkaufen 176f
Essen und Trinken 44, 173ff
Florida Aquarium 162
Flughafen 39
Fort DeSoto Park 15, 160, 167
Fort Myers 170
Henry B. Plant Museum 162f
In drei Tagen 152f
John's Pass Village and Boardwalk 168
Karte 150f
Lowry Park Zoo 161
Naples 172
St. Petersburg 164ff
Sanibel 170f
Sarasota 169f
Strände 160

Register 233

Tarpon Springs 168
Übernachten 175f
Unterwegs 40
Ybor City 158f
Tampa Museum of Art 161
Tampa Theater 162
Tarpon Flats 211
Tarpon Springs 168
Telefonieren 217
Theater of the Sea 211
Thornton Park 90
Tiefseeangeln 123
Toiletten 218
Treasure Island 16, 160
Trinkgeld 43, 45, 217
Trinkwasser 218
Tuttle, Julia 20f
Typhoon Lagoon 76

Übernachten 42f
AAA-Klassifizierung 43
Apartments 43
Bed & Breakfast (Frühstückspension) 42f
Disney-Hotels 42
Hotels und Resorts 42
Jugendherbergen 43
Miami und der Süden 142f
Motels und Motor Inns 42
Orlando 102ff
Panhandle und Nordflorida 196
Suiten 43
Tampa Bay und der Südwesten 175f
Zelten 43
Universal Orlando 77ff
Islands of Adventure 82ff
Pässe 81
Universal Studios 77ff
Universal Studios 77ff
University of Tampa 163

Venetian Pool 127
Venice 170
Versicherung 214, 218
Virginia Key 122
Vizcaya Estate and Gardens 118, 126

Währung 215
Wahrzeichen 34
Wakulla Springs State Park 187
Walt Disney World Resort 6ff, 54ff
Blizzard Beach 76
Disney's Animal Kingdom Theme Park 71ff
Disney-Hotels 42
Disney-MGM Studios 66ff
Einkaufen 14ff
Epcot 62ff
Essen und Trinken 98ff
Magic Kingdom Park 56ff
Nachtleben 106ff
Öffnungszeiten 55
Parken 55
Tickets 54
Top-Tipps 55, 61, 65, 70, 75
Typhoon Lagoon 76
Übernachten 102f
Wasserparks 76
Warane 34
Websites 214
Wekiwa Springs State Park 95
Wet 'n Wild 92
Wilderness Waterway 121
Winter Park 200ff
WonderWorks 92f
Wright, Frank Lloyd 33f

Ybor City 158f
Ybor City State Museum 158f

Zahnarzt 218
Zeitunterschied 215, 216
Zelten 43
Zigarren 126, 208
Zitrusfrüchte 45
ZOO, The 189
Zuckerrohr 21, 34

Abbildungsnachweis

Abkürzungen: (o) oben; (u) unten; (l) links; (r) rechts; (m) Mitte
Die Automobile Association dankt den folgenden Fotografen, Agenturen und Verbänden für ihre Unterstützung bei der Herstellung dieses Buches.
Umschlag: HB Verlag/Peter Frischmuth

Aquarius Picture Library 35o; **Bruce Coleman Collection** 34u; **Busch Entertainment Corporation** 152m, 154/155, 156; **Charles Hosmer Morse Museum** 201; **The Conch Republic, mit freundlicher Genehmigung des Generalsekretärs** 27o, 27u, 28o, 28m, 28u, 29; **Corbis** 30 (John Henley), 31 (Les Stone), 167 (Lee Snider); **DACS 1999** 153 Salvador Dalí-Foundation Gala-Salvador Dalí; **James Davis Worldwide** 160; **Disney Enterprises, Inc.** 7, 52o, 56, 58, 60, 62, 64, 66/67, 69, 71, 72/73, 74/75, 76; **Eye Ubiquitous** 14/15, 16o; **Florida Aquarium, Tampa** 163o (Tim Riber), 163u (Jeff Greenberg); **Florida International Museum** 165m; **Flying Tigers Warbird Museum** (K Budde Jones) 94o; **Genesis Space Photo Library** 9, 10, 11, 12/13; **Ronald Grant Archive** 35m, 35u, 36; **Robert Harding Picture Library** 138, 158; **Robin Hill** 2u, 109, 114/115/116, 123; **Hulton Getty** 34o; **Images Colour Library** 10/11; **Kennedy Space Center** 13, 203; **Harry P. Leu Gardens** 90; **Museum of Fine Arts, St. Petersburg** 169; **Orlando/Orange County CVB** 89, 200; **National Park Service, America** 120m; **Peter Newark's American Picture** 20m, 20u, 22, 23; **Pictor International, London** 26; **Pictures Colour Library** 92o, 113o, 169; **Rex Features Ltd** 6, 8, 21; **Ripley's Believe it or Not** 93; **Salvador Dali Museum, St. Petersburg** 166; **Frank Spooner Pictures** 32; **Tampa Bay Holocaust Museum** 165o; **Tampa Museum of Art** 161; **Tony Stone Images** 2o, 2mu, 5, 17, 19u, 49, 130/131; **Universal Studios, Florida** 53o, 77, 78, 79, 80, 81, 83, 84; **Visit Florida** 117, 120u, 121, 133u, 134, 135, 185, 186, 192; **World Pictures** 162o.

Die übrigen Fotos befinden sich im Besitz der AA Photo Library (AA WORLD TRAVEL LIBRARY) und stammen von:
P. Bennett 3m, 14, 19o, 24u, 25, 33u, 94m, 95, 97, 112u, 118, 124, 125, 126, 152u, 168, 170, 179, 182m, 182u, 183o, 183u, 184, 188, 189, 191, 207, 208; J. Davison 112o, 122, 127, 128o, 128u, 137o, 181, 190; D. Lyons 16u, 18o, 119, 153; P. Murphy 24o; L. Provo 3m, 18m, 113u, 114u, 129, 131, 133o, 199, 209; T. Souter 2mo, 33o, 37, 52u, 53u, 86/87, 87, 88, 91, 92u, 96, 193, 202; J. A. Tims 3o, 3u, 18, 136, 137u, 149, 151, 159, 162u, 171, 172, 183m, 213, 217o, 217l, 217r.

Leserbefragung

Ihre Ratschläge, Urteile und Empfehlungen sind für uns sehr wichtig. Wir bemühen uns, unsere Reiseführer ständig zu verbessern. Wenn Sie sich ein paar Minuten Zeit nehmen, diesen kleinen Fragebogen auszufüllen, könnten Sie uns sehr dabei helfen.

Wenn Sie diese Seite nicht herausreißen möchten, können Sie uns auch eine Kopie schicken, oder Sie notieren Ihre Hinweise einfach auf einem separaten Blatt.

Bitte senden Sie Ihre Antwort an:
Spirallo Reiseführer, Falk Verlag, Postfach 31 51, D-73751 Ostfildern
E-Mail: spirallo@mairs.de

Über dieses Buch…
spirallo Reiseführer **FLORIDA**

Wo haben Sie das Buch gekauft? _____

Wann? Monat / Jahr

Warum haben Sie sich für einen Titel dieser Reihe entschieden? _____

_____

_____

_____

_____

_____

_____

_____

Fanden Sie das Buch…

Hervorragend ☐   Genau richtig ☐   Weitgehend gelungen ☐   Enttäuschend ☐

Können Sie uns Gründe angeben?

_____

_____

_____

_____

_____

_____

_____

Bitte umblättern…

Hat Ihnen etwas an diesem Führer ganz besonders gut gefallen?
_____
_____
_____
_____
_____

Was hätten wir besser machen können?
_____
_____
_____
_____
_____
_____

Persönliche Angaben

Name _____

Adresse _____
_____
_____

Zu welcher Altersgruppe gehören Sie
Unter 25 ☐   25–34 ☐   35–44 ☐   45–54 ☐   55–64 ☐   über 65 ☐

Wie oft im Jahr fahren Sie in Urlaub?
Seltener als einmal ☐   einmal ☐   zweimal ☐   dreimal oder öfter ☐

Wie sind Sie verreist?
Allein ☐   Mit Partner ☐   Mit Freunden ☐   Mit Familie ☐

Wie alt sind Ihre Kinder? _____

Über Ihre Reise …

Wann haben Sie die Reise gebucht? Monat __ __ / Jahr __ __

Wann sind Sie verreist? Monat __ __ / Jahr __ __

Wie lange waren Sie verreist? _____

War es eine Urlaubsreise oder ein beruflicher Aufenthalt? _____

Haben Sie noch weitere Reiseführer gekauft?   ☐ Ja   ☐ Nein

Wenn ja, welche? _____
_____

Herzlichen Dank dafür, dass Sie sich die Zeit genommen haben, diesen Fragebogen auszufüllen.